DAS HANDBUCH DER ONANIE

Wiebke und Axel H. Kunert

DAS HANDBUCH DER ONANIE

Dieses Buch macht glücklich und schön

Schwarzkopf & Schwarzkopf

Für Janos, Janek und Jakob

INHALT

	Vorwort 7
1.	Trauen Sie sich 13
2.	Selber schuld? 18
3.	Der Kick im Kopf – Sex-Phantasien 38
4.	Der Kick im Kopf – Hormone 47
5.	Die Brücke zur eigenen Kindheit 55
6.	Unerfüllte Lieben sind die heftigsten 64
7.	Möglichst unbeobachtet 72
8.	Wichs-Vorlagen / Die heimliche Porno-Sammlung 82
9.	Techniken + Hilfsmittel 96
10.	Telefonsex und Wochenendehe 110
11.	Der Gipfel: Petting 122
12.	Schon ganz kleine Kinder machen es ... 139
13.	Ich habe tausend Frauen geliebt 149
14.	Onanie und Sexualstraftäter / Zügel deine Lust 170
15.	Nie mehr Pickel 182
16.	Variieren Sie ihre Kinder 198
17.	Handarbeit härtet ab 213
18.	Onanisten sind die besseren LiebhaberInnen 222
19.	Epilog 234

VORWORT

Es war an einem sehr warmen Frühsommertag, als meine Frau und ich mit unseren drei Söhnen nach einem spontanen Kurzurlaub in Südfrankreich zurück in unser Schwarzwälder Heimatdorf fuhren. Hinter uns langen einige sehr schöne versöhnliche Tage in der Provence, denen einige sehr schlimme Monate der Trennung, des Verlassen- und Betrogenseins vorangegangen waren. Doch bei allen Extremen, die wir im Haß und in der Liebe durchlebt hatten und die nun in einem Gefühl der wiederkehrenden familiären Normalität hinter uns lagen, hatten wir uns doch stets umkreist und neu ausgelotet, uns neu erfunden und neu erklärt. Und dabei ganz nebenbei entdeckt, dass die Autoerotik – die Onanie – jeden von uns beiden auf die eine oder andere Weise über diese schwierige Zeit gerettet hatte.

Wir waren wieder zusammen. Vielleicht nur vorerst. Aber wir hatten zumindest für den Augenblick geschafft, was viele andere Paare um uns herum mal sehr laut – wie bei Boris und Babs Becker – mal von kaum einem anderen Menschen bemerkt – wie bei uns im Freundes- und Bekanntenkreis – nicht wagen wollten oder konnten: offen über die eigene, kleine Sexualität zu reden, über all ihre Ängste und Gier, ihr Hoffen und Sehnen, über ihre Höhen und Abgründe. Die ganzen über tausend Kilometer vom Mittelmeer bis an die Donauquelle waren gepflastert mit den Geständnissen einer über elfjährigen Ehe, in der wir vordergründig stets jemand anderes waren, als wir es uns in unserem Innersten immer gewünscht hatten sein zu dürfen.

Das alles wäre wohl auch für uns nicht weiter der Rede wert gewesen, wären nicht auf einmal auch um uns herum die Menschen und ihre vermeintlich festgefügten Wahrheiten in Bewegung geraten.

Wenn wir nach unserer zumindest im sozialen Umfeld offensichtlichen Geschichte befragt wurden und erläuterten, was uns getrennt und wieder zusammengeführt hatte, ernteten wir manchmal irritierte Ablehnung, manchmal aber auch entwaffnend ehrliche Geständnisse unserer Gesprächspartner über ihre eigenen sexuellen Unzulänglichkeiten und Enttäuschungen oder Siege und Gewohnheiten.

Der Dreiklang aus »Einsamkeit«, wegen ihr verübter »Masturbation« und daraus geborener »verheißungsvoller Erwartung« war auf einmal etwas unglaublich Gegenwärtiges, das so viele Menschen bewegte und in ihrem Alleinsein – in der Jugend, im Alter und auch in der Partnerschaft – ausfüllte mit Hoffnung und der ersehnten Befriedigung. Das Thema war all die Jahre des eigenen Lebens, war immer zu jeder Zeit und in jeder Gesellschaft gegenwärtig, doch bis heute nie wirklich besprochen und diskutiert, nie bewußt erlebt und mit vertrauten Menschen geteilt. Es war – es ist – ein Tabu, selbst in einer Gesellschaft wie der unseren, die doch sonst keine dunklen Geheimnisse unter der Gürtellinie mehr kennt. Wir sind vertraut mit den seltsamsten sexuellen Prägungen, akzeptieren gesellschaftlich gleichgeschlechtliche Beziehungen, lassen jedem seine Vorlieben – aber was die Autoerotik alles bedeutet und einem Menschen sein kann, ist immer noch irgendwie »igitt«, ist schmuddelig und klebrig, auf jeden Fall nicht schicklich und mit unglaublich vielen Selbstzweifeln beim jeweiligen Akteur belegt – zumindestens ziemlich häufig.

Und wie es sich für einen investigativen Journalisten gehört, der sich für ein neues, noch unentdecktes Thema interessiert, machte ich mich auf die Suche nach geeigneten Quellen, um mehr über dieses Phänomen der Onanie zu erfahren, das die Menschen bewegt und sie treibt, das sie aber am liebsten verschweigen wollen – vor sich selber, auf jeden Fall aber vor allen anderen.

Aber was ich fand, war spärlich. Alte Sittlichkeits-Lektüren, neuere medizinische Leitfäden, manchmal eine literarische Textstelle, ein pointiertes Zitat – nicht mehr als ein eher verschämtes Reden um den heißen Brei.

»Dann schreib doch das Standardwerk zur Onanie selber, quasi *Das Handbuch der Onanie*«, sagte deshalb eines Tages meine wiedergewonnene Frau zu mir, nachdem ich ihr wieder einmal von meiner Erschütterung berichtet hatte, dass ein den Menschen so gegenwärtiges Thema so wenig Beachtung in der allgemeinen Literatur genießt. »Nach allem was du mir gebeichtet hast, müßtest du doch alle Fakten in den Händen halten, sozusagen ...«

Und ich begann tatsächlich darüber nachzudenken, was die Onanie in meinem Leben all die Jahre für eine Rolle gespielt hatte. Es war zweifellos eine dominante Rolle, was – wie ich heute weiß – normal ist für einen Mann, der kein sogenannter Frauentyp ist. Sicherlich ist es schmerzlich, sich einzugestehen, dass Mann all die Jahre nur ein kleiner Wichser war, wenn sich um einen herum der Wert eines wahren Mannes an der Zahl seiner Frauengeschichten definiert. Aber wäre es nicht für Boris Becker – und wohl auch für seine Familie – geschickter gewesen, er hätte sich in der bewußten Besenkammer alleine mit seiner Vorhand einen runtergeholt, als einen Quicky mit der Putzfrau zu riskieren? – Der Thrill wäre der gleiche gewesen, nur mit geringeren Folgen.

Oder nehmen wir Bill Clinton, der so ungewöhnliche Praktiken für eine Praktikantin entdeckte. Seine mundgeblasenen Nachhilfestunden, die ja auch irgendwie Onanie mit fremder Hilfe waren, brachten seine Ehefrau Hillary die Anerkennung der gesamten Öffentlichkeit und mittlerweile eine eigene politische Karriere ein, weil sie aushielt, was ihr Ehemann an sexuellen Unzulänglichkeiten ziemlich öffentlich offenbarte. So gesehen war auch Billyboy in seinem Oral-Office nur ein kleiner Wichser, und ich selbst mit meinen Wünschen und Begierden somit in ziemlich illusterer Gesellschaft.

Ich begann mich also zu trauen, meine eigene kleine Geschichte der Onanie niederzuschreiben. Wie von selbst entwickelte sich dieses von meiner Ehefrau angeregte *Handbuch der Onanie*, in dem ich exemplarisch versuche, die verschiedenen Facetten der Autoerotik zu umreißen. Und je mehr ich mein eigenes Leben durchforschte nach Begebenheiten mit der Onanie, nach den Wahrheiten und den Ursprüngen meiner eigenen sexuellen Bedürfnisse und Phantasien, desto mehr Dimensionen entdeckte ich in diesem jahrhundertelang verteufelten Handwerk, das den Menschen jedoch glücklicherweise nicht auszutreiben war.

Es war und ist ein ganzer Kosmos an sexuellen Möglichkeiten und Bedeutungen, den wir da in unserer Hand mit uns herumtragen. Onanie ist der einsame Akt, der immer voll unaussprechlicher Hoffnung auf einen anderen gerichtet ist, der uns Erfüllung bereitet in unerfülltem Verlangen, der unseren Hunger stillt, und doch nicht satt macht, uns Enthaltsamkeit lehrt und damit erst zum Buhlen der Leidenschaft wird.

Die Arbeit an dem Manuskript zu diesem Buch wurde somit zum Befreiungsschlag eines verschämt gelebten Lebens. Es wurde formuliert in dem klaren Bewußtsein, im Moment der größten Erniedrigung, des größten Versagens – als »entlassener« Ehemann und Vater – den größten Erfolg in einem ganz gewöhnlichen, ganz alltäglichen Leben erzielt zu haben. Und das nur wegen dieser von eigener Hand entfesselten Leidenschaft.

Als mein *Handbuch der Onanie* schließlich fertig war, dieser umfassende Leitfaden durch das Wesen der Autoerotik, las ich es meiner Frau voller Erwartung vor; schließlich tat es unendlich gut, die Zusammenhänge des eigenen Lebens, die Verstrickungen und Wirrungen, die immer wieder auf unsere sexuellen Bedürfnisse zurückzuführen sind, einmal so deutlich vor Augen zu sehen. Als ich meinen Vortrag beendet hatte, schwieg meine Frau und Geliebte, sah mich mit gerunzelter Stirn an und sagte: »Das soll das ganze *Handbuch der Onanie* sein, das erste umfassende und vorbehaltlos ehrliche Werk über die Autoerotik, das das Abendland bisher gesehen hat?« – »Aber ja!?«

Ich war verwirrt, ahnte aber bereits ein verhängnisvolles Versäumnis als Ursprung dieser Nachfragen. Und richtig: »Es mag ja sein, lieber Axel, daß es in deiner autoerotischen Welt nur Männer gibt; aber auch wir Frauen wissen uns trefflich in Verzückung zu versetzen, wenn ihr Männer uns nur noch anätzt und vor lauter aufgestautem Trieb im Akt vergeßt, auch uns über diese unaussprechlichen Gipfel zu tragen ...« Wiebke hatte recht. Über Wesen und Gestalt der weiblichen Autoerotik hatte ich meinem *Handbuch der Onanie* kein einziges Wort verloren. Onanie war für mich ein rein männliches Thema gewesen, bestimmt von der Sicht auf meinen eigenen Körper und meine eigene Seele. Ich hatte einfach vorausgesetzt, daß das, was für mich und alle Männer gilt, so auch für alle Frauen gelten mußte. Das stimmt wohl auch in vielen Fällen. Aber jetzt, wo Wiebke das sagte: sicher nicht in allen.

»Gib mir einmal das Manuskript; und gib mir den Laptop. Ich mache das schon«, sagte daraufhin meine Frau. Und sie zog sich für einige Tage in unser Arbeitszimmer zurück und überarbeitete mein Handbuch, das nun zu unserem gemeinsamen Werk wurde. Und so entwickelte sich aus dem rein männlichen *Handbuch der Onanie* unter den Fingern meiner Frau das wahre *Handbuch der Onanie*, in dem Frau und Mann zur Sprache kommen und meine manchmal zu maskuline Sicht der Dinge kompetent und feminin kommentiert wird (an der kursiven Schrift zu erkennen).

Wir als Autoren dieses Buches sind uns einig, daß wir nicht weniger als ein Tabu brechen wollen – nicht um irgendwelche gewaltigen gesellschaftliche Umbrüche zu erzielen, wie wir sie vielleicht den Aufklärungsfilmen der 60er und frühen 70er Jahre von Oswald Kolle verdanken –, sondern, weil sich viel Leid vermeiden und viele Partnerschaften retten ließen, wenn mehr Menschen unverkrampfter mit ihrer Autosexualität umgehen könnten – sei es, weil sie – wie jene, die nichts »anbrennen lassen können« – sich dann mehr auf ihren Partner konzentrieren würden, ohne stets von »fremden Früchten naschen zu wollen«; sei es, weil sie – wie die ewigen Gatten – lernten, die verschämten einsamen Aktivitäten mit der oder dem anderen zu teilen; sei es, weil sie – wie die meisten Heranwachsenden – sich nicht mehr verzweifelt, sondern genußvoll verzehrten nach dem ersten Mal.

Wir Menschen sind reif, die Onanie nicht mehr als das Schmuddelige zu sehen, das in irgendwelchen dunklen Ecken über irgendwelchen Pornoheften getrieben wird. Onanie ist völlig normal. Und wenn mit ihr ganz selbstverständlich umgegangen wird, tun wir uns viel leichter in unserem täglichen Leben – wir werden glücklicher! Es ist wirklich so.

Um es noch einmal in aller Deutlichkeit zu sagen: Dieses *Handbuch der Onanie* haben keine schillernden Szene-Menschen geschrieben mit einem ausschweifenden Liebesleben. Sondern ein ganz normales, bis dahin biederes Ehepaar mit drei Kindern, das in einem kleinen Häuschen in einem Dorf im Schwarzwald lebt, ein ganz normales Leben eben. Mit ganz normalen Sehnsüchten und Verlockungen. Und ganz normalen Problemen. Und genauso normal ist nämlich auch die Onanie.

Wiebke und Axel H. Kunert

1. TRAUEN SIE SICH

Meine Mama hat gesagt: »Meine Kinder sollen alle ein eigenes Bett haben; und was da unter der Bettdecke passiert, das geht nur sie selbst was an.« Was da aber passieren könnte, das sagte sie nicht; und das war mir – gerade vier Jahre alt – auch auf Anhieb nicht so ganz klar; es musste aber was Heikeles sein, was Dunkles, sonst wären meine durchweg größeren Geschwister nicht so auffällig rot im Gesicht geworden. Upps, das war ungewöhnlich. Es begann mich zu interessieren, was da unter der eigenen Bettdecke stattfinden konnte, von dem sonst keiner etwas wissen durfte und sollte. Etwas, das bei uns in der Familie hochoffiziell erlaubt sein sollte, anderswo – und vor allem bei meinen Großeltern – aber wohl ausdrücklich sanktioniert war. Das war ganz offensichtlich ein Geheimnis, und Geheimnisse sind für ein kleines Kind, wie ich es damals war, immer gut.

Ich malte mir die lustigsten Dinge aus, die man unter einer Bettdecke so alles treiben konnte: mit kleinen Autos spielen, mit der Taschenlampe durch die Gegend leuchten, mit Hilfe der Taschenlampe Bücher anschauen, wenn man eigentlich schon hätte schlafen sollen, sich einfach vor den anderen verstecken, ungezügelt vor sich hinpupsen ... Alles das kann man unter seiner eigenen Bettdecke machen. Aber muss man deswegen rot werden, wenn darüber gesprochen wird? Wegen des Pupsens vielleicht, aber das taten meine Geschwister auch außerhalb ihrer Bettdecken, ohne deswegen in Scham zu versinken, auch wenn es anschließend von irgendwoher aus der Erwachsenenwelt einen vorwurfsvollen Kommentar gab.

Also machte ich mich geflissentlich daran, die Dinge zu erforschen, die sich mit dem, was es unter Bettdecken so alles zu bewerkstelligen gibt, verbinden könnten. Und da ich damals alle relevanten Personen gerade beieinander hatte, fragte ich munter drauflos, mitten hinein in die nach dem Ausspruch meiner Mutter noch sichtlich irritierte Familienrunde: »Was passiert denn da, außer dass man da rumliegt?«

Meine Geschwister wurden noch ein wenig roter, besonders die Mädchen – das fiel mir auf. In meiner Erinnerung gibt es ein verschämtes Kichern dazu und ein wenig Gemurmel. Aber auch eine Antwort, und das war für mich ziemlich wichtig: »Na, da kannst du deinen Pieschmann anfassen, ohne dass sich jemand dadurch gestört fühlt.« Sagte jetzt meine Mutter. Und sie erzählte noch, dass sie als kleines Mädchen keinen so minimal intimen Rückzugsbereich hatte, wo sie sich und ihren Körper erforschen konnte, weil sie sich Bett und Decke mit ihren Geschwistern hätte teilen müssen, damals in der Zeit nach dem Zweiten Weltkrieg.

Meine älteste Schwester war übrigens inzwischen nach dem letzten Satz meiner Mutter über Gebühr pikiert aus dem Wohnzimmer gelaufen, meine wild pubertierenden Brüder indes hatten wieder ihre normalen Gesichtsfarben, sieht man einmal von ihren Pickeln ab, die natürlich auch ohne Scham ihr Signal-Rot behielten. Und meine Brüder zeigten steigendes Interesse an dem so öffentlich diskutierten Thema, was ich darauf zurückführte, dass durch die Erwähnung meines Pieschmanns ja eher der männliche Teil der Diskussionsteilnehmer angesprochen worden war.

Ich hingegen war nur enttäuscht: Das sollte alles sein, was diese merkwürdigen Reaktionen erzeugte? Dieses fleischige Teil im Schritt, das, egal wie man es wusch, einen unangenehmen Geruch auf den Fingern hinterließ, wenn man es angefasst hatte? Das in seiner Form und Lage sich allerdings zwangsläufig dazu anbot, es anzufassen, zumal Gestalt und Struktur nicht mit den offensichtlichen Funktionen zusammenpassten – zumindest für einen Vierjährigen. Das zwar für ein Körperteil ungewöhnlich wandlungsfähig war, doch mit zunehmendem Alter – wie bei meinem Papa – nur größer wurde und nicht, wie etwa die Zähne, die mich weit mehr interessierten, irgendwann ausfiel und durch ein neues Ding ersetzt wurde. Deswegen das ganze Gewese?

Meinen Pieschmann, oder in der Erwachsenensprache »Penis« – das wusste ich schon mit meinen vier Jahren –, den fasse ich auch weit abseits meiner Bettdecke viele Male am Tag an: auf dem Klo, wenn ich mich anziehe, wenn ich ihn zurechtrücke, weil er irgendwie bei Laufen weh tut, wenn ich mit anderen Kindern Doktor spiele. Ihn auch noch im Bett anzufassen, das ist doch nun wirklich nichts Besonderes! Zumal es wirklich kein Spaß ist, anschließend die ganze Nacht die stinkenden Finger riechen zu müssen. – Nein, nein, das konnte man mir nicht erzählen. Der Emotionskanon hier am Tisch musste tiefere Ursachen haben, solch eine Lächerlichkeit wie der Pieschmann, oder was immer die Mädchen da haben, konnte meine Geschwister nicht in solche Verhaltensabgründe stürzen. Da musste oder konnte zumindest mehr dahinter stecken.

Mein Vater, bisher ruhiger Beobachter der Szene, kam meinem erneuten Nachfragebegehren zuvor: »Pass auf, Axel: Glaube mir, du wirst noch herausfinden, was Mama meint. Und nun lass man gut sein.« Aber als jüngstes von sechs Kindern ist man gewohnt, sich durchsetzen zu müssen. Und so leicht wollte ich mich nicht geschlagen geben. »Aber ...«, setzte ich an, um tiefer in dieses Geheimnis des Lebens vorzudringen, doch mein Vater schnitt mir das Wort ab: »Gib Frieden, Kurzer; es ist viel aufregender für dich, wenn du selbst dahinter kommst.« Und ich schwieg. Denn etwas Aufregendes erleben ist tatsächlich tausend Mal besser, als etwas nur vom Hörensagen mitzubekommen. Und mein Vater sollte Recht behalten.

Allerdings ahnte er wohl auch nicht, welchen ungezügelten Forscherdrang er bei seinem damals zwei Käse hohem Filius mit seinem Ausspruch in der Folge Tür und Tor geöffnet hatte. Fortan herrschte bei jeder passenden oder unpassenden Gelegenheit rege Betriebsamkeit unter meinem Zudeck, wobei ich alle genannten Bedingungen des erteilten Forschungsauftrages penibel einhielt: Ich schritt nur im eigenen Bett und unter meiner eigenen Decke zu den verschiedenen forensischen Experimenten rund um meinen Schniedelwutz (diese Vokabel hielt übrigens im Alltagsgebrauch mit dem Aufstieg von Otto Waalkes als Blödelbarde der Nation in unserer sonst recht sittenstrengen Familie Einzug). Ich achtete sehr darauf – zumindest in der Frühphase meiner wissenschaftlichen Laufbahn – nicht etwa auf Reisen, in Hotelbetten oder beim Camping meinen Wissensdrang in konkreten Versuchsreihen auszudrücken. Und ich betrieb meine Forschungen – wie jeder eifersüchtige Wissenschaftler – absolut im Verborgenen, um ja kein Ergebnis meiner Arbeit vor der Zeit nach außen dringen zu lassen.

Nun, nach knapp drei Jahrzehnten intensiver Rechercheabeit, dabei in den letzten Jahren tatkräftig unterstützt durch meine Forschungsassistentin und Ehefrau, möchte ich meiner Familie und allen anderen, die es interessiert – und das sind meines Wissens nach alle Menschen auf dem Erdenrund, denn ausnahmslos alle Leute onanieren –, die Ergebnisse meiner ausgefeilten Studien und aufregenden Exkursionen unter meine und anderer Leute Bedecken präsentieren. Ich möchte alle Welt teilhaben lassen an dem Prickeln der Auto-Erotik, an den von mir entdeckten sensationellen Effekten der Selbstbefriedigung auf die Evolution und die Jugend-Kosmetik, aber auch auf die gesamtgesellschaftlichen Gefahren hinweisen, die abseits des normalen Verletzungsrisikos in der exzessiven Masturbation stecken. Und ich möchte jeden Interessierten anleiten, anhand meiner weitreichenden Erfahrung in diesem Bereich die eigene Lust am eigenen Geschlecht aus wirklich guten Gründen zu steigern.

Mein letztes und vielleicht wichtigstes Forschungsergebnis auf dem Gebiet der von meinem Vater initiierten und von mir begründeten Onanieologie möchte ich aber gleich zu Beginn dieser Veröffentlichung mitteilen: Stehen Sie zu Ihrem sexuellen Handwerk, zumindest zu Ihrem offenkundigen Interesse daran. Lesen Sie die folgenden Kapitel dieses Buches nicht heimlich dort, wo sie normalerweise auch Ihrer Handarbeit nachgehen würden; sondern lesen Sie es ganz offensichtlich, auf einer Bank im Park, in der U-Bahn auf dem Weg zur Arbeit oder daheim im Wohnzimmer oder im Ehebett. Die Wirkung wird für sie überraschend sein, auf jeden

Fall. Denn aus dem gleichen Grund, aus dem meinen Geschwistern damals die Röte ins Gesicht fuhr, als meine Mutter im Rahmen einer Kindheitserzählung von ihrem Wunsch nach ungestörter Onanie berichtete, möchten Sie dieses Buch vielleicht vor Ihrer Umwelt verstecken: Schuldgefühle. Doch die sind völlig unnötig, denn jeder treibt es mit seinen Fingern – und wenn tatsächlich doch einmal einer nicht, so kann man auf den ersten Blick meist sagen: Der hätt's aber wirklich nötig!

Befreien Sie sich von diesen Schuldgefühlen, stehen Sie zu dem, was uns Menschen Mensch sein läßt: eine vollständig selbstbestimmte Sexualität, die nicht mehr naturbedingt allein nur von der Arterhaltung festgelegt ist. Und vergessen Sie den Schmu, wer onaniert, dem fehle nur der richtige Partner. Dieses Buch wird Ihnen zeigen, warum nur das leidenschaftliche Feuer der Selbstbefriedigung einen wirklich geläuterten Liebhaber/eine wirklich geläuterte Liebhaberin aus Ihnen machen kann.

2. SELBER SCHULD?

Haben Sie sich mit dem Buch jetzt wenigstens in den Garten oder auf den Balkon getraut? – Dann ist es gut so, zeigt es doch, dass auch Sie die Heimlichkeiten rund um Ihren Schoß als einengend erleben, dass Sie sich frei machen wollen von den emotionalen Restriktionen, dass Sie nicht glauben wollen, dass irgendetwas in Ihrem Leben, das ja niemandem irgendeinen objektiven Schaden zufügt, so verwerflich sein kann, dass man es zu Tode schweigen müsste vor sich selbst und den anderen.

Okay, okay. So verklemmt ist die Gesellschaft nicht mehr. Das stimmt. Und das ist wohl auch angebracht in unserer modernen Welt. Aber die Selbstbefriedigung als Thema ist immer noch etwas, das im normalen zwischenmenschlichen Trott für Irritationen sorgt. In Talkrunden kann sich der Teilnehmer als Provokateur profilieren, wenn er irgendwie die Vokabel »Onanieren« in seine Gesprächsbeiträge zwängt. Wenn er über die Onanie als Kunstform plaudert, vielleicht an sich selbst andeutet, wie er es machen würde. Die Rolle als Provokateur, die der geoutete Onanist dabei einnimmt, hat allerdings eine überraschend lange Tradition in der nicht nur abendländischen Welt, so dass es eigentlich gar nicht mehr so originell ist, über die eigenen Erfahrungen mit der Selbstbefriedigung öffentlich zu reden; die Tradition reicht sogar zurück bis in die Bibel, ins Alte Testament, hinein bis ins allererste Buch Mose. Hier im 38. Kapitel gibt es die kurze und bereits leidvolle Geschichte des Urahns aller Wichser, Onan.

Onan war der zweitälteste Sohn des Juda, einem der Stammväter des Alten Testaments. Die ganze Familie damals bestand aus umherziehenden Hirten, die Zeiten waren hart, Frauen in der damals von Männern geprägten Gesellschaft ein rares Gut – und das im wahrsten Sinne des Wortes. Das hatte allerdings damals völlig andere Konsequenzen, als man an dieser Stelle jetzt vermuten würde.

Als sich nämlich Onans älterer Bruder, Ger, als ziemlich ungebührlicher Knabe entpuppte, tötete ihn der Herr, wie damals üblich. Ob der Herr sein leiblicher Vater war oder ein im heutigen Sinne metaphysischer Vater, darüber kann man sich mit etlichen Gelehrten streiten. Jedenfalls war Papa-Juda ob der damaligen Frauennot praktisch veranlagt und verlangte von seinem Zweitgeborenen Onan – wie sollte es ein auf die Ziegen- und Schafzucht spezialisierter Unternehmer auch sonst denken können –, dass nun er eben die zurückgebliebene Witwe seines älteren Bruders schwängern sollte, um für einen Stammhalter des Clans zu sorgen. Leider ist nicht überliefert, wie diese Braut, Thamar mit Namen, aussah und wie alt sie eigentlich war. Da sie aber – soviel sei vorweggenommen – schließlich von Juda selbst in andere Umstände gebracht wurde, dürfte sie wohl nicht so ganz die gewesen sein, die sich Onan als Mutter seiner Kinder vorgestellt hatte.

Onan jedenfalls weigerte sich kategorisch, zu Thamar »einzugehen«, wie es eine historische Übersetzung der bewussten Bibelstelle ausdrückt, womit eigentlich gemeint war, dass er sie nicht poppen wollte. Der Grund für Onans Verhalten wird verständlich, wenn man die Motivation des biblischen Kupplers Juda erfährt. Onan sollte dafür sorgen, dass der Samen seines Bruders »erwecket« würde – sprich: Der Junggeselle hätte zwar locker die Schwägerin vögeln und schwängern dürfen, aber das Ergebnis seiner Arbeit würde seinem toten Bruder zugesprochen werden, nicht ihm – so waren die Sitten damals im noch nicht ganz so heiligen Land.

Onan muss sich so gefühlt haben wie ich, wenn ich die abgetragenen Klamotten meiner größeren Geschwister auftragen sollte: Die versammelte Abscheu aller Nervenzellen zauberte ein kategorisches »Nee, wirklich nicht!« auf seine Lippen, vielleicht mit einem verstörten, wohl eher noch irritierten Kopfschütteln. Zitat des Chronisten (in einer Übersetzung von M. Luther): »Aber da Onan wusste, dass der Same nicht sein eigen sein sollte, wenn er einging zu seines Bruders Weib, ließ er's auf die Erde fallen und verderbte es, auf dass er seinem Bruder nicht Samen gäbe.« Dieser Satz machte aus Onan einen Märtyrer, denn der Herr (wer auch immer) war sauer wegen des Ungehorsams und der Erguß-Verschwendung und tötete auch ihn wie zuvor bereits Ger – und das, nur weil Onan, zumindest auf den ersten Blick, seine Hände nahm, wo er eine Frau hätte gebrauchen sollen. Und wie jeder andere Märtyrer, der für seine Sache mit dem Leben einzustehen hatte, wurde auch Onan von der Nachwelt unsterblich gemacht, indem man seinem Namen in dem Wort ONANieren postmortem ein dauerhaftes Denkmal setzte.

Ob das nun wirklich die erste Masturbation der Menschheitsgeschichte war, müssen wir allerdings letztlich dahingestellt lassen. Lauter kluge Leute streiten tatsächlich darüber. Lassen wir sie streiten. Dass sie darüber streiten, zeigt aber, wie wir Menschen mit dem von Onan so oder so geprägten Thema umgehen: Alles in diesem Themenbereich ist von Alters her Sünde, Böses, muss (ab)getötet und niedergeleugnet werden. Wobei die Sprachwissenschaft davon ausgeht, dass das erst im gelehrten England geläufige »onania« ein Produkt der Aufklärung ist, nach Deutschland beispielsweise kam die Vokabel erst im Laufe des 18. Jahrhunderts. Was davor war auf den einsamen Lagerstätten der Menschen in den Jahrhunderten zwischen Onan und den Aufklärern, verliert sich im Dunkel der Geschichte und über den Waschbrettern lästernder Waschfrauen.

Es wurde zumindest vom Geschichte niederschreibenden Klerus schlicht totgeschwiegen als Sünde, wahrscheinlich auch, weil es nun wirklich ein viel zu heikles und ungebührliches Thema war für eine Organisation, die von ihren natürlichen Vertretern unbedingte Keuschheit und das Opfer des Zölibats nebst artverwandter Befriedigungen verlangte. Was übrigens auch im gegenüber der »Onanie« noch pointierteren Begriff der »Masturbation« zum Ausdruck kommt: Der seit dem 19. Jahrhundert gebräuchliche Ausdruck kommt vom lateinischen »masturbari«, das wiederum an das »manu stuprare« angelehnt ist. Und dessen wörtliche Übersetzung sagt eigentlich alles über den Umgang der Menschen mit dem handgemachten Orgasmus aus: Es bedeutet schlicht »mit der Hand schänden«!

Aber all das wusste ich natürlich mit meinen vier Jahren noch nicht. Da stellte sich lediglich heraus, dass das Teil da in meiner Hand unter meiner Bettdecke regelmäßig ganz lustig hart wurde zwischen meinen Fingern, dass es wild pulsierte und irgendwie eine direkte Verbindung zu meinem Kopf hatte, den es schwindelig werden ließ, vor allem wenn ich vorne an der Spitze herumtastete. Ich war auch schon damals fasziniert von der Weichheit der Hautfalte zwischen den Eiern, die sich gut streicheln ließ. Dies wirkte sich nämlich unmittelbar auf meine Lenden aus, und sandte wohllige Schauer durch den Unterleib. Es war in der Tat ungemein spannend.

Und für mich gar nicht schändlich. Aber das verdanke ich in erster Linie den offenen Worten meiner Eltern, die für ihre Generation ungewöhnlich unbekümmert über ihre Sexualität und damit auch über die von uns Kindern sprachen. Bei sechs Kindern und den entsprechenden Anspielungen der Umwelt ließ sich das wohl auch gar nicht vermeiden. Allerdings kam diese wirkliche Aufklärung für meine Geschwister wohl zu spät, da war ihr »Igitt«-Verhältnis zum Geschlechtsteil schon zementiert – von der Umwelt, Lehrern, lieben Verwandten, den Freunden, und auch von denselben Eltern, die bei ihnen die Fehler machten, die sie bei mir tunlichst vermieden; mich traf der Segen der späten Geburt, sozusagen.

Den jüngsten Bruder von Ger und Onan übrigens auch. Sela, so hieß der Junge, war noch zu jung, um die Stelle seiner beiden nun toten älteren Brüder einzunehmen, wenngleich die eheliche Pflicht, einen Stammhalter mit Thamar zu zeugen, offiziell auf ihn überging. Allerdings muss wohl ziemlich viel Zeit ins Land gegangen sein, jedenfalls war die Witwe Thamar irgendwann sauer, dass Juda offensichtlich vergessen hatte, ihr den Sela ins Bett zu schicken. Mit weiblicher List und Tücke lockte sie deshalb Juda selbst auf ihr Lager und ließ sich halt vom Schwiegerpapa schwängern, obenrum gut verschleiert, damit die List nicht auffiel. An eine unbefleckte

Empfängnis glaubte damals nämlich noch niemand, und eine Witwe, die einfach so schwanger wurde, war eine Hure, ganz einfach.

Da war es gut, dass Thamar mit einigen von Juda nach dem Schäferstündchen zurückgelassenen Gegenständen diesen der Vaterschaft überführen konnte. Sonst hätte der gestrenge Glaubensmann nämlich auch sie töten lassen, verbrennen, so wie damals in solchen Fällen üblich. Alles in allem ein Stoff, wie er heute auch in jeder Daily Soap gut recycelt werden könnte – zumindest grob.

Allerdings muss noch erwähnt werden, dass nach den neuesten Interpretationen der historisch belegten Bibelquellen, wie bereits angedeutet, von Onan nicht mehr als von einem verantwortungslosen Wichser gesprochen wird, sondern dass er lediglich den Prototyp für den Coitus Interruptus geliefert haben soll. Den Spaß mit der lieben Schwägerin nahm er demnach zwar mit, aber Kinder, bitte1schön, wollte er nur auf eigene Rechnung machen. Wie auch immer, das Produkt seiner Lenden landete kurzerhand im Dreck, und ihm brachte der sexuelle Ungehorsam den Tod.

Die sittliche Geschichte der Onanie und die mit ihr historisch geprägte Wortwahl beruht nach dieser Auslegung der uralten Quellen also auf einem grundlegenden Irrtum. Und so, wie Irrtümer selten losgelöst von anderen Gegebenheiten allein ihr Unwesen treiben können, sondern stets folgenschwer ihr Dasein mit immer neuen Irrtümern legitimieren, so hat sich auch die allgemeine und selten öffentliche Diskussion um die Autosexualität mit immer neuen bizarren bis absurden Aspekten angereichert, wobei ausnahmslos Mediziner sowie selbsternannte Sittenapostel zu den Protagonisten der Schändung jeglicher sexueller Handarbeit wurden, mit fatalen Folgen für die einzelnen Menschen bis in die heutige Zeit hinein.

Einen ersten Schatten dieser auf jeden Fall seltsamen Sicht auf der eigenen Hände Arbeit warf für meine Person eine meiner zahlreichen Tanten mütterlicherseits, die vielleicht, so will es mir heute zumindest erscheinen, von den moralischen Extratouren ihrer Schwester – meiner Mutter – über die Zeit etwas ahnte oder zumindest zu ahnen glaubte. Diese Tante Bertha, ein Dragoner bis in die rötlich gefärbten Haarspitzen hinein, war der Inbegriff der resoluten Oberschwester, wie sie jeder klinikerprobte Patient in seinem Leben zu fürchten weiß. Bei ihren regelmäßigen Heimsuchungen, die wohl nur ich als solche auch erlebte, denn für die anderen Familienmitglieder war es ein ganz normaler Familienbesuch, weil von ihnen keiner zum unausweichlichen Kuschelstar dieser lieben Verwandtin geriet, bekam ich neben Streicheleinheiten auch immer wieder die ein oder andere Lebensweisheit mit auf den Weg.

Ich mochte vielleicht acht, neun Jahre alt gewesen sein, als Oberschwester Bertha wieder einmal unvermittelt vor der Tür meines Elternhauses auftauchte, um unsere gute Stube mit ihrer Anwesenheit auszufüllen. Ich befand mich gerade auf dem Klo im ausgebauten Dachgeschoss unseres hinter dichten Büschen versteckten Bungalows, sicher verschlossen in dieser Örtlichkeit vor den unberechenbaren Attacken neugieriger Mitbewohner, als ich unten vom Flur her das hereinbrechende Begrüßungsgetöse vernahm.

Nachdem das Familien-Halali nach unendlichen Momenten, in denen mir die nun für mich unvermeidlich bevorstehenden Torturen ins Bewußtsein sickerten, langsam in Richtung Wohnzimmer verebbte, kam der unvermeidliche Ruf meiner Mutter nach uns Kindern, damit wir dem artigen Begrüßungsritus beiwohnten. Gehorsam aus Gewohnheit rührte sich bei keinem von uns zu keiner Zeit bei solchen Anlässen irgendein rebellischer Gedanke, der uns dem Familientreff hätte fernbleiben lassen können. Nein, sogar ich, der Kleinste und Betroffenste dieser widrigen Umstände, beeilte mich, meine mich bis eben ungemein dringend einnehmenden Geschäfte fast ein wenig überstürzt zu beenden, um auch meine Gutetzogenheit durch braves Handgeben und wohl ein Küsschen zu dokumentieren – ich mache keinen Hehl daraus, dass auch die gewöhnlich in Aussicht stehende Belohnung für soviel Zuvorkommenheit in Form von ein paar Mark Extra-Taschengeld meine immer wieder neue Unvoreingenommenheit für meine Tante beschleunigten.

Aber als ich nun in rasender Eile mein Geschäft beendet, die Hände hastig gewaschen, mich – schon das Klo verlassend – unten rum gehörig verpackt hatte, die Klotür nun scheppernd ins Schloss fallen lassend und anschließend die Treppe hinunter stürzend das Wohnzimmer erreichte, traf mich wohl wegen meines aufgrund der großen Eile sichtlich erhitzten Gesichts erst einmal ein deutlich prüfender Blick meiner Tante, der eindeutig nach der erfolgten Musterung und einem Gleiten hinunter zu meinem Schoß einen wissenden Ausdruck annahm. Bevor ich aber den Charakter dieses Blickes und die damit möglicherweise zusammenhängenden Ursprünge weiter ergründen konnte, überfuhr mich erst einmal die übliche Prozedur, bei der ich reichlich und ausdauernd geherzt wurde, so dass ich heute annehmen muss, ich war weit mehr als das liebe Kind der Schwester für diese Verwandte.

Schließlich saß ich aber neben der Oberschwester auf dem elterlichen Sofa, meine Geschwister hatten sich wieder im Haus zerstreut, wohl froh, dass ich als Handreichung des Besuchs herhalten musste und sie weitgehend ungeschoren davongekommen waren, und vernahm, da auch meine Mutter zum Kaffeebereiten in der Küche verschwunden war, eine fast verschwörerisch geraunte Anrede der in Patientenfragen erfahrenen Besucherin. »Na, war es ein wenig eiliger mit dem Hosenlatz?« Ich erschrak natürlich wegen der unerwarteten Intimität, aber auch, weil, wie ich nun abrupt feststellen musste, ich mich tatsächlich mit offener Hose und freiem Blick auf meine gar nicht mehr so frische Unterwäsche dem Einflussbereich des Dragoners ausgesetzt hatte.

Eilig schloss ich den Reißverschluss, wurde wohl auch rot, war jedenfalls deutlich wortkarg und druckste nur irgendeine schnelle Entschuldigung aus meiner Umklammerung, in der ich mich dicht an meine Tante gedrängt befand, heraus. »Nun, mein Poger (ein ostpreußischer Ausdruck für »mein kleiner Liebling«; Anmerk. des Autors), ich hoffe ja nicht, dass du zu jenen gehörst, die an ihrem Pillermann herumspielen.« Sie sagte dies nicht als Frage, sondern als Feststellung, und die gewählte Betonung stellte klar, dass sie es auf keinen Fall duldete, wenn irgendjemand an seinem Pillermann derart herumspielte, dass es für andere Weltenteilnehmer offensichtlich würde.

Meine Tante hatte selbst drei Söhne, die allerdings schon längst ihrer Vormundschaft entwachsen waren, womit zu erklären ist, wieso sie sich dieses Themas sogleich bei der erstbesten Gelegenheit, die in diesem Fall eigentlich keine war, weil ich wirklich nur vom Klo her, wo ich tat, was man dort tut, lediglich in großer Eile in Richtung Wohnzimmer durchgestartet war, in ihrer pädagogisch prophylaktischen Art annahm. So, als hätte ich als widerspenstiger Patient die Tablettenaufnahme verweigert oder heimlich unter der Bettdecke geraucht, wurde ich nun mit der seit Urzeiten herrschenden klinischen Hausordnung der mich umgebenden Gesellschaft vertraut gemacht.

»Du musst nämlich wissen, am Pillermann herumspielen macht krank; ich muss es ja wissen.« Ich habe mich erst sehr viel später getraut zu hinterfragen, warum sie genau dies – und mit soviel Nachdruck – hätte wissen müssen, wo sie doch irgendwie ein Mädchen war; im Augenblick habe ich ihre diesbezüglichen Kenntnisse mit ihren für ein Kind uferlosen medizinischen Fähigkeiten in Zusammenhang gebracht. Und als echter Onanieologe war ich natürlich mächtig daran interessiert, eine zusätzliche Expertenmeinung zu hören, zumal eine medizinisch-fundierte, die unter Umständen einzelne Aspekte beleuchten mochte, die mir vielleicht so noch nicht geläufig waren, zumal sie von jemandem kamen, der sich als Mädchen – wenn man das so sagen kann – in diesen Dingen mit völlig anderen Gegebenheiten zurechtfinden musste als meinereins.

Ich war also begierig, ähnlich wie meine pickligen Brüder einst, einem hoffentlich folgenden, anregenden Diskurs in dieser Sache folgen zu dürfen, und, gleichfalls wie meine Brüder bei den Erklärungen meiner Mutter vor ein paar Jahren, nicht mehr rot im Gesicht zu werden, woraus ich nun nach der Wiederholung dieses Phänomens lernte, dass die Neugier die Scham in der Regel zu übertölpeln weiß. Aber nichts kam. Meine Tante blieb stumm, fuhr lediglich fort, mich – sagen wir – zu herzen. Also fragte ich nach. »Wieso mag denn der Pillermann nicht, wenn man mit ihm spielt?«

Ich traue mich heute zu sagen, dass ein wollüstiger Unterton die Stimme meiner Tante nun bei ihrer folgenden Antwort überfiel;

damals wusste ich das Klirren in ihrer Stimme noch nicht so recht zu deuten, vermutete lediglich bei ihr die gleiche wissenschaftliche Begeisterung an diesem Thema wie bei mir. Und die Antwort wollte mich auch eingangs darin bestätigen: »Na, mögen tut er das natürlich ...«, brachte meine Tante sich leichtfertig in Erklärungsnot, um dann, nach einer Fortsetzung ihres angefangenen Satzes hektisch suchend und gemessener, zu ergänzen: »aber nicht, wenn man es selber tut, und nicht, wenn man so jung ist wie du.« Doch keine begeisterte Forscherkollegin?

Aber es gibt wohl keinen brauchbaren Disput ohne Widerrede. Daher tat ich es ihr gleich und forderte ihr Expertenwissen mit improvisierter Brillanz heraus: »Woher weiß denn der Pillermann, wer mit ihm spielt; er hat doch gar keine Augen?« Eine wirklich kluge und durchaus logische Frage, wie ich fand, würdig dem intellektuellen Disput, an dem ich hier die Ehre hatte teilnehmen zu dürfen. Meine Tante bewies Sportsgeist, parierte tapfer meinen ausgefeilten Einwand. »Na, du weißt es doch, du hast doch Augen. Du bist doch dein Pillermann.« Man kann sich meine Überraschung wohl vorstellen; so unvermittelt in meiner Persönlichkeit auf eines meiner, wenn auch zugegebenermaßen, wichtigeren Ausscheidungsorgane so ausdrücklich reduziert worden zu sein, traf mich tief in meinem Selbstwertgefühl. Ich bin mein Pillermann, mein Penis, mein Geschlechtsorgan – und sonst nichts?

Das konnte und wollte ich nicht akzeptieren. Ich blickte meine Tante aus der Umklammerung und den Augenwinkeln heraus ernsthaft an. Sie blickte ebenso ernsthaft zurück, aber nachgemachte kindliche Ernsthaftigkeit entartet bei großen Leuten allzu schnell in Ironie und wird auch als solche selbst von kindlichen Zuhörern unmittelbar entlarvt. Na warte, einen reputierten Kollegen so zu behandeln! – Ich werde dich schon noch erwischen, liebes Tantchen. »Also ein Erwachsener dürfte an meinem Pillermann spielen?« Das war wieder eine durchaus logische Schlussfolgerung, fand ich, mit allen gewünschten Folgen: Die Ironie verschwand, die werte Kollegin aus dem Medizinischen glitt in sichtliche Unsicherheit ab, anstatt einer sauber artikulierten Parade folgten gejapste Umlaute und es war an mir, eine diebische Freude über die so unschuldig erzielte Wirkung zu entwickeln.

»Um Gottes willen, nein, nein, nein«, brach es sich schließlich Bahn, »nur das nicht.« Die dem Weib eigenen mütterlichen Instinkte verschafften sich bei soviel von mir zur Schau getragener kindlicher Naivität ihre gehörige Geltung und riefen sämtliche Schutzmechanismen auf den Plan, die eine Frau – selbst Mutter gar – zu aktivieren vermag, mit der Folge, dass ich fast keine Luft mehr bekam, weil ich so heftig von meinem Tantchen in den Schwitzkasten genommen wurde, damit ja kein Unheil von irgendeinem schwarzen Mann oder einer rosafarbenen Frau auf mich herniederfallen könnte. Dann kam zum weiblichen Instinkt die fraueneigene Intuition und damit der entspannende Ausweg aus dieser kritischen Diskussion. »Es sei denn, du bist dann selbst schon ein Erwachsener ...«, wurde mir mit zum Schluss koketter Stimme von der alternden Amazone ein verlockender Korb voll köstlicher Lustbarkeiten für die Zeit jenseits meines 18. Lebensjahrs in Aussicht gestellt.

Aber ich lebte schon damals im Jetzt, und die Wende ins Erwachsensein als Schwelle zur einzig statthaften erotischen Erlebniswelt dauert für einen erst Neunjährigen noch ein ganzes weiteres Leben – also viel zu lange. Ich vertraute auf die Erfahrungen meiner rechten und manchmal auch linken Hand, die mir nun auf Nachfragen noch einmal bestätigten, dass dem ersten noch unschuldigen Herumgetaste in der Pyjamahose eine Vielzahl von außergewöhnlichen Gefühlsstürmen folgten, als ich erst einmal die ganze Reizwelt meiner so hochempfindlichen Nervenzellen auf Eichel und Hoden entdeckt hatte. Aber auch bei objektivst-möglicher Betrachtung konnte ich bisher keinerlei gesundheitlichen und geistigen Schaden bei mir entdecken, sieht man mal von gelegentlich schmerzenden Handgelenken ab, wenn im Liegen die abgewinkelte Haltung vor dem Körper für die eingesetzte Hand einfach zu lange dauerte.

Doch, es verunsicherte mich, dass das Onanieren krank machen sollte; und das nicht zu wenig. Meine körperliche Unversehrtheit war mir wichtig, vor allem, nachdem ich nach einem Sportunfall meine aussichtsreiche Karriere als Fußballprofi bereits vor einiger

Zeit viel zu früh für ewig hatte an den Nagel hängen müssen. Düstere Szenarien entspannen sich vor meinem geistigen Auge, welcher Art die körperlichen Restriktionen hätten sein können, die man sich mit der Selbstbefriedigung so alles zuziehen konnte. Eitrige Abszesse durch übersensibilisierte Haut, angeschwollene Hoden wegen der drohenden Überbeanspruchung, vielleicht sogar der Verlust des gesamten Joy-Sticks als direkte Folge exzessiver Masturbation. Ich sah schon meinen Pimmel eines Tages plötzlich losgelöst von meinem Körper in meiner Hand ruhen, leblos, schlaff, ausgenutzt.

Ich wollte hier unbedingte Aufklärung über die möglichen Krankheiten, die die Onanie bei mir, der noch nicht einmal einen echten Orgasmus hatte, verursachen könnte. Doch meine Kaffeegedeckbeladene Mutter, die gerade von der Küche her ins Wohnzimmer hereinrauschte, machte alle intime Vertrautheit zwischen Tante Bertha und mir zunichte, und der kurz aufkeimende Mut, das Thema auch vor meiner in diesen Dingen nachweislich illuminierten Mutter auszubreiten, wurde durch einen unmittelbar einsetzenden Redeschwall meiner Erziehungsberechtigtin über lauter familiäre Dinge zertreten. So schwieg ich, bang im Herzen, eng an an das weibliche Wesen an meiner Seite geschmiegt, das Trost aus der erwachsenen Reife und der so gegenwärtigen Oberschwesterkompetenz ausströmte.

Ich brach meine verschiedenen Forschungsreihen, deren Wesen und tatsächliche Systematik ich später noch ausführlicher erklären werde, selbstredend unmittelbar nach diesen Erkenntnissen ab. Mir wurde als längst erprobtem Schul-Schüler bewusst, dass ich ein großes Prinzip der wissenschaftlichen Gesellschaft bei meinen ziemlich privaten Studien völlig außer Acht gelassen hatte: Vor der Praxis steht die Theorie; bei mir stand gleich alles praktisch. Das war mein Fehler.

Also vergrub ich mich bei erstbester Gelegenheit in literarische Studien, wobei es in der Zeit vor dem Internet noch unglaublich schwer war, anhand von ausgewählten Stichwörtern, die man – schon gar nicht als Kind – nicht öffentlich aussprechen durfte, sein Wissen gezielt zu vermehren. Ich traute mich ganz einfach nicht in die städtische Bücherei zu gehen und die nickelbebrillte, altjüngferliche Bibliothekarin zu fragen, wo – bitteschön – kann ich was Wissenswertes über die Onanie nachlesen? Purer Fleiß musste mir ersetzen, was heute irgendeine Suchmaschine in Bruchteilen von Sekunden liefert.

Fündig wurde ich nach unendlich vielen Anläufen aber nicht in irgendeiner gutsortierten Lesehalle, sondern ausgerechnet im Bücherschrank meines Vaters, der für einen ehemaligen Volksschüler ohne Abschlusszeugnis eine ganz außergewöhnliche Schriftensammlung sein Eigen nannte, mit speziellem Blick auf historische Kleinode und didaktische Anleitungen zur Kindererziehung, die ja bei einem halben Dutzend Kinder nun auch wirklich eine sinnvolle Investition darstellten.

Wo ich schließlich die folgenden Zitate fand, ob im historischen Originaleinband oder bereits als Zitat in einem Züchtigungsratgeber späterer Machart, der die zu seiner Zeit amtierenden Irrtümer wie üblich mit historischen Irrtümern belegte, ist mir leider entfallen; unverzeihlicher Fehler eines sonst akribischen Forschergeistes. Da es aber eh zweifelhaften Inhalts ist, vernachlässigen wir die Quellenkunde zugunsten des tatsächlich ermittelten Wortlauts:

Sylvanus Stall: Was ein Knabe wissen muss (1906)

Neunter Brief: »Mein lieber Heinrich! Gott gab dem Menschen Hände, aber er verlieh ihm auch Vernunft, das sittliche Gefühl und das Gewissen, damit er sie in rechter Weise gebrauchte. Mit Hilfe der Hände sollte er sich nach Gottes Willen weit empor über die anderen Geschöpfe erheben. Und dennoch, bis weit unter das niederste Tier finden viele Männer und leider auch Knaben gerade durch einen Missbrauch ihrer Hände herab! Anstatt mit ihnen das zu tun, was sie als vernunftbegabte und sittliche Wesen damit tun sollten, gebrauchen sie die Hand dazu, ihren Körper zu beflecken. Sie fassen damit an ihr Geschlechtsglied und spielen daran, um eine besondere Empfindung, ein gewisses Gefühl hervorzurufen, das für den Augenblick wohl angenehm ist, aber die ernstesten Schäden für ihre sittlichen und geistigen Kräfte und für ihre Gesundheit nach sich zieht. Man nennt diese Gewohnheit Selbstbefleckung oder Masturbation. Aber Gott hat uns dieses Glied nicht zu solchem Missbrauch verliehen.« *(S. 86–87)*

Zehnter Brief: »Mein lieber Heinrich! In meinem letzten Briefe habe ich davon gesprochen, dass viele Knaben, jüngere und ältere, ihren Körper schänden und beflecken, indem sie in unnützer Weise und zu ihrem großen Schaden an ihr Geschlechtsglied fassen und daran herumspielen und reiben. Nach Gottes Absichten hat nun aber dieses Glied eine doppelte Bestimmung: seine erste ist, zur Ausscheidung der wertlosen und verbrauchten Flüssigkeiten aus dem Körper zu dienen, und seine zweite liegt darin, dass es einen Teil des Fortpflanzungsorganismus bildet.« *(S. 93)*

Elfter Brief: »Wo solche ungünstigen Verhältnisse vorliegen und aus Unkenntnis nicht beseitigt werden, da bildet sich die Selbstbefleckung leicht zu einer steten Gewohnheit aus und wird schließlich mit solcher Leidenschaft betrieben, dass Verblödung und Tod eintreten können und häufig wirklich erfolgen.« *(S. 107)*

Zwölfter Brief: »Von dem verzweifelt hilflosen Zustand, in welchen ein Knabe, bei dem dieses Laster zur hartnäckigen Gewohnheit geworden ist, schließlich gerät, kannst du dir daraus eine Vorstellung machen, dass man ihn, um ihn an einer Wiederholung seiner lasterhaften Handlungen zu hindern und wenn möglich, dauernd von dem Übel zu befreien, oft in eine Zwangsjacke stecken oder seine Hände auf den Rücken oder an die Bettpfosten binden oder mit Stricken und Ketten an Ringe in der Wand befestigen muss.« *(S. 119–120)*

Mary Wood-Allen:
Was ein junges Mädchen wissen muss. (1910)

19. Kapitel. Geheime Laster: »Sobald die Geschlechtsorgane in ihre Funktionen eintreten, wird sich ihnen naturgemäß die Aufmerksamkeit des jungen Mädchens zuwenden; man muss sich dann ernstlich bemühen, ihren Gedanken eine andere Richtung zu geben. Romanlektüre ist, wie ich schon einmal erwähnt habe, höchst nachteilig. Die Beschreibungen leidenschaftlicher Liebesszenen rufen in den Geschlechtsorganen der Leserin Erregungszustände hervor, die diese Organe zu erhöhter Tätigkeit anreizen und ihre Gesundheit zerstören. Junge Mädchen werden oft früher als nötig zur Reife gebracht, weil ihre Sinnlichkeit durch Romanlesen, durch die Anspielungen ihrer Freundinnen auf Liebhaber, durch sentimentale Phantasien, in denen sie sich ergehen, ungebührlich gereizt und erregt wird. Solche Erregungen führen manchmal zu der schlechten Gewohnheit, die unter dem Namen Selbstbefleckung bekannt ist. Die Reizung der Geschlechtsorgane ist von einer angenehmen Empfindung begleitet. Sie kann durch mechanische Mittel, ja schon durch bloße Gedanken hervorgerufen werden. Viele Mädchen, die dieser verderblichen Gewohnheit verfallen sind, ahnen die Gefahren nicht, die ihnen drohen, obgleich sie intuitiv fühlen, dass niemand etwas davon erfahren darf, was sie treiben.« *(S. 142–143)*

»Die Selbstbefleckung hat höchst unheilvolle Folgen. Sie zerstört die geistigen Kräfte und das Gedächtnis, sie verursacht einen unreinen Teint und macht die Augen trübe, sie zehrt an den Körperkräften und kann sogar zum Wahnsinn führen. Es ist eine Gewohnheit, die schwer auszurotten ist, die jahrelang andauern und sich sogar auf die Kinder vererben kann.« *(S. 143)*

»Die Zeugungsorgane sind der Sitz außerordentlich reizbarer Nerven. Ihre Erregung, sei sie nun durch mechanische Mittel örtlich hervorgerufen oder aber auf geistigem Wege entstanden, ist von angenehmen Empfindungen begleitet. Bei kleinen Kindern wird manchmal eine derartige Reizung durch mangelnde Sauberkeit der äußeren Organe verursacht. Das Kind versucht dann den Reiz durch Reiben zu lindern. Dadurch entsteht ein angenehmes Gefühl, das Reiben wird wiederholt, und es bildet sich schließlich die schlechte Gewohnheit der Selbstbefleckung.« *(S. 144)*

»Die einzige natürliche Form, in der das Geschlechtsgefühl erweckt werden darf, hat Gott der Herr in der heiligen Ehe eingesetzt, und ein Mädchen, das sich selbst achtet, fühlt wohl, dass jedes andere persönliche Eingreifen weder recht noch anständig ist.« *(S. 146)*

Ich war geschockt. Dass sich die schwer ausrottbare Gewohnheit der Selbstbefriedigung auf die Kinder vererbt, war mir mehr als offensichtlich, schließlich waren es meine Eltern mit ihren vagen Äußerungen, die in mir die Feuer der Autoerotik entzündeten. Dass ich aber auch in die Gefahr von Wahnsinn und Blödheit und sogar dem vorzeitigen Tod geschlittert sein sollte mit dem Treiben unter meiner Decke, übertraf meine düstersten Erwartungen. Dass Mädchen allerdings auch ohne »mechanische Einwirkungen«, wie ich sie bei mir üblicherweise anwenden musste, die gewünschte Wirkung erzielten, also dass Mädchen im Kopf mit ihren Gedanken onanieren konnten, das war auch irgendwie mächtig interessant. Und geschrieben hat die entsprechende Passage ja ursprünglich selbst eine Frau, und die müsste ja wissen, wovon sie schrieb.

Aber die Neugier siegte in diesem Fall nicht so über die Angst wie zuvor über die Scham. Blöd werden, das wollte ich nicht. Und an irgendwelche Ringe gekettet meinen Unterleib zu der justierten Hand verrenken, das war auch kein so prickelnder Gedanke für meine eigene Zukunft. So wurde die Neugier – zumindest vorerst – lediglich zum Begleiter meiner kindlichen Angst; und gemeinsam schritten wir, als die Ungewissheit in meinen Kopf schier überhand zu nehmen schien, zum ersten Coming-out der auf einmal so verunsichernden Leidenschaft. Unser Publikum, das sich an den Darbietungen des Onanieologen, der Angst und der Neugier ergötzen konnte, war der Hausarzt meiner Familie, eine nordische Persönlichkeit aus echtem Schrot und Korn, überdimensional groß und blond, mit einer sehr tiefen, ungemein beruhigenden Stimme, Dr. Beske.

Allerdings hatte ich abwarten müssen, bis sich ein vordergründig ganz anderer Anlaß bot, um den altgedienten und durch die Weitläufigkeit unserer Familie gut beschäftigten Mediziner zu Rate ziehen zu können. Eine Ohrenentzündung, zumindest deren entsprechende Symptome, führte mich also eines Tages nach dem Vergehen mehrerer banger Monate, in denen ich jedem Zipperlein eine überdimensionale, weitreichende Bedeutung zumaß, in das Wartezimmer dieses hoffentlich auch in meinen Dingen erfahrenen Mannes. Allerdings war ich in Begleitung eines zwar in kindlichen Krankheitsdingen schon routinierten, aber doch auch im konkreten Einzelfall immer noch etwas ängstlichen Muttertieres, das ich unbedingt wegen meines zweiten, besonderen und eigentlichen Konsultationsanliegens daran hindern musste, mit ins Behandlungszimmer zu kommen. Eine angemessene Strategie war rasch gefunden. Einfach fragen: »Mama, darf ich alleine zum Doktor?« Ein prüfender Blick, ob ich zu soviel Selbstständigkeit bereits taugte, dann das erlösende Nicken. Und nun wartete ich mit zunehmender Ungeduld auf die für meine weitere Entwicklung so ungemein wichtige Untersuchung.

Dr. Beske rief mich zu sich herein. Zu meinem großen Entsetzen folgte mir eine der ziemlich hübschen Sprechstundenhilfen mit ins Behandlungszimmer. Eine Frau im Raum – das machte doch mein Vorhaben zunichte. Also folgte eine übliche therapeutische Prozedur, bei der ich mich bis auf die Unterhose ausziehen musste, am Kopf und an der Brust befühlt wurde, mir wurde ins Ohr geleuchtet und in den Hals geschaut, meine Augen gemustert und nach meiner Temperatur gefragt. Und am Ende all dieser auch in vielerlei kindlichem Spiel zuvor oftmals praktizierten Tätigkeiten wurde ich angehalten, mich wieder anzukleiden und vor dem großen, alten Schreibtisch des Doktors Platz zu nehmen.

»Nun, junger Mann, da hast du dich aber ziemlich erkältet. Hals, Nasen, Ohren, alle haben sie etwas abbekommen. Aber nicht weiter schlimm. Ich denke, mit ein paar bewährten Hausmittelchen hast du es gleich überstanden. Fräulein Witt, bitte machen Sie schon mal ein Rezept für den kleinen Herrn fertig ...« Und die kittelbeschürzte Zauberfee entschwand aus dem Raum: meine Chance. »Herr Doktor, darf ich Ihnen noch eine ganz andere Frage stellen?« Wieder einmal wurde ich scharf gemustert. Es war für mich ein Mysterium, was Erwachsene allein durch einen Blick auf einen anderen Menschen über diesen erfahren konnten. Wenn ich jemanden sah, konnte ich unterscheiden, ob er Mädchen oder Junge, alt oder jung war. Ich nun war ein junger Junge, aber das wusste der Doktor sicher zweifelsfrei. Was nur sah er jetzt bei seiner Musterung?

»Nur zu, was hast du auf dem Herzen?« – »Es ist ein bisschen heikel, und ich möchte, dass Sie mit niemandem darüber reden, auch nicht mit meinen Eltern.« – »Keine Bange, wir Ärzte habe eine Schweigepflicht; was ein Patient uns sagt, dürfen wir niemand anderem sagen. Noch nicht einmal die Polizei darf mich zwingen, das auszuplaudern, was du mir hier im Sprechzimmer anvertraust.« Ich war beeindruckt von soviel Integrität. Und beruhigt. »Es ist so, eine meiner Tanten, die auch so was ähnliches ist wie eine Ärztin, hat mir erzählt, dass es krank macht, wenn man an seinem Pieschmann herumspielt. Und in einem Buch habe ich nachgelesen, dass man davon blöd wird und sogar sterben kann. Muss ich jetzt sterben?«

Die ganze kindliche Theatralik kam wohl zustande, weil ich so lange jede Sekunde über dieses Thema nachgedacht hatte; so brachen meine gesammelten Ängste so plötzlich aus mir heraus. Ich blickte den Doktor ernsthaft an, auch um zu schauen, ob auch er meine Ernsthaftigkeit persiflieren wollte. Aber der Mann da auf der anderen Seite des großen Eichenschreibtisches sah nur sehr nachdenklich aus. Er antwortete auch nicht gleich, sondern schien sich seine Worte reiflich überlegen zu wollen.

»Weißt du, so wie ich dir mein Schweigegelübde gab, so verlange ich nun auch von dir, dass du das, was ich dir sage, als Geheimnis für dich behältst. Auch ich habe in meiner Kindheit und Jugend onaniert; und manchmal tue ich das noch heute. Aber ich kann dir auf Grund meiner ärztlichen Erfahrungen versichern, dass ich keine körperlichen oder seelischen Schäden dadurch erlitten habe.« Ich stutzte. Instinktiv sah ich auf seine Hände, mit denen also auch er, dieser große, respektable Mann, an seinen Genitalien herummanipulierte. Und mit denen er mich eben so geschäftsmäßig angefasst hatte. Aber richtig, ich hatte ja beim Reinkommen ins Behandlungszimmer noch mitbekommen, wie er sich im Waschbecken in der Ecke die Hände gewaschen hatte.

Ich hatte es eigentlich bisher nie für möglich gehalten, dass auch Erwachsene onanieren könnten, dass überhaupt auch andere wirklich das taten, was ich so oft unter der Bettdecke oder mittlerweile auch schon mal gelegentlich auf dem Klo praktiziert hatte, bis mich die Angst überfiel. Doch, auch ich war jetzt schockiert über die Vorstellung, dass diese Hände, die mich vorhin begrüßt hatten und eben untersuchten, ansonsten noch ganz andere Dinge fertigbrachten. Aber warum eigentlich? – Was für mich ganz selbstverständlich war und schön, kann doch auch für alle anderen ein Heidenspaß sein? Und da wir beide etwas taten, das nach seiner Erfahrung und seinem sicherlich umfassenderen Wissen keinen Schaden anrichtete, um so besser – für ihn und für mich.

Mir fiel ein Stein vom Herzen, eher noch ein ganzes Gebirge. Das Mißtrauen gegen seine Hände zerfiel. Ich glaubte diesem Mann, ich wollte ihm glauben, ich war ihm dankbar, ich hätte ihn küssen können. Aber warum gab es dann diese Texte über die Schäden, die durch die Selbstbefriedigung verursacht würden? »Aber ich habe doch in Büchern darüber gelesen, dass es diese Dinge gibt. Warum steht das denn da?«

»Du musst sehr alte Bücher erwischt haben. Oder sehr dumme. Schau noch mal nach, und wenn du willst, bringst du sie mir her und ich erkläre es dir dann.« Und nach einer kurzen Bedenkzeit: »Das einzige, was wirklich krank machen kann ...« Also doch! »... ist die Angst davor, Onanie könnte schädlich sein. Da du Büchern offensichtlich eher glaubst als Menschen, lese ich dir etwas vor, warte mal ...« Und er stand von seinem Platz hinter dem Schreibtisch auf, ging zu einem Bücher-beladenen Regal an der Wand hinter mir, suchte kurz die Reihen der Buchdeckel ab und nahm dann einen sauber gebundenen, nüchtern ausschauenden Einband zur Hand, den er sogleich aufschlug und durchblätterte. Dabei kam er zurück an den Schreibtisch und setzte sich, da er offensichtlich die richtige Textstelle gefunden hatte, wieder mir gegenüber.

Er las nun vor aus den »Studien über Autorität und Familie«, einem Buch von Horkheimer, Fromm und Marcuse, das 1932 verfasst wurde, also so neu nun auch nicht mehr war:

»Das alte Axiom über die Schädlichkeit der Onanie ist nicht mehr aufrechtzuerhalten. Die Onanie ist die normale Geschlechtsbetätigung der sich entwickelnden Jugend und nicht exzessiv betrieben absolut nicht schädlich. Schädlich ist nur der Gedanke, dass die Onanie schädlich sein könnte. Und die ungezählten Neurastheniker sind auf die Angst zurückzuführen und nicht auf die von ihnen betriebene Onanie.« (S. 283)

Und auf derselben Seite die zweite Textstelle: »Der körperliche Schaden einer nicht zu früh begonnenen und nicht zu intensiv betriebenen Onanie ist – null.« Der Doktor sah mich an. »Das, was ich dir vorgelesen habe, wussten schon die Ärzte, bei denen ich meinen Beruf erlernt habe. Aber bis dieses Wissen bei allen Menschen da draußen ankommt, das dauert seine Zeit. Deswegen solltest auch du sehr sorgsam mit diesem Wissen umgehen, weil viele – wie deine Tante – dir nicht glauben werden. Freu dich über dein Wissen, und was du mit deinem Körper machst, geht keinen etwas an. Eigentlich noch nicht einmal mich.«

Ich war aufgeregt, was sicher meine Temperatur noch einmal steigerte. Ich war ein Wissender, schlauer als meine Tante, als viele um mich herum. Ich wusste, was sonst nur ein auserlesener Kreis von Wissenschaftlern wusste, was in deren Schreinen lagerte, aber beim normalen Fußvolk gänzlich unbekannt war. Ich verabschiedete mich eilig von dem Doktor, dankbar für die Erleichterung, die er mir verschafft hatte, um wieder zu meiner Mutter und mit ihr nach meinem Zuhause und zu meinem Bett zurückzukehren, das nicht mehr nur ein Jammerbett würde sein müssen; aber ich vermied es trotz allem, Dr. Beske beim Hinausgehen die Hand zu geben.

Das war vor einem Vierteljahrhundert. Mittlerweile ist, denke ich, mehr von diesem Wissen, das mir der alte Hausarzt damals in aller Vertraulichkeit angeboten hat, auch in die breite Bevölkerung vorgedrungen. Es überwiegt sicher nicht mehr die Angst vor der Onanie als schlimme Krankheit im Bewußtsein der Menschen. Wir wissen, dass das Schreckgespinste wüster Moralisten waren. Und doch: Im Unterbewusstsein treiben die Ängste vieler Generationen vor der Schändlichkeit des handgemachten Orgasmus weiter ihre skurrilen Blüten. Mir wurde dies klar, als ich bemerkte, dass mir nach meinem umfassenden Outen als Onanist immer weniger Menschen bei einer Begrüßung oder Verabschiedung bereitwillig die Hand reichen. Es häufen sich die Fälle, bei denen meine gezückte Rechte beim Gegenüber ins Leere geht. Aber das ist wohl die gerechte Strafe dafür, dass ich mein Dr. Beske gegebenes Versprechen, über sein heimliches Onanieren zu schweigen, gebrochen habe.

Zu tief sitzt wohl noch die Verachtung der Menschen gegenüber jenen, die onanieren (müssen oder wollen); diese Verachtung, die sich ja auch in dem im rüden Ton vorgebrachten »Fuck you!« ausdrückt, mit dem wir – ans Angloamerikanische angelehnt – unliebsame Zeitgenossen bedenken, denen wir alles mögliche Schändliche an den Hals wünschen. Die unverhohlene Aufforderung zur Onanie als Gipfel aller Verwünschungen; die Verdammnis zur Selbstbefriedigung als schlimmste aller Höllenstrafen; das öffentliche Absprechen der partnerschaftlichen Sexualfähigkeit als perfideste Beschimpfung – wie sollen da die Menschen, an diese Wertung der Selbstbefriedigung gewöhnt, unbefangen mit diesem Thema umgehen?

Zumal doch auch noch 1994 Papst Johannes Paul II. zum Besten gab, dass weibliche Masturbation die reine Wollust sei und damit eine Todsünde? Den Männern allerdings gestand er bei gleicher Gelegenheit das Onanieren händeringend als organisch bedingtes Muss zu. Wir stellen uns jetzt wissend grinsend den Grund vor, auf welche Weise der Papst zur letzteren Erkenntnis gelangte.

3. DER KICK IM KOPF –
SEX-PHANTASIEN

Mit der beschriebenen und für mich aufgrund der medizinischen Fundiertheit ausreichenden Absolution durch Dr. Beske ausgestattet, machte ich mich also an die Fortsetzung meiner vor Monaten so plötzlich unterbrochenen Studien. Ich nahm dabei einen Gedanken auf, der mich bei meinen vorangegangenen Recherchen so fasziniert hatte: Mädchen können im Kopf onanieren, ohne die Hände zu benutzen. Warum eigentlich? Oder war das auch eine Lüge der Geschichte? Ich hätte meine Schwestern oder besser noch meine Mutter zu Rate ziehen können, aber der Umgang meiner Umwelt mit meinem Studienthema war insgesamt ja immer noch viel zu zwiespältig, um eine solch unerhörte Offenheit zu wagen. Die Vertrautheit mit einem Arzt, das war was anderes. Der fasste einen ja auch an, schaute in einen hinein, ansonsten hatte man nichts mit ihm zu schaffen. Wurde es zu peinlich, konnte man den Arzt auf Nimmerwiedersehen wechseln.

Aber Mutter oder Schwester oder die Tina von gegenüber, mit denen musste man jeden Tag leben, man konnte nicht einfach umziehen, die Wohnung, das Haus, die Stadt, die Familie und Freunde einfach wechseln. Da zahlt man für eine unbedachte Peinlichkeit unter Umständen sein ganzes Leben, wenn man denn die eine Unachtsamkeit immer und immer wieder bei passender oder unpassender Gelegenheit zur Erheiterung der Runde aufs Brot geschmiert bekommt. Wenn der direkte Weg aber zu schwer ist, ich also meine Fragen nach dem weiblichen Sex im Kopf nicht einfach vorbehaltlos von Junge zu Mädchen stellen konnte, dann, so wusste ich aus den Mathestunden in der Schule, wo es ja auch immer wieder um die Lösung von komplizierten Aufgaben ging, wähle den indirekten Weg, den Weg der kleinen Schritte.

Erste Station des Suchenden auf diesem Pilgerpfad der weiblichen Autosexualität war – so albern es klingt: eine Sandkiste in Nachbars Garten. Denn da gab es ein Mädchen, bereits etwas älter als ich, eben jene Tina. Von der hatten einige andere Jungs einmal gemunkelt, dass sie schon einen Freund gehabt habe. Und »Freund haben«, das hatte ja irgendwie auch etwas mit meinem Themenfeld zu tun.

So suchte ich also die Gegenwart dieses Mädchens von vielleicht damals zwölf, dreizehn Jahren, um zu schauen, ob ich nicht kleine, verborgene Hinweise erhaschen könnte, die mir unter Umständen Aufschluss über den Kick im Kopf des weiblichen Geschlechts geben könnten. Ich hatte keine Ahnung, was ich da womöglich finden könnte, ich wusste nur, dass der Schlüssel zu diesem unaussprechlichen Geheimnis und Phänomen im Kopf auch dieses Mädchens schlummern musste.

Und dieser Kopf war ein ausgesprochen süßer Kopf. Große, klare grüne Augen, eine ebenmäßige Nase, schulterlange, dunkelblonde Haare und Grübchen in den Wangen, die ich immer wieder anstarren musste. Wie ein lästiger kleiner Bruder suchte ich die Nähe der Nachbarstochter, um einen wenn auch noch so kleinen Zugang in die verborgenen Welten ihrer Phantasien zu finden. Und da ich nun mal da war, wurde ich – zusammen mit ihren Freundinnen – in die Spiele eingespannt, die kleine, heranwachsende Mädchen so gerne spielen: Beim Gummitwist musste ich, da ich ja im Verhältnis deutlich kürzer war als die größeren Mädchen, stets als Pfeiler und Gummihalter herhalten, vor dem die süßen Geschöpfe auf und ab hüpften. Das Gleiche beim Seilspringen, wobei ich hier nicht ganz zur Untätigkeit und reiner Beobachterposition verdammt war, sondern kontinuierlich große Kreise in die Luft ruderte, während die großen Mädchen im Rhythmus meiner Bewegung vor meinem Gesicht springend ihre Kinderreime keuchten.

Aber eine Antwort auf meine Frage fand ich so leider nicht. Nur eine zunehmende Aufmerksamkeit bei dem älteren Mädchen, das gelegentlich etwas länger in meine Augen schaute, wenn ich ihren Blick in mich aufsog, als es früher der Fall war; das immer häufiger das Verbleiben in meiner Nähe ausbaute über die aktiven Spiele hinaus, mit mir über Schule und andere Kinder redete und mich eines schönen Frühlingstages sogar mit auf ihr Zimmer bat, weil sie unser interessantes Gespräch nicht unterbrechen wollte, aber doch auch ihren Pullover gegen ein T-Shirt tauschen wollte. »Kommst du kurz mit, Axel? Es ist so ein schöner Tag und ich mag diese Winterklamotten nicht mehr tragen. Meine Eltern sind nicht da ...«

Und was tat ich? – Ich blickte in die großen Augen des schönen Mädchens und sah einen sehr seltsamen Glanz. Da waren Abenteuerlust und Verwegenheit, Übermut und unglaublicher Liebreiz. Ich schaute den schlanken Körper der großen Elfe an, den schönen Mund, die sanften Hände – und war verwirrt wie in meinem ganzen Leben noch nicht. Nicht unbedingt heftig, nur auf eine Art und Weise, wie ich sie noch nicht erlebt hatte. Eine Entscheidung war gefordert, und zwar schnell. Das schöne Mädchen wartete – auf mich. Aber was sie wollte, davon hatte ich nur von ungefähr eine Ahnung. Auf jeden Fall ging es nicht um den Pullover oder um unser Gespräch. Der Blick von ihr sagte mehr, versprach und forderte mehr. Ich wusste nur nicht was.

Instinktiv – da war nichts Rationales dabei – hatte ich Angst vor diesem unbekannten Terrain, obwohl ich mich doch auf einer Entdeckertour befand. Aber unkalkulierbare Risiken konnte und wollte ich nicht eingehen, und bei einem größeren Mädchen, für das kleine Jungs ja sonst im Alltagsgebrauch irgendwelche obskuren Geschöpfe sind, war man vor einer eventuellen Falle nicht sicher, mit der man dann später vor den anderen Kinder aufgezogen wurde. Trotzdem traute ich aus irgendwelchen Gründen meinen Ohren nicht, als ich mich sagen hörte: »Du, Tina, ich warte hier auf dich. Bis gleich.« Ich wusste augenblicklich, dass ich diesen Satz wohl zeit meines Lebens auf eine gewisse Weise bereuen würde.

Und das Reuen ging gleich abends im Bett, nach noch einigen unbefangenen Kinderspielen, Abendessen und einer Runde »Tom und Jerry« im Vorabendprogramm, so richtig los. Ich spielte das »Was wäre gewesen wenn-Spiel«: Ich wäre mit Tina mitgegangen in ihr Mädchenzimmer: ein Schrank, ein Schreibtisch, ein Regal, Poster von der Gruppe Dschingis Khan an der Wand, Puppen in der Ecke, und ein Bett mit Mädchen-Bettwäsche an der großen Wand. Dazu Tina, mit diesem Blick. Und jetzt zieht sie sich den Plüschpullover aus, der wirklich viel zu warm heute ist. Es ist praller Sonnenschein, der jetzt auch durchs Fenster fällt. Ich sehe ein Mädchen-Unterhemd, das umso vieles schöner ist als das Koch-Feinripp, das ich immer tragen muss; mit kleinen Rüschen oben am schon konturierten Dekolleté und vielleicht aufgestickten roten Blüten. Und immer noch fixiert sie mich mit diesem schwer zu beschreibenden Blick, kommt näher, so nahe wie manchmal beim Seilspringen, wenn ich ihren zarten Veilchenduft atmen kann. Ich sehe ihre rosige Haut und traue mich ihren Arm zu berühren, der weich und warm ist. Ich sehe sie in meinen Träumen, wie sie auch noch unnachahmlich langsam die Hose auszieht, ein natürlicher Vorgang, wenn man gerade auch den Pullover ausgezogen hat. Ich sehe deutlich die Konturen ihres Körpers, der mir vertraut ist über all die Jahre, in denen wir in warmen Sommern nebeneinander in Badehose und Bikini oder in Sporthosen, die bei Mädchen ja meist sehr hauteng ausfallen, nebeneinander spielten.

Ich sehe den Abdruck ihrer Brüste, ich sehe den unbekannten Hort, ihren Schoß – und werde schier übermannt von einem Emotionsschauer. Das Verlangen wird unaussprechlich, mir ist zum Heulen und zum Jubilieren, ich möchte durch die Gegend hüpfen voller Übermut und hier bis in alle Ewigkeit in meinem Bett liegen und genießen. Ich spüre mein Glied wild pulsieren – dabei habe ich es noch nicht ein einziges Mal diesen Abend angefasst. Jetzt will ich es anfassen, aber ich widerstehe der Versuchung; und der Schauer in den Lenden wird noch mal umso heftiger, steigert sich in Zehnerpotenzen, als ich an ihre Grübchen denke und an das »Wärewenn«. Alles dreht sich in meinem Kopf, das Blut jagt, wilde Bilder treiben durch meinen Kopf, ein ekstatischer Rausch der Sinne, doch ich halte meine Hände verschränkt hinter meinem Kopf, bis ich schier nicht mehr kann, die mächtige Latte in meinem Schritt droht fühlbar zu platzen vor immer neuer, pulsierender Blutzufuhr, und verlangt nach festem Halt, der Schranken setzt und die Erleichterung bringt, die man wohl Befriedigung nennt.

An diesem Abend hatte ich meinen ersten Samenerguss, eine überraschende Schweinerei, so verwirrend wie der ganze Tag. Aber ich hatte eine ganze Formel entdeckt, wo ich nur die Beschreibung eines Phänomens gesucht und erhofft hatte. Eine Formel, die ganz Erstaunliches produzierte, im Kopf und in meiner Unterhose. Und so unglaubliche Gegensätze, emotionale Extreme hatte sie hervorgebracht, dass sie für mich in die emotionale Dimension einer Atombombenexplosion transzendiert wurde. Ich hatte, ich wirklich dummer Junge, den köstlichen Korb der Lustbarkeiten, den mir meine Tante Bertha erst für das Erwachsensein in Aussicht gestellt hatte, ohne äußere Not heute, hier und im Jetzt ausgeschlagen. Und doch brachte mir der Verlust der einmaligen Gelegenheit den größten angenehmen Gefühlssturm meines jungen Lebens ein, noch dazu gekrönt durch einen echten Orgasmus, denn der, so war ich mir absolut sicher, konnte nur Ursache sein für das wilde Chaos in meinen Sinnen und meinem Schlüpfer. Und zu allem Überfluss wusste ich jetzt, wie das geht mit dem Onanieren im Kopf: Das Echo meiner sinnlichen Wahrnehmung kann das so misslich Nicht-Erlebte erlebbar machen, mit allen Emotionen und wohligen Wirkungen, die man sich sonst von der sogenannten Realität wohl erhofft. Und das, so musste ich – ganz der wieder nüchterne Analytiker – feststellen, völlig ohne das Risiko der möglichen Enttäuschung durch ein im Grunde unkalkulierbares Gegenüber.

Was nun besser gewesen wäre oder ist – der damals wahrscheinlich real-mögliche Teenie-Sex mit der Nachbarstochter an diesem ersten warmen Tag im Frühjahr oder das multi-emotionale Reproduzieren dieser ersten richtig heftigen Sexualphantasie in meinen späteren Jahren –, wird sich hoffentlich nicht mehr klären lassen. Klar ist für mich nur, dass neben den in meinen späteren Jahren real erlebten sexuellen Begegnungen dieser Brain-Sex für mich eine wunderschöne Ergänzung meines Erfahrungsspektrums darstellte. Ein Kleinod für die Seele, ein Edelstein meiner Phantasie, der mich durch Frustrationen und Krisen hindurchtragen konnte.

Allerdings – auch das muss gesagt werden – gesellten sich auch gelegentlich wieder Schuldgefühle zu diesen ungemein intimen Gedanken, zum Beispiel, wenn ich der Tina begegnete, die ich in meinen Träumen für solch unzüchtige Dinge mißbrauchte. Gerade auch, als ich erwachsen wurde und meine kindlichen Phantasien neben reiferen, ausgelasseneren und heftigeren wiederfand, mischte sich in das Reproduzieren der frühjugendlichen Erlebnislandschaften die bange Frage, inwieweit sich hier schlimme, pädophile Ambitionen bei mir in die Gegenwart transformierten. Denn gleichwohl waren – sind – diese Phantasien und die Erinnerungen daran fester Bestandteil meiner tagtäglichen Erlebniswelt, sie zu verleugnen und zu verdrängen würde, nach allen Regeln der Psychoanalyse, nur das Verlangen nach ihnen noch mehr ins Unermessliche steigern.

Ein Zitat des deutschen Sexualwissenschaftlers Norbert Leygraf zum Umgang mit sexueller Gewalt, geboren aus pervertierten Phantasien, lieferte mir schließlich einen Lösungsansatz aus meinem Dilemma. Leygraf sagt: »Wir müssen uns an den Gedanken gewöhnen, dass Sexualität im Kopf stattfindet. Das Gehirn ist das größte Sexualorgan.« Nicht einmal eine im Extremfall vorgenommene Kastration würde eine Reduzierung des Sexualtriebes bedeuten. Für mich folgert daraus, dass man die Anwesenheit seiner wie auch immer erzeugten und gestalteten Phantasien nicht verleugnen sollte; sie sind Teil unseres Lebens.

Wenn ich heute beim Onanieren an ein zwölfjähriges Mädchen denken sollte, so bin ich dabei selber elf Jahre alt. Und ich schädige niemanden damit, wenn es ein Akt im Kopf und vielleicht unter der Bettdecke bleibt. Sobald die Phantasie mit einer tatsächlichen tätlichen Handlung jedoch öffentlich wird, kann sie nach Paragraph 183a des Strafgesetzbuches (StGB) als Erregung öffentlichen Ärgernisses bestraft werden. Wird die Handlung gar vor Kindern vollzogen, ist der Tatbestand des sexuellen Missbrauchs von Kindern nach Paragraph 176 StGB erfüllt und wird mit erheblicher Strafe bedroht.

Es gelten also nach wie vor die ehernen Regeln, die mir meine Eltern schon in ganz früher Kindheit und später ein verständiger Hausarzt in diesen Dingen diktierten: Was unter meiner Bettdecke passiert, das geht niemanden etwas an. Für die Grenzen zwischen dem, was dort und in meinem Kopf erlaubt ist und was nicht, bin ganz allein ich verantwortlich. Aber meine Freiheit in Bezug auf ungezügelte Sexualphantasien hört dort auf, wo andere dadurch aktiv tangiert werden. Eigentlich eine Selbstverständlichkeit. Aber meine Recherchen haben gezeigt, dass bis in die heutige Zeit viele selbsternannte Moralisten in ihrem Eifer, den öffentlichen Anstand und die gesellschaftlichen Spielregeln im Umgang der Menschen untereinander vor Missbrauch zu schützen, weit über das Ziel hinausschießen und die umfassende Kontrolle von »unreinen Gedanken« in allen Lebensbereichen durchsetzen wollen. Doch nicht das Totleugnen und pauschale Kriminalisieren sind hier der Königsweg, sondern – wie so oft – es reicht die Anwendung geltenden Rechts. Unsere Gedanken – und damit alle Aspekte der Autoerotik – sind frei; unsere Handlungen nur, soweit sie tatsächlich nur uns selber betreffen.

Die Gedanken sind frei, da kann ich dem Mann, mit dem ich mittlerweile mehr als die Hälfte meines Lebens verbringe, nur zustimmen, doch trotzdem ist es in einer Partnerschaft wichtig, eben über diese Gedanken auch ehrlich miteinander zu reden. Manchmal ist das zugegebenermaßen nicht einfach, zumal wir Frauen »anders« denken als unsere Testosteron-gesteuerten Mitmenschen.

»Wir Männer sind einfach gestrickt«, vertraute mir einst ein seriöser Familienvater an, als wir versuchten, den ständigen Missverständnissen zwischen Männern und Frauen auf den Grund zu gehen. Der Gute hatte wohl Recht, wenn ich jetzt an meine Kindheit denke, besonders an den »spannenden Teil«, den Moment, als auch mir der große »kleine« Unterschied zwischen den nervenden Jungs in meiner

Umgebung und meiner Mädchenclique bewusst wurde, kann ich seine Aussage nur bestätigen.

Während wir Mädchen in unseren »Vater-Mutter-Kind«-Rollenspielen aufgingen – mehr als einander in den Arm nehmen, spielte sich hier nicht ab –, waren die Brüder meiner besten Freundin schon wesentlich neugieriger, obwohl sie doch nur unwesentlich älter waren. Immer wieder störten sie uns, versuchten uns auszutricksen und einen Blick unter unsere (von unseren Müttern liebevoll gehäkelten) Röcke zu erhaschen. Wir jungen Gören haben schnell gemerkt, dass die Jungs Ruhe gaben, wenn sie ihren Willen hatten – und mehr als eine schenkellange Turnhose bekamen sie sowieso nicht zu sehen, und die trugen wir ja schließlich auch im Sportunterricht und hatten dann aber keinen Rock darüber. Das war denn aber für die männlichen Mitschüler nicht halb so spannend ...

Ja, Männer sind schon einfach gestrickt. Man (frau) kann ihnen ein Butterbrot mit einem netten Muster verziert servieren, sie werden sich draufstürzen, aber ein Roastbeef-Sandwich verschmähen sie, weil man es ihnen in einer Tupper-Box präsentiert. Das hatten wir Mädchen schon mit sechs Jahren so ganz nebenbei begriffen. Natürlich nutzten wir unser Wissen aus und gaben uns bei den Jungs, die wir »toll« fanden, besonders geziert. Im Allgemeinen fand ich meine damaligen Klassen- und Spielkameraden jedoch ziemlich albern und langweilig, aber sie hatten nun mal mehr Legosteine als ich und die besseren Kettcars ...

Sexuelle Erfahrungen und damit in Beziehung stehende Phantasien im Zusammenhang mit anderen, die kamen aber erst viel später dazu. Meinen eigenen Körper erforschte ich zunächst ganz für mich alleine, das war schön und aufregend und ich als Mädchen brauchte dazu nicht die erregende Vorstellung eines aufregenden Jungen aus dem Nachbarort, der drei Kisten Fischer-Technik mitsamt Zubehör sein Eigen nennen durfte. Der Glückliche!

Das Kennenlernen des eigenen Körpers, wann genau es wirklich bei mir begann, weiß ich ehrlich gesagt nicht mehr so genau. Es war für mich eine fließende Erfahrung. Vielleicht gleich nach meiner Geburt? Es gab da keine prägenden, mich in meiner Kindlichkeit aufwühlenden Erlebnisse und Situationen. Es passierte einfach. Es war kontinuierlich, stetig, wie das Leben selbst und auf eine Art, die ich nicht beschreiben kann, einfach natürlich. Es mag wohl daran gelegen haben, dass Sexualität in meinem Elternhaus – zumindest während meiner frühen Kindheit – einfach kein besonderes Thema war, und somit auch keines, das irgendwie reglementiert oder in besonders keusche Bahnen gelenkt wurde.

Dadurch gehörte es für mich in meiner kindlichen Welt zum Dasein dazu, wie das Essen und Trinken. Wenn ich mich streicheln und dieses Prickeln, das sich über meinen Körper ausbreitete, wollte, dann tat ich es einfach, aber immer unbeobachtet von anderen, denn, so meinte ich schon damals, was ich da tue, geht doch nur mich etwas an. Hätte ich Geschwister gehabt, mit denen ich ein Zimmer hätte teilen müssen, wäre die Situation sicher eine andere gewesen, aber als Nesthäkchen mit vier erwachsenen Geschwistern galt ich fast als Einzelkind.

Ich konnte mich also nicht frühzeitig an eine nur unwesentlich ältere Schwester wenden, um sie über ihre »Bettdeckenerlebnisse« auszufragen. Ich lebte in totaler Autonomie. Anders war die Situation ein paar Jahre später, als zwei meiner Nichten (die eine knapp zwei Jahre älter, die andere knapp zwei Jahre jünger als ich) zusammen mit meinen Eltern und mir die Sommerferien verbrachten.

Die Älteste von uns war in der Pubertät und spielte uns Kleinen gegenüber die Allwissende. Sie gab sich sehr erwachsen und durfte mit elterlichem Segen die allgemein bekannte »Bravo« lesen, wobei wohl klar sein dürfte, welche Seiten hier von besonderem Interesse für uns unreife Mädchen waren. Unglaublich und unvorstellbar, was man da alles lesen konnte, so unvorstellbar für mich, dass ich ziemlich schnell die Lust an dieser Lektüre verlor. Nein, meine Sexualität war und blieb sehr lange etwas, was ich mit niemand anderem teilen wollte und wo auch die Erfahrungen anderer keine Rolle spielen sollten. Es war meine ganz persönliche Angelegenheit, bei der es ganz und gar nur um mich ging.

4. DER KICK IM KOPF –
HORMONE

Womit meine Forschungen zur Onanie an dem Punkt angelangt waren, wo ich mich fragte, wie frei sind wir, bin ich tatsächlich. Mit einer Masse von drei Pfund und mit einem Netzwerk von 100 Milliarden Nervenzellen ausgestattet, ist unser Gehirn, in dem all diese Phantasien aus den Bruchstücken und Bausteinen unserer Erinnerung zusammengefügt werden zu neuen, eben phantastischen Erlebnissen, unser – hoffentlich ;-) – größtes Sexualorgan. Denn das Gehirn steuert Erregung, Emotionen und Lust und ist eben sogar dazu in der Lage, auch ohne den aktiven Einfluss äußerer Reize diese erotischen Phantasien auszulösen. Zudem übernimmt diese unglaublich komplexe Liebes-Zentrale im Kopf die Regulation unserer Hormone, die nach allen aktuellen Erkenntnissen meiner real-wissenschaftlichen Kollegen für unser Sexualverhalten maßgeblich verantwortlich sind. Also wie frei sind wir; inwieweit stehen wir unter dem Diktat der Human-Chemie, der Hormone?

Hormone. Ein geflügeltes Wort, das immer dann wallend die Runde in der Jungenswelt macht, wenn Mann beschreiben will, wie Mann sich in aufkeimender Frühlingsluft so fühlt. Damit werden im umgangssprachlichen Halbwissen allerdings überwiegend die vor allem aus dem Doping bekannten Sexualhormone Östrogen, hinter dem als Oberbegriff sich eigentlich die Hormone Östron, Östriol und Östradiol als Follikelhormone der Frau verbergen, und das Testosteron, das im Hoden gebildet wird, subsumiert. Dass aber diese Hormone wieder durch andere Hormone aus dem Kopf, eben im größten Sexualorgan des Menschen, gesteuert werden, war mir zumindest weitgehend unbekannt. Bis ich unvermittelt Aufklärung zu diesem weitreichenden Thema erhielt, obwohl ich sie gar nicht erbeten hatte, als mich mein Freund und ehemaliger Klassenkamerad Jochen im studentischen Alter und im fortgesetzten alkoholisierten Zustand am Tresen einer Bar fragte, wann ich denn meinen ersten Orgasmus gehabt hätte. Da wir uns vorher über die Qualität von Tabak und Whiskey und die verwirrenden Schreib- und Bedeutungsweisen von letzterem unterhalten hatten, war ich doch etwas irritiert ob des plötzlichen Eindringens in meine intimsten Bastionen.

Ich schwieg also stoisch und nuckelte weiter an meinem Whiskey (amerikanische Schreibweise; entsprechend süßlich war er wohl), zumal einige umstehende Gäste sichtlich interessiert zu uns blickten. »Weißt du, dass man jetzt mit allerlei modernen Techniken versucht, die Lust im Hirn zu entschlüsseln?« Das wusste ich nicht, konnte mir aber sehr gut vorstellen, was die Motivation der jeweiligen Forscher so sein könnte; glücklicherweise legte sich bei diesem Anflug von Vorlesung die Aufmerksamkeit der anderen Gäste. »Der Pariser – welche Ironie – Gehirnforscher und Psychologe Serge Stoleru will zum Beispiel die Gehirnregion lokalisieren, die bei sexueller Erregung besonders aktiv sein soll.« Jochen rückte auf seinem Stuhl. Jochen wollte Arzt werden und hatte an diesem Tag ein menschliches Hirn sezieren dürfen. Das hatten wir früher am Abend im Detail erörtert. Und deswegen saßen wir jetzt auch hier und tranken Whiskey.

»Der Pariser beobachtete tatsächlich die Hirnaktivitäten von acht heterosexuellen Männern, während die sich einen Porno anschauten.« Ich stellte mir das bildlich vor, weswegen ich schnell noch einen Schluck des süßlich-scharfen Getränks nahm. Wie kann man ein Hirn beobachten, dessen Besitzer gerade den Film »Mösenattacke 3« studiert? Wie auch immer; das Ergebnis war für den wissenschaftlichen Voyeur, soviel habe ich schließlich trotz der Promille behalten, wohl recht überraschend: All diejenigen Regionen des Gehirns, die nach früheren Erkenntnissen aus Tierversuchen eigentlich hätten mit Sex zu tun haben müssen, waren inaktiv. Dies wären nämlich – ich habe es zum Nachweis der Ernsthaftigkeit unseres Exkurses und für mein eigenes Forschungsarchiv auf einem Bierdeckel notiert – das Amygdalae, der Hippocampus und das Zwischenhirn gewesen, die bei den Testpersonen – wie gesagt – nicht aktiv gewesen waren.

Dagegen konnte nur im vorderen Abschnitt des Gehirns, dem sogenannten Cingulum – im limbischen System – eine merkwürdig erhöhte Aktivität bei den Probanden nachgewiesen werden. Das Cingulum steuert einerseits eine Vielzahl hormoneller Abläufe im Körper, ist aber andererseits auch für das zielgerichtete Verhalten der Menschen zuständig. Das weiß man, weil bei Menschen, bei denen diese Hirnregion geschädigt ist – das soll bei dem armen Teufel der Fall gewesen sein, den Jochen heute in feine Scheiben schneiden durfte –, keine zielgerichteten Handlungen mehr möglich seien. In der Konsequenz heißt das für die Pornogucker aus Paris, dass diese Männer ihre Erregung also im Prinzip mehr gedacht als emotional erlebt hätten.

Ich verschwieg Jochen trotzdem – zumindest vorerst – Zeitpunkt und Charakter meines ersten Orgasmus. Angesichts der Jack Daniels-Konzentration in unserem Cingulums waren wir an diesem Abend sowieso nicht mehr für zielgerichtete Handlungen zu gebrauchen. Im Gegenteil, wir fanden noch nicht einmal unseren Heimweg, woraus ich später – deutlich ernüchtert – die Schlussfolgerung zog, dass Jack D. schlecht für die gedachte Libido sein musste. Was ich mit der Erkenntnis aber weiter anfangen sollte, war mir noch nicht so ganz klar.

Ganz anders aber die Sache mit dem zielgerichteten Sex im Kopf. Ich war mittlerweile alt genug, um im heterosexuellen Umgang die Doppeldeutigkeit dieser Redewendung als Mann genießen zu können, jedenfalls muss ich wohl etwas dümmlich gegrinst haben, als Jochen mich am Abend nach unserem Gelage, als wir uns zur Rekonvaleszenz in seiner Küche trafen, ziemlich neugierig fragte, was mich denn wie ein junges Schulmädchen so gluddern lasse. Dabei hackte er mit einem eindrucksvollen, großen Küchenmesser in hastigen Bewegungen auf eine arme Karotte ein. Wir wollten uns zur Überwindung der Spätfolgen des gestrigen Abends mit reichhaltiger Vitaminkost wieder in Schwung bringen.

Ich verstummte sofort; mir war gar nicht bewusst, dass ich lauter als nur in mich hinein gelacht hatte. Ich hatte auch Mitleid mit der Karotte, die sich ja unter Jochens Händen in eine lange Reihe von anderen »Schnitten« einreihen mußte. Und nun kleingehackt im auf dem nahen Herd bereit gestellten Kochtopf verschwand, in dem bereits ebenfalls klein geschnittenes Fleisch (wo hatte Jochen das her?) angebraten worden war und nun zusammen mit Kartoffeln, Zwiebeln und Lauch vor sich hinköchelte. »Eh, ach nichts. Ich dachte nur grad so nach.« Warum die Scheu? Wir sind Freunde, die erzählen sich alles. »Ich musste an deine Pariser Probanden und deren Sex im Kopf denken; bei der Location kann nun wirklich was anderes gemeint gewesen sein.«

Auch Jochen musste nun grinsen, während er sich die nächste Karotte vornahm. Das fand ich irgendwie unpassend. Ich stellte mir vor, was sich mein Freund nun gerade würde vorstellen; und der sagte: »Du Ferkel.« Ich war beleidigt. Davon ließ sich Jochen allerdings nicht irritieren. »Du erniedrigst mit deinen unreinen Gedanken die wissenschaftliche Leistung dieser Männer.« Das traf mich tief, wo ich doch aus eigener Erfahrung wusste, dass die geilen Franzosen mit ihrem wohl aufreibenden Selbstversuch nun wirklich absolut Recht hatten.

Darum wechselte ich lieber das Thema. »Glaubst du eigentlich, dass wir als Menschen tatsächlich frei sind, wenn unsere Handlungsweise von chemischen Gesetzmäßigkeiten in unseren neuronalen Netzen abhängt?« Ich hoffte, das würde den Mann mit dem Messer von meinem sittlichen Fehltritt ablenken. »Aber ganz und gar. Ich will dir das mal erklären. Nehmen wir einfach mal an, das Salz hier in meinen Händen sei das Oxytocin, das bedeutsamste Liebeshormon, das wir Menschen erzeugen. Es wird vom Hypothalamus produziert. Und so wie ich mit dem Salz separat das Fleisch oder insgesamt die ganze Suppe würzen kann, so kann Oxytocin entweder im Gehirn selbst an bestimmten Nervenzellen wirken, oder im übrigen Körper, wenn es von der Hirnanhangdrüse in winzigen Mengen abgegeben wird und so ins Blut gelangt.«

»Und der Mensch, zum Beispiel ich, bin dann dieser Kochtopf.« – »Ja, genau, du fängst an zu begreifen. Übrigens so wie die richtige Portion Salz in der Suppe der gemeinen Hausfrau ermöglicht, ihren Ehemann bei Tisch und bei Laune zu halten, so sorgt auch die richtige Menge Oxytocin im Blut dafür, dass wir Säugetiere möglichst monogam bleiben. Oxytocin ist unser Treuehormon.« Mein Freund schaute mich bedeutungsvoll an – ich verstand gar nicht, warum – und setzte nach: »Das haben Untersuchungen an Prärie- und Berg-Wühlmäusen nachgewiesen. Während die freiheitsliebenden Bergbewohner wenig von dem Treuehormon ausschütteten, zeigte sich bei den häuslichen Präriewühlmäusen ein sehr hoher Oxytocin-Spiegel.« Ich war wieder einmal beeindruckt.

»Darüber hinaus, so weißt du ja, lieber Axel, wenn du im Chemieunterricht aufgepasst hast, zieht Salz Feuchtigkeit. Bei Oxytocin äußert sich dieses Ambivalent in der Fähigkeit, die Milchproduktion beim Weibchen und die Spermienbeweglichkeit bei Männern zu stimulieren.« – »Jetzt bist du aber das Ferkel.« Nichtsdestotrotz schüttete Jochen jetzt eine gute Portion Salz in die Suppe.« – »Auf die Beweglichkeit«, sagte ich und führte ein imaginäres Glas an die Lippen. »Alkohol macht die Dinger übrigens wieder schlapp«, versetzte mir mein Freund daraufhin sofort. »Du kannst mir ja Milch zu trinken geben«, entgegnete ich.

»Bedien dich gefälligst selber. Steht im Kühlschrank.« Ich bediente mich selber, und trank nun wirklich auf die Beweglichkeit meiner gewöhnlich anwesenden 500 Millionen kleinen Freunde, von denen ich bei diesen Mengenverhältnissen wohl schon einige Milliarden glücklos auf Textil vernichtet hatte. Ziehet in Frieden!

Derweil kostete Jochen sein Machwerk in meinem heißen, blechernen Körperimitat. »Mann, bist du fad«, entfuhr es ihm unvermittelt. – »Wirf doch noch ein paar Glückshormone ein, vielleicht schmeckt es dann besser.« – »Endlich mal eine gute Idee von dir. Da fehlt tatsächlich der richtige Pfeffer.« Sprach es und nahm eine feuerrote kleine Flasche aus dem Schrank, schraubte sie auf und tröpfelte deren Inhalt großzügig in die Suppe. »So, das ist unser Dopamin. Noch ein bisschen Cayenne als Noradrenalin und nur ganz wenig schwarzen Pfeffer als Serotonin, das ist die richtige Mischung.«

Er rührte den Topf wie ein alter Hexenmeister, den großen Kochlöffel in beiden Händen haltend. »Die richtige Mischung wozu, um mich zu verbrennen?« – »Dösbaddel, diese besonderen Ingredienzen sind die Hormone, die unsere Gefühle in Wallung bringen. Man weiß noch nicht genau wie, aber sie sorgen dafür, dass wir uns Hals über Kopf in einen anderen Menschen verknallen können und nur noch kopflos reagieren in seiner Gegenwart.« – »Auch das ist einfach nur Chemie? Wie unromantisch.« – »Probier einfach mal diese Suppe, und dir wird eh nicht mehr nach Romantik zu Mute sein.« Ich probierte – und griff unmittelbar nach meinem Glas mit Milch.

»Starke Mischung«, entfuhr es mir, als ich wieder zu Atem kam. »Gell, diese Hormone oder Botenstoffe haben es wirklich in sich. Ist ein Rezept der New Yorker Anthropologin Helen Fisher. Die hat das an dreizehn frisch Verliebten untersucht, um herauszufinden, wie sich deren Gehirn-Chemie von der nichtverliebter Menschen unterscheidet.« – »Frauen sollten nicht kochen«, rang ich noch etwas nach Luft.

»Warmduscher. Weißt du, was in deinem Fall hilft? – Nimm ein Stück Schokolade und lass es im Mund schmelzen, dann ist der Brand im Nu weg.« Ich nahm diesen Rat gerne an, der dann tatsächlich auch die erwünschte Erleichterung brachte. »Na, da lacht der kleine Suppenkasper aber wieder, was?«, kommentierte Jochen mein wohl etwas hastiges Agieren mit der dargereichten Süßigkeit. Leider konnte ich mit dem vollen Schokoladenmund nichts Passendes entgegnen. So sprach Jochen nun sichtbar gut aufgelegt unverdrossen weiter.

»Die Schokolade wäre übrigens – um in unserem Bild zu bleiben – das DARPP-32.« – »Das was?«, brachte ich mit immer noch vollem Mund hervor. »Ist egal, ist die Bezeichnung für ein körpereigenes Protein, das für unser sexuelles Verlangen verantwortlich ist. Haben

Wissenschaftler des Baylor College of Medicine in Waco, Texas, herausgefunden. Ist nur noch eine Frage der Zeit, wann es das auch zum Einwerfen pur geben wird; dann kannst du per Pille dein sexuelles Verlangen stimulieren. Das ist dann wie Viagra für die Seele.«

Mein Gott. Onanieren im Kopf auf Rezeptschein. Was für eine Vision. Ich würde es auf jeden Fall in Schokoladenform verabreichen. »DARPP-32 reguliert den Dopamin-Haushalt im Gehirn, das die Chemie zahlreicher emotionaler Reaktionen steuert – wie etwa das Ausmaß sexueller Erregung –, das haben Wissenschaftler von der New York Rockefeller University unlängst bestätigt«, fuhr Freizeitkoch und Liebeschemiker Jochen in seiner Küchenzeilen-Vorlesung fort. »Natürlich sind für die künftigen DARPP-Präparate auch andere medizinische Einsatzmöglichkeiten denkbar; beispielsweise die Behandlung von Parkinson, Schizophrenie und anderen hirnorganischen und psychischen Erkrankungen, denen eine abnormale Dopamin-Aktivität zu Grunde liegt. Romantiker wie du werden das künftige Liebespräparat sicherlich in Pralinenform zu sich nehmen, denn Schokolade macht bekanntermaßen ja ebenfalls glücklich, wie du Honigkuchenpferd ja gerade beweist. Wir können essen.«

Meine Erwartung, dass dieser ungemein feurige Eintopf die letzten Reste von Alkohol aus unseren Körpern brennen würde, wurde voll erfüllt. Es war ein wahrhaft höllisches Mahl, wobei mich die parallel konsumierten Mengen Milch wahrscheinlich deutlich satter machten als die eigentliche Suppe. »Wenn unsere Sexualchemie ähnliche Wirkungen auf das Hirn wie das hier auf meine Zunge hat, na dann gute Nacht«, erlaubte ich mir, die Kochkünste meines Freundes zu kommentieren.

»Weißt du eigentlich, dass das Gefühl, emotional high zu sein, wie wir es beim Verliebtsein erleben, aus biochemischer Sicht sehr viel Ähnlichkeit hat mit den Vorgängen, wie sie bei zwangsneurotischen Patienten beobachtet werden? Man könnte aus dieser Perspektive sagen, Liebe ist eine Krankheit.« – »Zumindest kann man wohl sagen, in Sachen Liebe ist alles nur eine Frage der richtigen Chemie-Rezeptur. Und dein Rezept hier ist entschieden zu scharf ausgefallen.«

»Womit wir wieder beim Ausgangspunkt unserer Betrachtung wären: Sind wir frei?« Das war zu hoch für mich, den Zusammenhang bekam ich adhoc nicht hin. Und so sah mein Gesichtsausdruck auch wohl aus. »Muss man dir denn alles haarklein auseinander dröseln? Die Wirkung von Tabasco, Cayenne- und Schwarzem Pfeffer ist bestimmten Gesetzmäßigkeiten unterworfen. Aber wann und in welcher Dosis ich es in die Suppe schmeiße, das unterliegt meinem freien Willen. Ich wollte die Suppe scharf haben, so richtig feurig, halt passend zu deinen scharfen Gedanken- und Wortspielen von vorhin. Außerdem sollte uns das Zeug wieder fit machen für den neuen Abend. So ist der Feuertopf hier ein Produkt meines vollständig unabhängigen Geistes.«

Klar, dieser Gedankengang von Jochen war genial. Und übertragen auf die Hirnchemie: Das Ausschütten und Verteilen der verschiedenen Hormone und Proteine in unserem Körper unterliegt unserem freien Willen, wenn wir es nur zu nutzen wissen. Schauen wir, weil wir es wollen, einen geilen Porno an, um uns beispielsweise das Alleinsein zu versüßen, ist völlig klar, dass als direkte und von uns gewollte Folge all das komplexe Molekularzeug aus irgendwelchen Drüsen ausgeworfen wird, mit den Wirkungen, die wir dann im Bewußtsein erleben.

»Wenn ich also«, führte ich meinen Gedankengang völlig versonnen und quasi ungewollt laut weiter, »weil ich es so will, in meiner Phantasie an die Tina aus meinen Kindertagen in allen erotischen Einzelheiten denke, um mich emotional in Fahrt zu bringen, dann kann diese bewusst gesteuerte Gedanken-Masturbation ein erster Höhepunkt meiner real erlebten menschlichen Freiheit sein.« Mit Triumph in den Augen über meinen Scharfsinn schaute ich Jochen an, der etwas verdutzt ob meines Redeflusses hinter seinem Suppenteller hervorlugte.

Dann sagte er nur noch: »Danke auch, dass du mir schließlich doch noch das Geheimnis um deinen ersten Orgasmus anvertraut hast.« Völlig entspannt löffelte er grinsend seine Suppe weiter, während mir nun nach den scharfen Gewürzen der Suppe eine völlig andere Hitze ins Gesicht fuhr.

5. DIE BRÜCKE ZUR EIGENEN KINDHEIT

Ja, das Geheimnis liegt in der Suppe. Die scharfen Dinge, die uns so richtig anmachen, seien es nun ein knackiger Po, ein Waschbrettbauch oder warme, große Augen oder an was man sonst so denkt oder schaut oder berührt, um den chemischen Haushalt in Fahrt zu bringen, sind letztlich in uns selber, ein Haufen komplexer Moleküle, die unsere Erlebniswelt definieren und jeden Menschen ganz individuell aus seinen ganz eigenen Erfahrungen heraus determinieren.

Der so plötzliche Ausspruch meiner Mutter, der mich auf ungemein einfache Weise unbefangen machte im Umgang mit meiner Autoerotik; meine medizinische Tante Bertha, die die Saat der Angst beim Onanieren legte, aber doch auch die Köstlichkeit der Sexualität mir ausmalte; der Hausarzt, der mir viel von meiner Angst nahm und sich mit mir auf eine Stufe stellte; die Tina, die mir, ohne es zu wissen, zum ersten sexuellen Höhepunkt meines Lebens verhalf; der Freund, der mir die Freiheit schenkte, mein Bewusstsein auch unterhalb der Gürtellinie und gezügelt zu erleben – sie alle sind als Echo von real Erlebtem und Imagination in meiner Erinnerung gespeichert. Und noch mehr: Sie beeinflussen als einige von unsagbar vielen Mosaiksteinchen in diesen 100 Milliarden Hirnwindungen alle meine Handlungen mit.

Zum Beispiel diese gerade hier, die mich in meinem Hotelzimmer in einer deutschen Großstadt auf nachhaltige Entspannung zielen lässt. Der Tag war hart, jetzt ist es was anderes. Und das fühlt sich gut an. Auf Dienstreisen ist Mann allein, zumindest dann, wenn man sich nach dem Stress des Tages einfach nur noch fallen lassen möchte. Ich habe mich in die Badewanne des Hotelzimmers fallen lassen, die gut gefüllt mit warmem Wasser und angenehm duftendem Schaum Wärme verspricht und nebenbei Sauberkeit gibt.

Ich könnte lesen in der Badewanne, irgendwelche Memos oder Zeitschriften, Pläne schmieden und Entscheidungen treffen. Aber es muss auch die Zeit für Entspannung geben, als Gegengewicht zur unablässigen Anspannung des Alltags. Daher lasse ich mich treiben in diesem Meer aus Seifenschaum, die rechte Hand am Hebel zum Cingulum, bereit, wenn ich es bin. Die Anspannung wächst, wenn Mann oder Frau nicht oben, sondern ganz unten am Beginn des Hebels anpackt und den Lustknauf fest mit den Fingern umschließt. Huh, das ist gut, wirklich gut. Jetzt beginnt die Bewegung – und das Wasser in der Wanne beginnt mit zu klatschen. Das stört, die wohlige Ruhe ist zerrissen. Ich brauche keinen nassen Eigenapplaus bei der Selbstbefriedigung. Kann es keine tieferen Badewannen geben?

Das ist wie damals bei der Studienfahrt nach England, fällt es mir ein. Wir waren so 150, 200 Jugendliche im Alter zwischen 11 und 17 Jahren, die da eine nette Kleinstadt an der Südküste Großbritanniens heimsuchten. Untergebracht waren wir bei Privatfamilien, die sich ein paar Mark dadurch dazuverdienten, dass sie uns ein paar Wochen im Jahr unterbrachten und durchfütterten. Ich war zusammen mit Joe, einem Jungen aus meinem Schuljahrgang, bei einer Familie einquartiert, die in einem viktorianisch anmutenden Reihenhaus am äußersten östlichen Ende der Strandpromenade wohnte. Von hier hörte man nachts sehr gut den Atlantik gegen das Ufer branden – oder meines Bettnachbarn Vorhaut von der anderen Seite des Zimmers quietschen, wenn er sich abends nach getaner Schularbeit Erleichterung verschaffte.

Ja, es quietschte. Ich weiß nicht, wie ich sonst das Geräusch beschreiben soll, das da in rhythmischem Takt unter Joes Bettdecke hervortönte, langsam und unmerklich immer schneller wurde, nahezu ekstatische Geschwindigkeit annahm und schließlich in einem Keuchen von Joe endete. Endlich Ruhe – dachte ich. Aber nein, Joe war noch nicht soweit. Joe war ein Aufreißer-Typ, so ein Macho, der alle Mädchen haben konnte; und wohl auch hatte. Erst gestern hatte er mich gebeten, doch abends noch einmal eine Runde um den Block und an dem Strand entlangzugehen. Ich wollte nicht. »Doo-ooch, Axel du willst...« sagte er mit weit aufgerissenen Augen, die Zähne zusammengepresst. »Nein, es ist kalt, ich habe keine Lust, was soll das überhaupt?« – »Los, Axel, du willst, tu mir den Gefallen, ich bekomme gleich Besu-uch ...« Da hatte auch ich es begriffen, und ich tat Joe den Gefallen, weil ich kein Spielverderber sein wollte. Was aber nur fanden die Mädchen an diesem Typ?

Nun, heute kam kein Besuch. Da musste Joe eben selber ran. War ja in Ordnung, aber warum quietschte sein Teil so eigenwillig? Und wieso mittlerweile das dritte Mal in voller Akkordlänge mit nur minimaler Unterbrechung dazwischen? Ging er da alle seine Eroberungen chronologisch durch? Oder war die Nummer gestern so gut, dass er sie in allen Einzelheiten wiederholen wollte? Dann stand mir allerdings heute abend noch einiges bevor, das Schäferstündchen gestern und mein direkt daran gekoppelter Spaziergang – wir hatten vereinbart, dass er Licht anmacht, wenn der Besuch wieder weg ist und ich zu Bett darf – hatte drei Stunden gedauert, in denen ich insgesamt drei oder vier Runden den Strand entlang, die Haupteinkaufszeile des Ortes hinauf, den großen Park hindurch und den verwinkelten Pfad zurück zum Meer absolvierte.

Beim Heimkommen fragte ich ihn: »War's gut?« Und er begann einen ausführlichen Erlebnisbericht, den ich eigentlich gar nicht hören wollte. Nun bekam ich ihn wohl voll vertont in kompletter Tonspur zur nächtlichen Stunde noch einmal um die Ohren gehauen. Das dominierende Geräusch, das vom anderen Ende des Zimmers zu mir herüberklang, hörte sich in etwa an, als wenn man mit Wasser in den Schuhen gehen würde. Es quietschte nass zwischen Joes Fingern hervor. Wahrscheinlich, so malte ich mir aus, hatte unser Westentaschen-Macho ganz einfach ein wenig die Hygiene im Intimbereich beim Start seiner Aktivitäten vernachlässigt; Flüssigkeit unter der Vorhaut gekoppelt mit der vertrauten

Bewegung – das könnte die Ursache für diese vermaledeite Geräuschkaskade sein.

Ich überlegte, ob ich Joe einfach bitten sollte, auf den fünften Durchgang zu verzichten; es war doch wirklich lächerlich. Er betrieb das ja wie ein Sport; einfach widerlich. Aber ihn zu bitten, jetzt endlich friedlich zu sein, dazu war ich auch zu feige. Aber schlafen konnte ich auch nicht. Vielleicht sollte ich mir ein Buch holen unten aus dem Wohnzimmer; unser Gastvater hatte eine eindrucksvolle Büchersammlung, an wandfüllenden Regalen links und rechts vom großen Kamin aufgereiht: links vom Kamin alles Pornobücher, rechts Nazi-Literatur, einschließlich einer Originalausgabe von »Mein Kampf«; er mochte uns Krauts …

Aber zum Lesen dieser Art von Literatur hatte ich keine Lust. Ich konnte Schäfchen zählen; oder besser noch Joes autoerotische Schäferstündchen. Aber das war mir letztlich auch zu albern. Außerdem hatte ich den Überblick verloren, bei welcher Nummer Joe mittlerweile angekommen war. Der musste ja im Sperma schwimmen unter seiner Decke! Hatte der was genommen oder ein Dutzend Austern geschluckt? Ich nahm mir vor, darauf zu achten, was Joe im Laufe eines Tages so im Allgemeinen aß.

Was blieb mir übrig? – Meine eigene Freundin war einige hundert Kilometer weg daheim geblieben, auf die aufregende sexuelle Erlebniswelt von Joe konnte man wirklich neidisch sein und ich hatte ja auch meine zwei gesunden Hände. Also wühlte ich meine Hand in die richtige Position und rekapitulierte mein letztes eigenes Schäferstündchen, das sich daheim in meinem ruhigen Jugendzimmer abspielte – ich schaffte und mir reichte ein Orgasmus. Allerdings, dieses Quietschen, das wollte ich bei mir unbedingt vermeiden, es war wirklich lächerlich. Ich nahm also Daumen, Zeige- und Mittelfinger meiner rechten Hand, legte sie auf die Eichel meines bereits erigierten Penis und begann mit den Fingern abwechselt leichten Druck auf die feinnervige Oberfläche auszuüben.

Oh, das war gut. Ich wollte heftiger werden, aber diese Technik erlaubte es nicht. Und die Spielart, die ich in dieser Form spontan improvisiert hatte, war absolut geräuschlos. Mann, fühlte ich mich der Melkmaschine Joe da gegenüber überlegen. Aber, scheiß auf Joe. Ich dachte jetzt an mein Mädchen. Mit dem ich schließlich mitgegangen bin. Und dem ich den Pullover lüpfen durfte. Und das Hemd. Und die Hose. Und den Slip. Und das ich berühren durfte. Hier und dort. Ich war zum Zerreißen gespannt. Sehnsucht und Verlangen bereiten die schönsten Höllenqualen. Und die drei Finger hielten mich knapp vor der Klippe, dem Gipfel; und ich zögerte, und zögerte den Moment der Entladung immer weiter und immer genussvoller hinaus. Meine Hände waren ihre Lippen, und ich sah ihren reizenden Körper mich an den Stellen bearbeiten, an denen sie mir so unendlich gut tat. Zoom.

Ich machte die Augen auf und war wieder in meiner Badewanne in meinem Hotelzimmer. Und ich dachte an mein Mädchen, das noch immer mein Mädchen war. Nach dem Erguss und der Phase der Ekstase war der Absturz der Emotionen bei mir heftig und ich ekelte mich, in dem Wasser mit der herumschwimmenden Samenflüssigkeit, die in der Wärme gleich geronnen war, zu liegen. Ich ließ das Wasser ablaufen, duschte mich ab, wickelte mich in ein Handtuch, ging ins Zimmer und zum Telefon und rief mein Mädchen, meine Frau, an. Wir sprachen darüber, wie der Tag gewesen sei, über die Kinder und was man am kommenden Wochenende so machen könnte. Noch ein paar andere Belanglosigkeiten, die doch für das Spiel zwischen Mann und Frau so wichtig sind. »Ich vermisse dich«, sagte ich zum Abschied, dann legten wir auf.

Die Luft im Zimmer war warm, darum streckte ich mich nackt, sauber und trocken auf dem Bett aus und dachte noch immer an mein Mädchen. Zwischen der Nacht neben dem Wunderschwengel Joe und dem Jetzt lagen zehn Jahre und zehn Minuten, die Erinnerung und die Erinnerung an die Erinnerung überlagerten sich bereits und verschmolzen zu einer Erfahrungseinheit, ich sah mich da auf dem muffigen Bett in Englands Süden als den Mann, der ich heute war, und als das Kind von damals hatte ich mich gerade eben in der Badewanne von den Teenagergefühlen davontragen lassen.

Ich musste zum wiederholten Male über mich selber lachen. Die heftige Erinnerung an mein arg vermisstes Mädchen, die mich damals unter dem Eindruck von Joes Onanie-Marathon erfasst hatte, führte mich in jener Nacht auch noch zu immerhin drei ziemlich guten handgemachten Höhepunkten, die mich mit meinem Schicksal im Schatten der Joes dieser Welt aussöhnten. Wobei, ich musste wohl nach anderen Gesetzmäßigkeiten funktionieren als diese unglaublichen Hochleistungs-Hengste.

Sie hatte eine knallenge weiße Jeans an, kaffeebraune Haut, unglaublich dunkle Augen, schwarze Haare und tanzte in der Disco nicht weit von der südenglischen Strandpromenade einfach atemberaubend. Ich sah ihr zu, und ich achtete beim eigenen Tanzen darauf, dass ich sie nicht aus den Augen verlor. Es kribbelte. Anmachen, das wollte ich sie nicht. Anschauen ja, mir Appetit holen.

Jetzt hatte sie wohl meine Blicke entdeckt, hielt ihnen stand, lächelte mich an und sagte was zu ihrer Freundin, die neben ihr tanzte. Und ganz langsam im Rhythmus der Musik näherten sich die beiden der Ecke der Tanzfläche, in der ich mit ein paar weiteren aus unserer Gruppe immer hektischer der Musik folgte. Es war aufregend, das reife Geschöpf da auf mich zukommen zu sehen, nun neben ihr zu tanzen und wirklich heftig mit ihr zu flirten. Immer näher, so dass die Berührung unvermeidlich wurde. Es war wie ein elektrischer Schlag, eine heftige Woge. Eine heißblütige Orientalin aus Fleisch und Blut, hier bei mir, weit weg von zuhause, in einem fremden Land – das konnte es doch im wirklichen Leben nicht geben?

Es war das wirkliche Leben. Und als die Musik eine Pause machte, fragte sie mich auf Englisch, wo ich herkäme; ah, ein Kraut. In bemühtem Deutsch erzählte sie, sie sei aus Paris, heisse Stephania (wie wahr ...), aus einem Vorort; wieder auf Englisch: Ihre Mutter sei aus Algerien. Und schon ging das Tanzen weiter. Wir zwei waren gut – auf der Tanzfläche. Die anderen schauten, Joe kam herüber, winkte mein Ohr an seinen Mund und machte eine süffisante Bemerkung. Ich knuffte ihn dafür in den Arm, lachte, und kam mir ziemlich erwachsen und begehrenswert vor.

Leider waren wir alle aber gar nicht so erwachsen, die meisten sogar waren unter oder gerade 16 Jahre alt. Und damit war für uns

Deutsche und die Franzosen um 22 Uhr Schluss mit dem Gehopse in der englischen Disco. Maulend in allerlei Sprachen nahm jeder seine Sachen und drängte zum Ausgang. Stephania hatte ich in dem Verabschiedungstumult bereits wieder vergessen. Nun hakte sie sich jedoch bei mir unter und plapperte abwechselnd mich und ihre neben uns gehenden Freunde voll, auf französisch, das ich absolut nicht verstand.

Draußen auf der Straße hatten sich Gruppen gebildet, in denen bereits multinational und heftig darüber diskutiert wurde, was wir an diesem Abend noch so alles machen könnten. Wir Kinder hier im fremden Land waren uns weitgehend selbst überlassen, die Betreuer sahen wir nur zum Unterricht und zu den verschiedenen organisierten Ausflügen, sonst ließen sie uns – wie auch unsere Gasteltern – weitgehend in Ruhe.

Eine Gruppe wollte Richtung Strand und Pier, auf dem sich eine hell erleuchtete Spielhölle befand, aufbrechen, eine andere hatte Hunger und wollte deshalb eine Pizzeria suchen. Ich selbst war eigentlich müde, hatte Lust auf einen Spaziergang, vielleicht noch tatsächlich auf den Pier, aber auf jeden Fall wollte ich eine Gelegenheit suchen, um all die Eindrücke und Empfindungen in Ruhe zu konservieren.

Derweil zerrte Stephania, die offensichtlich für die Pizzeria-Variante plädierte, an meinem Arm, um mich mitzuziehen. Sie merkte wohl, dass ich keine so rechte Lust hatte, und wollte mich allem Anschein nach überreden. Was sie wirklich sagte, verstand ich nicht. Die Kluft zwischen den Sprachen war einfach zu groß. Mittlerweile waren die ersten bereits aufgebrochen, der Platz auf der Straße vor der Disco leerte sich allmählich. Und da wurde ich das erste Mal in meinem Leben entführt. Stephania und ihre Freundin hakten sich links und rechts bei mir ein und zogen mich einfach mit.

Ich, so plötzlich um meine Autonomie gebracht, leistete noch etwas Widerstand, ließ mich doch aber halb mitziehen. Plötzlich bogen wir in einen Hauseingang ein, die Schöne aus Tausendundeiner Nacht ließ mich los, drehte sich zu mir und schaute mir in die Augen. Ich war verwirrt, merkte auch, dass das andere Mädchen verschwunden war, ich mit der algerischen Französin aus der Nähe von Paris quasi allein war. Ich drehte den Kopf, um zu schauen, wo die anderen geblieben waren, da merkte ich, dass vorne an meiner Hose herumgenestelt wurde. Ich schaute an mir herunter und sah gerade, wie das Unglaubliche passierte und Stephania begann, mir Französischunterricht zu geben.

Wilde Gefühle durchtobten mich, ein heftiges Gefecht zwischen Körper und Verstand. Der Verstand gewann. So nackt und bloß, ich kannte sie doch gar nicht. Und was ist, wenn sie zubeißt? Ich zog mein unfreiwillig erigiertes Glied aus ihrem heißen Mund und stammelte nur: »No, no ...« Die vor mir kniende Schöne war nur verwirrt, schaute mich mit ihren geheimnisvollen Augen groß an. Mein einziger Gedanke in dieser Situation war nur, dass es wohl für ein kleines Pariser Mädchen nichts Frustrierenderes geben dürfte als einen erregten Jungen, der sich ihren Künsten entzog.

Aber das Mädchen bedeutete mir nichts. Ich würde den Verzicht nicht bereuen, das war nicht die Tina aus meinen Kindertagen. Es war mir nur unangenehm – keine Zärtlichkeit, keine Romantik, nur der nackte Akt. Und außerdem hatte ich das Wissen in mir, dass das Vertrauen zu nur einer Partnerin ganz andere Türen öffnet als das angebotene Abspritzen hier unter einem südenglischen Türbogen.

Ich schaute an meinem nackten Körper hier auf dem Hotelzimmerbett hinunter. Da war keine besondere Wirkung zu sehen. Interessant. Warum nicht? War das nicht eine zentrale Phantasie, die wilde Amazone kniend zwischen meinen Beinen, heftig saugend? Nein, auch jetzt beim Schreiben dieser Zeilen tut sich absolut nichts in der Hose. Ich neige halt nicht zum Sport in diesen Dingen; der Genuss ist wichtiger. Es ist einfach keine erotische Erinnerung an diese nette Anekdote bei mir hängengeblieben. Es war und ist ohne Bedeutung.

Also Schwamm drüber. Kümmere ich mich also lieber darum, einige real-verfügbare Französischstunden mit massiver Erektion in meinem Cingulum hochzuladen, um am Ende dieses Tages all die vielen neuen Erlebnisse im realen Leben da draußen und in meiner Phantasie genussvoll ausklingen zu lassen. Vielleicht mit einer

Eigen-Inszenierung: Was wäre gewesen, wenn nicht Stephania, sondern mein Mädchen dort beim Tanzen in der knallengen Jeans gesteckt hätte? Was wäre gewesen, wenn zum Prickeln des Moments das Vertrauen des Kennens gekommen wäre? Ouuuuiii – ich bin auf einer Brücke!

6. UNERFÜLLTE LIEBEN SIND DIE HEFTIGSTEN

Was ist Fernsehen, wenn Mann diese Multivisions-Show in seinem Kopf beherrscht? – Höchstens eine platte Krücke. Ich stand auf von meinem Hotelzimmerbett, nahm die Fernbedienung vom bereitstehenden Tischchen und zappte mich durch das Abendprogramm. Doch auch in dreißig Programmen fand ich nichts, was sich als Fortsetzung oder Kontrast zur onanistischen Kopfshow hätte eignen können. Für solche Fälle, in denen man zu müde und ausgelaugt ist, um sich noch einen eigenen Erzählstrang zu denken, aber doch auch noch sein Wesen in seichtere Bahnen lenken will, eignen sich bekanntlich Bücher sehr gut, die gewünschte Ablenkung zu finden. Man bekommt eine fertige Geschichte, einen fremden Gedankengang geliefert, die oder den man dann ganz unkompliziert mit seinen eigenen Bildern ausstaffieren kann. Und beim Buch hat man zudem noch den Vorteil, dass nur wenige Sinne angestrengt werden, das Sehen und vielleicht das Fühlen – der Papierseiten, des Ledereinbands –, aber nicht das Hören, schon gar nicht das Schmecken und Riechen, wie im kompletten Leben oder dessen Echo, der Erinnerung.

Andererseits – ich war in einer Großstadt; Bücher gab es auch bei mir zuhause. Ich war entspannt, ganz und gar. Ein wenig wirkliches Leben, ohne Zwang, nur erlebt, würde mir eigentlich doch gefallen. Ich zog mich also wieder an, parfümierte mich sogar dezent und verließ das Hotel, um irgendeine kleine Kneipe aufzusuchen, so eine mit guter Musik, guten Getränken, hübschen Menschen, einer sehr hübschen Bedienung.

Ich ging nach dem Zufallsprinzip erst links die Straße hinauf, dann rechts, wieder links, bis ich in einem Eckhaus ein rustikal ausschauendes Lokal entdeckte. Innen gab es dunkles Holz, verbrauchte Stühle, sogar ein Plüschsofa und alte Fotografien an der Wand. Die Menschen hier drinnen waren mal jung, mal älter und die Kellnerin blutjung. Ich suchte mir das Plüschsofa aus, setzte mich hin, hörte das erste Mal bewusst auf die Musik, die irgendwo aus der Hippiezeit herüberklang. Dazu passte der Kerl mit dem total zerfurchten Bart, der jetzt mit seinem halbvollen Glas Bier auf mich zukam, kaum dass ich mich gesetzt hatte.

Eigentlich mag ich es lieber, in Ruhe in einer Kneipe zu sitzen und die Leute zu beobachten. Nun setzte sich das Faktotum mir gegenüber auf einen Stuhl und beobachtete mich ganz ungeniert. »Na, du siehst aus, als ob du grad 'ne ganz tolle Nummer abgezogen hast. Und dann gehst du allein in die Kneipe? – Mal sehen, dann war das wohl 'ne bezahlte Nummer...?« Ich war schockiert – über so viel dreiste Direktheit und über seinen Treffer, der ja fast ins Schwarze ging. »Ich muss doch bitten«, sagte ich, als ich unter seinem frechen Grinsen vor lauter Perplexität meine Sprache wiedergefunden hatte. »Ich bemühe mich, nicht dafür zahlen zu müssen.« Ich fand, das klang geistreich.

»Nun ja, aber allein bist du doch. Dann war es wohl ein handgemachter? – Na richtig so, mein Junge; die wahre Liebe liegt doch immer noch am ehesten in der eigenen Faust.« Ich machte den Mund auf – und wieder zu, denn die hübsche Kellnerin war an unseren Tisch gekommen und quittierte mit einem unheimlich frechen Gesichtsausdruck den letzten, von ihr sehr wohl gehörten Satz meines Gegenübers, um dann noch frecher zu fragen: »Soll es 'ne Zigarette sein oder etwas zu trinken?« Da verschlug es mir erst recht die Sprache, so dass der Mann mit dem Bart es übernahm, für mich zu bestellen: »Bring dem jungen Mann mal 'n Bier, Scarlett. Du siehst doch, dass er eine Erfrischung braucht.« Das Mädchen verschwand und ließ mich völlig verwirrt mit dem krausen Alten zurück.

Wobei, alt war er wohl gar nicht, er sah nur ziemlich alt aus und auch ungepflegt. »Ich hab mich noch gar nicht vorgestellt, Schiller.

Mir gehört die Kneipe hier.« Oh, das war alles nur Geschäftsgebaren, das holte mich aus der Verdatterung heraus. »Clever gemacht; aber ich hätte auch so ein Bier bestellt.« – »Das war keineswegs nur Geschäftsgebaren; du hast dir gerade einen runtergeholt; und ich seh es dir an. Aber ich meinte es, wie ich es sagte: Du hast Recht, dein bestes Stück niemand anderem anzuvertrauen. Es zeigt, dass du die wahre Liebe noch zu genießen weißt.« Er nahm einen Schluck aus seinem Glas und schaute mir in die Augen. Also setzte ich das Gespräch wie gewünscht fort. »Wieso soll mein Schniedel meine wahre Liebe sein? Ich bin überwiegend glücklich verheiratet.« Sein Grinsen wurde breiter. »Das eine hat ja mit dem anderen nichts oder im besten Fall kaum was zu tun.« Das war irgendwie sehr dünnes Eis, fand ich. Deswegen schaute ich ihn nur erwartungsvoll an; sollte er sich doch um Kopf und Kragen reden und nicht ich.

»Du glaubst mir wohl nicht, wie? Nun, ich kann es dir beweisen. Kennst du Serotonin?« Und wie ich das kannte, diesen höllisch scharfen schwarzen Pfeffer in Jochens Suppe. »Das ist ein Hormon, und weiter?« – »Hey, super. Genau genommen ist es ein Neurotransmitter, der bestimmte Emotionen und Handlungen in unserem Hirn auslöst. Das ist ein ungemein kostbarer und gefährlicher Stoff, den wir da in unserem Kopf haben, vorsichtig zu dosieren.« Stimmt, jetzt wo Schiller das sagt: Jochen hat bei aller Großzügigkeit für Tabasco und Cayenne auch behutsam mit dem Zeug agiert.

»Serotonin kann Aggressionen auslösen, Hemmungen abbauen und den Menschen zu völlig irrationalen Handlungen bewegen, vorausgesetzt der Serotonin-Spiegel sinkt auf ein kritisches Maß. Das ist bei Leuten mit zwanghaften Verhaltensstörungen der Fall, die immer, wenn sie das Haus verlassen haben, unbedingt noch mal und noch mal zurückkehren müssen, um zu schauen, ob sie den Herd ausgemacht haben; und bei Verliebten.« Das oder so etwas Ähnliches wusste ich ja schon, aber was hatte das mit der faustischen wahren Liebe und der Ehe zutun? Ich schwieg erwartungsschwanger und schaute Schiller fragend an. »Du kannst folgen, ja?« Er schaute dazu ungemein fragend zurück. Ich nickte. »Okay, dann weiter. Ist man nun eine Weile verliebt in ein und denselben Menschen, gewöhnt sich das Hirn an die neuen Bedingungen. Nicht dass wir hier von Routine sprechen sollten, aber chemisch betrachtet normalisiert sich mit der Zeit der Serotoninspiegel in der Liebe, die Zeit der akuten Krankheit geht vorbei.«

»Und was bedeutet das nun?« Ich konnte nicht mehr an mich halten. »Na, das ist doch offenkundig. Akute Verliebtheit, wie wir sie im Allgemeinen der einzig wahren Liebe unseres Lebens zusprechen, steht nur am Anfang einer Liebe; wird die Liebe erfüllt oder erwidert, normalisiert sich der dann unvermeidliche Ausbruch der Leidenschaft, der organisch – wie gesagt – der Ausbruch einer Nervenkrankheit ist, sehr schnell wieder auf ein alltägliches Maß.... Aber das ist auch gut so.« – »Was ist daran denn gut, wenn die Leidenschaft zu etwas Alltäglichem verflacht«, versetzte ich. Das klang mir alles ziemlich schräg.

»Mein großer Kollege Gotthold Ephraim Lessing wusste schon: ›Lieben kannst du, du kannst lieben, doch verliebe Dich nur nicht‹, riet er schon vor zweieinhalb Jahrhunderten seinen und unseren Zeitgenossen. Hatte sich wohl ziemlich weidwund die Hörner abgestoßen. Sei wie es sei, wirkliche Liebesbeziehungen leben nicht nur vom kolossalen Verliebtsein, sondern auch von Verbundenheit, emotionaler Intimität und stabiler genetische Codierung. Aber dazu mehr ein andermal. Erst einmal die wahre Liebe:

Es ist schon ein enorm komplizierter Mechanismus, der dafür sorgt, dass es uns hin und wieder erwischt, wenn wir den Partner oder die Partnerin schlechthin treffen. Wirklich alle Sinne gehen dann auf Gefechtsstation: Wir blicken der Auserwählten in die Augen, nehmen ihren Geruch in aller Intensität wahr, achten auf Tonfall und die allerkleinsten Körpersignale. Wir hoffen mit allen Fasern unseres irdischen Leibes, dass die Chemie stimmt mit diesem anderen Menschen, damit es im Zusammenspiel von Gehirn und Nerven zu dieser einzigartigen lawinenmäßigen hormonellen Entladung kommt, die den Zustand des Verliebtsein beschreibt – mit eben dem gleichzeitig verursachten Defizit an Serotonin.

Wir schwelgen in Vorfreude auf die erhoffte sexuelle Vereinigung mit der Herzensdame, wir schalten unseren Körper auf absolute

Leistungsbereitschaft: Das Herz klopft wie unbändig, die Pupillen werden weit, der Blutdruck steigt und Schweiß bricht aus.« Wie gut, dass die acht Gedenkminuten vorbei waren und mein Bier endlich kam. Schiller nahm es jedoch, gönnte sich einen kräftigen Schluck davon, stellte das neue Glas wieder hin, gab Scarlett das alte und sagte ihr: »Bring ihm ein neues, ich quatsch hier nur, ich habe es nötiger«, und schaute ihr sehnsüchtig nach.

»Oh ja«, setzte er seinen Monolog fort, »beim Mann erigiert in so einer Situation der Penis, die Vagina der Frau wird feucht, und die Seele ist glücklich. Schlimm wird es allerdings, wenn dieser hormonelle Ausnahmezustand im Hirn zur Regel wird. Wie gefährlich das für Verliebte werden kann, ist tatsächlich bereits in dem ältesten Leitfaden der Liebe, dem indischen Kamasutra, nachzulesen: Hoffnungslos Liebende kehren sich immer mehr von der Welt ab und werden schließlich verrückt. Das Ende kommt demnach fast unwiderruflich: Der Geist wird aufgegeben und der Tod tritt ein. Die Verliebten sind dann quasi glücklich verliebt verstorben.«

»Na ja, aber immerhin glücklich. Wer kann das schon von sich sagen«, wagte ich zu entgegnen. »Na, du warst doch sichtbar glücklich, als du vorhin hier hereinrudertest. Denkst du, ich setze mich zu unglücklichen Menschen, die besaufen nur sich und nicht andere, die sind schlecht für's Geschäft. Aber ich war noch nicht fertig: Das Schlimmste nämlich, was einem in dieser Situation des ekstatischen Verliebtseins passieren kann, ist, wenn das Objekt unserer Begierde unsere Gier nicht erwidert. Dann wird die oder der Abgewiesene in dem hormonellen Ausnahmezustand allein gelassen, und der Triebstau kann nicht abreagiert werden.

Eine schwere Leidensphase beginnt dann. Aber Verliebte leiden oft, und sie leiden zudem auch noch gern. Wirklich bedenklich wird Verliebtsein jedoch, wenn es ein greifbarer chronischer Zustand wird: Dies trifft auf jene zu, die ihre große Liebe zeit ihres Lebens nicht vergessen können und einen ›inneren Altar‹ für das Objekt ihrer Sehnsucht errichten. Es trifft aber wohl auch auf diejenigen zu, die ›verliebt in die Liebe‹ ganz im Sinne eines Casanovas sind. Das ganze Zeugs ist übrigens nicht auf meinem Mist gewachsen, sondern stammt von Prof. René Diekstra von der Universität Leiden; irgendwie passend, findest du nicht?«

Mein Bier kam, ich sicherte es mir mit einer hektischen Bewegung und markierte das Glas augenblicklich mit einem kräftigen Schluck. »Ja, ist nur recht, Revicre wollen verteidigt werden. Scarlett, für mich auch noch eins«, sprach Schiller und blickte auf meine Hand am Glas. Das irritierte mich, denn es war ein hohes, schlankes Glas. »Brauchst nicht rot werden, ich sagte ja schon, hast ja Recht. Auch Prof. Diekstra hat für Romeos in Liebesnot den Tipp, eifrig Sport zu treiben. Man kann natürlich auch onanieren, jedenfalls sollte man den Druck abbauen, wenn er überhand nimmt – oder damit er überhand nimmt«, sprach es und lachte anhaltend.

Als er wieder bei Atem war, veränderte sich Schillers Gesichtsausdruck ganz plötzlich. »Ich habe dir einen Mist erzählt, das war gar nicht alles von Prof. Diekstra, das meiste von dem theoretischen Zeug hat der Stuttgarter Neurologe Klaus Gottwald ausbaldowert. Von Diekstra stammt aber auf jeden Fall die Feststellung, dass diese liebeshungrigen Casanovas Süchtige seien. Liebe und Sex, das sind echte Drogen für dein Hirn, wenn du weißt, wie sie funktionieren, das härteste Dope für deinen Körper. Womit wir bei Faust wären.«

»Wieso Faust? Schiller schrieb doch nicht Faust?« Es fiel mir wirklich schwer, dem Kneipenphilantroph zu folgen. »Nicht den Faust, die Faust, wir sind bei deiner Faust, deiner wahren Liebe.« Das war doch alles dummes Zeug, bäumte es sich in mir auf. »Ich hänge zwar sehr an meinen Händen, weil ich sie für allerlei Dinge täglich brauche, aber lieben tue ich andere Dinge, ja?« – »Ja, ganz ruhig nur. Ich meinte das ja nur bildlich.

Wenn wir – du und ich – unsere Fäuste benutzen, um uns nach einem Tag in der Umgebung von Frauen wie Scarlett Erleichterung zu verschaffen, weil Frauen wie Scarlett nie mit uns mitgehen würden, dann leben wir die wahre Liebe. Wir schütten kraft unseres Geistes Hormone aus, dass es nur so kracht, senken den Serotonin-Spiegel fast bis auf die Neige, damit wir die unkontrolliertesten Handlungen überhaupt ausüben können, und lieben, wie nur unerhörte Liebende lieben können.

Wir nehmen die Droge Liebe, rühren den Schwengel wie Süchtige und sehen Bilder wie unter LSD. Das ist die perfekte, absolute, unerreichbare, überhöhte, größte aller Lieben. Die, die uns leiden lässt, Leiden schafft. Unerreichbar durch Fleisch und Blut. Wenn wir in dieser Liebe Erfüllung bei dem anderen, bei dem wir sie suchen, auch tatsächlich finden würden, wäre sie unweigerlich hin, diese Liebe. Der Weg ist das Ziel, und dieses Ziel heißt einzig wahre Liebe, und der Weg Masturbation.«

»Das macht aber doch ziemlich einsam, wenn man so leben würde?« Schiller dachte nach und sagte dann: »Nicht unbedingt. Verliebtsein hat aus ärztlicher Sicht letztlich nur das Ziel, ›den Fortpflanzungsmechanismus in Gang zu setzen‹, sagt zumindest dieser schwäbische Neurologe. Der Philosoph Arthur Schopenhauer sah das übrigens im 19. Jahrhundert ähnlich: ›Alle Verliebtheit, wie ätherisch sie sich auch gebärden mag, wurzelt allein im Geschlechtstriebe‹. Wenn du dich also einmal verliebt hast und Erfüllung im wirklichen Leben gesucht und gefunden hast, so zeuge doch anschließend deine Kinder und sorge für die unverwechselbare Intimität und Vertrautheit, die nur eine langanhaltende Partnerschaft bringen kann.

Aber den ungefährlichen Flashback der großen Lieben, das Erreichen des Ideals mit allen hormonellen Ausgestaltungen, das bleibt dein einsamer Akt. Auch Casanova hatte sich letztlich verschlissen, das Ideal kam ihm – sozusagen – abhanden.« Schiller nahm sein Glas, stand abrupt auf und verschwand in Richtung der Toilettenschildchen. Ich sah ihn an diesem Abend nicht mehr. Allerdings fiel mir später auf, als ich das Warten auf den kauzigen Alten aufgegeben hatte und die Rechnung verlangte, um zurück zum Hotel zu gehen, dass seine Biere bei mir auf der Zeche gelandet waren. Ich wollte was sagen, aber Scarlett lächelte so süß, dass ich es doch nicht wagte. Wie einfach und berechenbar wir Männer doch sind.

Bleibt noch nachzutragen, dass ich bei einer späteren Gelegenheit die Aussagen von Schiller bestätigt fand – zumindest irgendwie. Semir Zeki ist Neurobiologe am Institute of Cognitive Neuroscience des University Colleges in London. Er hat den Symptomen von frisch Verliebten wie schwitzigen Händen, gestörter Artikulation und eingeschränkter Urteilsfähigkeit nachgespürt. Jeder hat dies schon durchlitten und wird ohne weiteres den Ergebnissen von Semir Zeki glauben. Zeki hat als einer der ersten Forscher seines Fachs mit Hilfe kernspintomographischer Aufnahmen den Hirnbereich identifiziert, der bei Verliebtsein wie von Schiller beschrieben zu feuern beginnt. Zunächst suchten Zeki und seine Mitarbeiter nach frisch verliebten Probanden. Vor dem Experiment mussten sie einem Lügendetektor ihre Liebe beweisen. Den 16 Testpersonen legten die Forscher darauf Bilder des Partners oder der Partnerin vor. Die dabei ausgelösten Emotionen führten sofort zu chemischen Veränderungen im Gehirn, wie die Aufnahmen der Hirnaktivität zeigten. Und zwar genau da, wo auch Drogen wirken.

7. MÖGLICHST UNBEOBACHTET

»Krankheitsbeschreibung: Zeichen dieses Lasters sind folgende: Verschlossenes Gemüt, Verdrießlichkeit und Unlust zum Spiel und zur Arbeit. Schüchternes Benehmen. Derartige Kinder oder Jünglinge entziehen sich merklich fremden Beobachtungen, halten sich gern an einsamen Orten, z.B. in der Kammer allein, auf, bleiben gern im Bett wachend liegen, haben die Hände unter der Decke, im Schlafe immer an den Geschlechtsteilen. Desgleichen suchen sie mit Vorliebe oft den Abtritt auf.

Nach dem Verlassen solcher einsamen Orte scheinen sie erregt, mit gerötetem Gesichte, eigentümlichen Glanz der Augen, beschleunigtem Herzschlag und Atem. Im übrigen graublasse, erdfahle Gesichtsfarbe, Blässe der Lippen, bläuliche Augenlider, Ringe um dieselben, unsteter Blick, Flecken in der Wäsche. Dann Mattigkeit, nebst allgemeiner Abmagerung bei starkem Appetit, welke Haut, leicht eintretender Schweiß, Zittern, Rückenschwäche, dumpfer Schmerz in Schenkeln und Waden. Nach und nach wird die Sprache stotternd, die Stimme schwach, das Haar glanzlos, spaltet sich an den Enden und fällt leicht aus.«

Wenn man solche Texte aus den Kindertagen der Aufklärung liest, die einen auch noch so offensiv direkt ansprechen, dann wird Mann unweigerlich in die Defensive versetzt, schaut pingelig nach Gemeinsamkeiten mit den vorgebrachten Beschreibungen, findet auf einmal unvermutet eine Erklärung für ein bisher unerklärliches Zipperlein und wird, egal wie sehr man sich die Abwegigkeit der ganz und gar unwissenschaftlichen, sondern ausschließlich moralistischen Verlautbarungen vor Augen hält, im Innersten zutiefst verunsichert.

Die Wucht des unverschämten Textes wurde im konkreten Fall noch gesteigert, weil er mich in der Kulisse meiner Kindertage traf, wo mich schon einmal eine Phase der größten geistigen Rezession heimsuchte, als meine liebe Tante Bertha es doch so gut mit mir meinte: im Wohnzimmer meines Elternhauses, wo ich wieder einmal nach langer Zeit in den Bücherreihen der Wohnzimmerschränke – es gab derer zwei – nach noch unbekannten Trophäen meines Einbände sammelnden Vaters stöberte.

Dabei war mir ein weiterer – mir bis dato unbekannter – historischer Erziehungsratgeber in die Hände gefallen, in dem sich die eigenwillige Krankheitsbeschreibung der Onanie so wie zufällig beim Durchblättern fand. Was nur hat die Menschen von so unglaublich vielen Generationen dazu bewogen, die Autoerotik in einer Weise zu verteufeln, dass es selbst mich, der es ja nun wirklich besser wissen müsste, immer wieder kalt erwischte und unsägliche Zweifel in mir schürte?

Mein Vater trat gerade ins Wohnzimmer ein, als ich das feiste Werk wieder an seinen Platz zurückstellte. Er kam auf mich zu, stellte sich schräg hinter mich, damit er an mir vorbei die Buchrücken mitstudieren konnte. Ich konnte mir die Frage nicht verkneifen: »Waren diese Züchtigungsratgeber eigentlich wirklich euer Leitfaden, um uns Kinder großzukriegen?« Mein Vater schmunzelte. »Eltern zu sein, das bringt einem keiner bei. Das ist auch mit den Büchern Learning by doing.« Ich drehte mich zu ihm um: »Und wie war das damals, als Mutter uns Kindern von der Intimstzone unter der eigenen Bettdecke berichtete; wie kam es da zum Doing? Wieso bekamen wir da Freiheiten, von denen hier in deinen Büchern absolut nichts steht?«

Mein Vater schaute mich nachdenklich an. »Du meinst das Onanieren? – Nun, denk mal nach. Dein alter Herr ist Seemann, und die Arbeit eines Seemannes findet überwiegend in einer reinen Männergesellschaft statt, zumindest noch zu der Zeit, als ich wirklich aktiver Seemann war. Dreißig, vierzig Männer mehrere Wochen zusammen auf einem Schiff, auf dem Mann sich nicht aus dem Weg gehen kann; keine Frauen weit und breit, nur die Aussicht auf den nächsten Hafen oder – härter noch – auf die Rückkehr nach Hause alle drei, vier Monate. Was meinst du, unter was für einem Druck man da schließlich stand? Ich auf See und deine Mutter hier zuhause. Du kannst davon ausgehen, egal, was da irgendwelche Klugscheißer zur Beruhigung ihres schlechten Gewissens in diese Bücher geschrieben haben, wir wussten es aus dem wirklichen Leben besser.«

»Was wusstet ihr besser?« Sich dumm stellen kann manchmal ganz erstaunliche Erkenntnisse des Gesprächspartners hervorbringen. »Nun, zum Beispiel das mit den angeblichen unangenehmen Folgen der Selbstbefriedigung. Als junger Matrose erzählen einem die älteren Kollegen allerlei Schauergeschichten zu diesem Thema; aber so skurril manche Seeleute im Laufe ihres Lebens auch werden, augenfällige Folgen der in der Seefahrt allgegenwärtigen Onanie habe ich bei keinem bemerkt.« Ich dachte an den soeben gelesenen Text und blickte auf den nur noch durch einen silbernen Haarkranz geschmückten Kopf meines Vaters. Zum Glück habe ich noch alle meine Haare.

»Das Doing von damals«, fuhr mein Vater fort, »fußte also auf der konkreten Erfahrung, die Bedürfnisse des eigenen Körpers ernstzunehmen und die Autonomie über die Befriedigung dieser Bedürfnisse niemals einem anderen zu überlassen.« Nach einer kurzen Pause fügte er noch hinzu: »Und das mit der eigenen Bettdecke gehört in die gleiche Kategorie; alles, was man bei sich unterhalb der Gürtellinie machte, sollte ein ganz privates Ereignis bleiben. Wird es öffentlich, bekommen es – bei der Seefahrt – die Kollegen mit, obwohl sie es ja auch machen, wird man zum Gespött, weil in der Hackordnung dort nur der als ganzer Mann zählt, der es sich besorgen lassen kann.

Und in der Familie ist es wohl ebenso: Man büßt seine soziale Stellung ein, wenn die anderen einen mit den Heimlichkeiten aufziehen können. Es ist wohl so, dass wir uns, wenn wir von einem Geschehen erfahren, uns immer alles gleich bildlich vorstellen müssen. Wenn ich dir erzähle, ich habe in meiner Kapitänskajüte mich selbst befriedigt, dann siehst du mich in meiner schicken Uniform breitbeinig in einen Cocktailsessel geflätzt, die Hand am Ruder mit glasigen oder geschlossenen Augen; und hin wäre sie, meine väterliche und berufliche Autorität.

Dich kann ich nur warnen, wenn ich dir stets sage und den Eindruck erwecke, ich verabscheue zutiefst diese unmoralischen, höchstens bei Heranwachsenden geduldeten Handlungsweisen. Das, was ich in einem solchen Fall sagen würde, und was auch die schlauen Köpfe in diesen alten Schinken hier im Bücherschrank über die hygienische Kindererziehung schreiben, dient in keinem Fall der Wahrheit der Dinge, sondern ausschließlich dem gesellschaftlichen Kontext, in dem du mich als Urheber dieser unumstößlichen Wahrheiten erleben sollst. Oder kurz gesagt: Es geht nicht um das Sein, sondern um den schönen Schein.«

Da Kinder immer irgendwie gegen ihre Eltern reden müssen, so tat auch ich dies. »Aber das würde ja bedeuten, dass ich das Gebot ›Du sollst nicht falsch Zeugnis reden wider deinen Nächsten‹ stets missachten müsste, um meine soziale Stellung zu erhalten. Das kann es doch nicht sein. Ich muss doch eine Chance haben, in jeder Situation – auch in einer solchen – die Wahrheit zu sagen, ohne deswegen auf die unterste Stufe der Gesellschaft verjagt zu werden.« – »Oh, wer die Wahrheit sagt, wurde schon immer geschmäht oder gleich getötet. Es gibt immer eine schöne Oberfläche und ein – zumindest in den Augen der anderen – weniger schönes Darunter. Geh mit beiden offensiv um und suche dazwischen deinen ganz individuellen Weg, und du wirst ein gutes Leben führen.

Onaniere, wenn du willst. Aber es geht doch wirklich keinen anderen etwas an, wenn er sich sowieso daran stören könnte, weil er mit dem Gedanken nicht umgehen kann, dich vor seinem inneren Auge mit dem Penis in der Hand sehen zu müssen. Onaniere unter der eigenen Bettdecke und rede auch nur mit dir selber darüber, halte es vor den Augen und den Gedanken der anderen verborgen, damit sich deine klebrige Samenflüssigkeit nicht in ihren Köpfen verbreiten kann. Sie würden sich sonst vor dir ekeln und sich dir entziehen und dir ihre Gegenwart und Aufmerksamkeit verweigern, im schlimmsten Fall dich bekämpfen. Sei doch klüger und genieße die Autoerotik, wie übrigens auch sie sie genießen, und lass sie reden, was sie wollen. Innerlich wissen die meisten es wohl besser, nach außen hin aber wollen wir schöne, ausflussfreie Fassaden.«

»Und wie ist das zwischen dir und Mama? Fassade oder Wahrheit?« Mein Vater schaute mir fest in die Augen. »Findest du nicht, dass auch die Fassade eine Wahrheit ist? Sie gehört dazu, sie ist ein Teil des Ganzen. Das inwendige Tun gehört zum äußeren Schein dazu, die beiden Janus-Gesichter sind immer gegenwärtig, Gut und Böse. Das sind die Maßstäbe, die wir als Menschheit aufgestellt haben. Und der reine Geschlechtsakt in der Ehe, der ist eben gut, weil er aus der Liebe zu einem Mitmenschen zumindest motiviert sein sollte und, wenn alles gut geht in der Evolution, für die Erhaltung unserer Art sorgt. Das Masturbieren ist aus dieser Perspektive eben böse oder schlecht, weil es eben nicht der Arterhaltung dient, sondern aus einer Ich-Bezogenheit, einem Egoismus, heraus einem Befriedigung verschafft und die Säfte bei Mann und Frau verschwendet, die das Leben für die Erhaltung oder Fortsetzung des Lebens an sich erschaffen hat.«

Mein Vater schaute mir noch immer in die Augen, etwas unerklärlich war der Ausdruck, der in diesem Blick lag. Jetzt wendete er den Blick ab, schaute auf die Bücher vor uns im Schrank. »Weißt du, Axel, nimm es einfach an. Es gibt Hell und Dunkel, Oben und Unten, Schwarz und Weiß – jeweils beides gehört zusammen. Und beides macht uns und das Leben aus. Es gibt den reinen, akzeptierten Sex in der Ehe – oder heute allgemeiner zwischen Mann und Frau oder einfach zwei Menschen.

Und es gibt den, über den es nur Verwegene wagen würden zu sprechen. Erinnerst du dich an den Religionsunterricht, an das 1. Buch Mose?« Ich nickte. »Da wird davon erzählt, dass unsere Ahnen vom Baum der Erkenntnis aßen und künftig das Wissen hatten über Gut und Böse. Das vertrieb uns zwar aus dem Paradies, aber machte uns doch auch, so die Überlieferung, irgendwie unserem Schöpfer ähnlicher. Nun, nutze doch dieses Wissen über das Wesen von Gut und Böse, von Erlaubt und Unerlaubt, und sei gottähnlich.«

Gottähnlich, wenn ich onaniere? Das war doch etwas dicke, oder? »Wie soll das gehen, Papa?« – »Handle, wie und weil du es willst, aber halte schön brav die guten und die bösen Taten auseinander und respektiere, dass die Menschheit insgesamt nur die nach ihren jeweiligen Prinzipien guten Taten akzeptiert. Hol dir einen runter, wann du es willst, weil es dir gut tut und du das weißt. Behalte es aber anschließend für dich, um nicht gleich mit den kleinen Flecken in der Hose die ganze sittliche Welt aus den Angeln zu heben. Es ist doch nicht wichtig, dass die anderen wissen, was du da in deinem Schritt zu arbeiten hast. Sei smart. So kannst du vermeiden, dass die Gedanken, die sie an dich verschwenden, eine unkontrollierbare Bahn einnehmen und sie dir vielleicht sogar schaden. Beherrsche sie, indem du den Schein wahrst und es selbst viel besser weißt und dieses Wissen nutzt.

Und da du so hartnäckig nachhakst: Sei penibel bei deinem Autosex, mache es nur unbeobachtet, wenn du dir absolut sicher bist, dass keiner sehen oder hören kann, was du da tust, dass sich keiner nachher daran erinnern kann.« Das klang alles irgendwie nach einer Initiation, die mich erneut in die Welt der Erwachsenen einführen sollte, zu der ich doch längst gehörte. Aber alles, was ich eben gehört hatte, waren doch im Grunde genommen Dinge, die mir schon seit meinem vierten Lebensjahr bekannt waren.

Langsam dämmerte es mir, dass mein Vater mir nur wortreich eine konkrete Antwort auf meine ursprüngliche Frage verweigert hatte; oder hatte er mir doch geantwortet? Dann war wohl die Antwort: Meine Eltern haben selbst wohl nie miteinander über das Verlangen und das Befriedigen der sexuellen Bedürfnisse in der Ehe geredet. Über das Onanieren in der Kinder- und Jugendzeit haben sie ja in unserem Beisein geredet, dass es aber auch in ihrer Partnerschaft ein gegenwärtiges Thema war – und wohl auch noch ist –, das allerdings zwischen ihnen wohl nie besprochen wurde, war mir so nicht bewusst und wurde von ihnen selbst – wie allgemein üblich – tabuisiert.

Schein und Sein gehören zusammen, das meinte doch mein Vater. Tue es, aber heimlich. Auf seine Weise hat er wohl Recht; wie müsste es wohl sein zwischen zwei Menschen, die zusammengekommen sind, um Tisch und Bett zu teilen, wenn einer von ihnen in die Situation hineingestoßen wird, darüber nachdenken zu müssen, wie es sich der andere ohne ihn ganz allein besorgt? – Ich kann mir gut vorstellen, dass da Bestürzung und Enttäuschung als dunkle Wolken über den Partnerschaftshimmel aufziehen würden.

Über solche oder ähnliche Situationen hatte ich schon einmal etwas gelesen, ich glaube sogar in einem Werk hier im Bücherschrank meines Vaters. Genau, eine Buchreihe tiefer fand ich das Werk von Klaus Heer, »Ehe, Sex & Liebesmüh«. Klaus Heer ist Paartherapeut. Er interviewte für sein Buch zwanzig verheiratete Männer und Frauen zwischen 33 und 74 Jahren zu ihren Erfahrungen in der Sexualität. Alle interviewten Personen sind zwischen zehn und 51 Jahren verheiratet. Alle haben sie Kinder. Sie repräsentieren also konventionelle westliche Lebenssituationen. Und sie äußern sich in einigen Textstellen auch zu ihrem Umgang mit der Onanie:

Zitate aus: » Ehe, Sex und Liebesmüh. Eindeutige Dokumente aus dem Innersten der Zweisamkeit.« Steidl Verlag, Göttingen

Y, 33 Jahre, w:
– Befriedigen Sie sich manchmal auch selbst?
– Selten. Nach den Geburten war es häufiger, als ich eine gewisse Abneigung gegenüber meinem Mann hatte und mir trotzdem sexuell etwas fehlte.
– Genießen Sie es nicht besonders?
– Doch, schon. Aber da sind auch Schuldgefühle. Ich fürchte, mein Mann, der neben mir schläft, könnte mich dabei erwischen. *(S. 18)*

P, 40 Jahre, m:
– Befriedigen Sie sich selbst?
– Wenig – höchstens, wenn zwei Wochen zwischen uns gar nichts läuft. Wenn ich dann massiv unter sexuellem Druck bin, habe ich das Gefühl, jetzt gehe es gar nicht mehr um meine Frau, sondern um Sexualität schlechthin. Dann onaniere ich sehr gern.« *(S. 196)*

K, 50 Jahre, m:
- »Befriedigen Sie sich selbst?
- Höchst selten, weil es mir nachher nicht gut geht. Diese verdammte Leere! Ich fühle mich wie ausgelaufen.« *(S. 390)*

W, 67 Jahre, m:
- »Wie war Ihre Sexualität in der ersten Ehezeit?
- Was mich störte, war, dass ich während unserer Ehe ziemlich viel onaniert habe, und zwar fast zwanghaft. Ich war dann nämlich zu wenig potent.
- Es störte Sie, dass Sie dann das Pulver schon verschossen hatten?
- Ja. Ich vermute, es wäre schöner gewesen, wenn ich nicht onaniert hätte.
- Woran merkten Sie das?
- Es brauchte jeweils ziemlich viel, bis die Entladung kam.«

E, 73 Jahre, m:
- »Genossen Sie die Selbstbefriedigung?
- Ich weiß, dass ich das eigentlich nicht darf.
- Wieso?
- Ich probiere doch wieder, es mit ihr gut zu haben. Ich erweise ihr Liebe, soweit ich kann. Habe ich denn noch das gleiche Verlangen nach meiner Frau, wenn ich mich selber befriedige?
- Offenbar schon: Sie befriedigen sich ja ...
- Nein, nein! Seit diesem Jahr gibt's das nicht mehr! Ich war bei einem Seelsorger, und der sagte mir, dass ich das nicht machen solle. Ich will ja wirklich den Schritt auf meine Frau zu wieder tun, verstehen Sie?
- Genossen Sie die Selbstbefriedigung im letzten und vorletzten Jahr?
- Im Moment jeweils schon, aber der Frust kam hinterher immer.
- Schlechtes Gewissen?
- Ja, es fehlt einem plötzlich die wahre Liebe, und natürlich der Körper der Frau.« (S. 63)

Es scheint wirklich so zu sein, dass die Autosexualität zur Heimlichkeit verdammt ist – auch in heutiger Zeit. Sie steht in der Werteskala der Sexualität klar unterhalb von Homo- oder Heterosexualität, und so tolerant eine Gesellschaft auch zu allen sexuellen Spielarten und Vorlieben sein kann, wer onaniert, macht sich irgendwie verdächtig oder fühlt sich zumindest auf eine gewisse Art und Weise so.

Wobei, Moment mal; mit Partnerpsychologen Heer haben zumindest eigentlich sexuell unbescholtene Menschen offen über die Onanie geredet, und auch ich habe ja eine ganze Reihe von Gesprächen rund um die Selbstbefriedigung in der Vergangenheit bereits erlebt – eben gerade jetzt sogar mit meinem Vater. Und der hat mich doch tatsächlich aufs Glatteis geführt mit seinem aufgeblasenen Gerede.

Mein Vater hatte mir aufmerksam zugeschaut, als ich eben in dem Buch die Textstellen nachgelesen hatte. Jetzt legte ich das Buch wieder weg, drehte mich um und setzte mich auf eine vorstehende Kante am Schrank. »Papa, ich glaube, du schmeißt da zwei Dinge durcheinander. Es für sich alleine tun, d'accord. Es gibt ja auch nur wenige, die sich beim Sex mit einem Partner gerne beobachten lassen. Da ist es wohl das Normalste von der Welt, wenn man auch das Masturbieren nur mit dem macht, mit dem man diese Zärtlichkeit teilen will, eben mit sich selber. Das geht wohl wirklich niemand anderen etwas an.

Aber darüber reden – das sollte doch nicht nur deswegen sanktioniert sein, weil es sich dann jemand mit seiner schmutziger Phantasie bildlich vorstellen könnte. Wenn die Onanie ein Teil des Lebens, der Wahrheit ist, dann muss es auch gestattet sein, offen darüber zu reden. Wir haben ja auch gelernt, über den Orgasmus der Frau und den G-Punkt zu reden, auch die waren mal einfach nur igitt. Jetzt ist eben die Onanie dran, offen verhandelt zu werden als erfüllendes Element des menschlichen Lebens.«

»Na, Axel, dann mache dich mal auf allerlei Repressalien gefasst. Was meinst du, was passiert wäre, wenn ich an Bord meines Schiffes in der Offiziersmesse ein Gespräch darüber begonnen hätte, dass ich die Selbstbefriedigung als Ausgleichssport auf See zur Hebung der allgemeinen Moral unbedingt für gut halte. Die hätten mich ausgelacht und verspottet und mich bei künftig jeder passenden Gelegenheit als kleinen Wichser gedemütigt.«

»Doch, Papa, genau das wäre wohl passiert, da hast du zweifellos Recht. Aber das meinte ich auch nicht. Bei den Männern an Bord wäre es mir an deiner Stelle ebenso absolut egal gewesen, ob sie von meiner Onanie wüssten, sie akzeptieren oder verurteilen würden. Aber der Mensch an meiner Seite, meine Partnerin, meine Ehefrau, mit der möchte ich eigentlich schon über die Wahrheit reden. Mit der will ich nicht nur hinter die Fassade schauen, sondern dahinter sogar leben und herausfinden, ob sie nicht heimlich auf ihrer Seite des Bettes das macht, was ich ebenso heimlich auf meiner Seite mache, und ob das gemeinsam nicht noch einmal soviel Spaß macht.« Mein Vater schwieg, schaute weg auf irgendeinen Punkt auf der anderen Seite des Schrankes.

So fuhr ich fort: »Ich denke, deine These, ›stets unbeobachtet‹, stimmt, aber es gibt eine Ausnahme: Mit meinem Lebenspartner sollte ich auch diesen unbekannten Kosmos ausloten. Onanie ist nämlich keine Ersatzbefriedigung, für die man sich schämen sollte, das habe ich dank eurer Hilfe als Eltern seit meinem vierten Lebensjahr gelernt. Es ist eine erstzunehmende sexuelle Option, die unser Leben bereichern kann, wenn wir uns trauen, die einsame Ekstase ohne Schuldgefühle auszukosten. Es haben eben nicht alle Menschen automatisch unbegrenzten Zugang zu willigen Sexualpartnern; und was noch wichtiger ist: Nicht alle wollen, auch wenn sie es könnten, diesen unbegrenzten Zugang nutzen, weil sie Angst vor Enttäuschung haben oder aber einem bestimmten Menschen, der eben nicht allzeit bereit ist, treu sein wollen. Die Facetten des Lebens und des Liebens sind so unglaublich vielfältig, und das Wichsen gehört ganz natürlich dazu. Probiere es doch einmal aus, mit Mama darüber zu reden.«

8. WICHS-VORLAGEN: DIE HEIMLICHE PORNO-SAMMLUNG

Tja, soweit die Theorie. Was ich meinem Vater natürlich völlig verschwiegen hatte, war, dass ich selbst diese verwegene Vertrautheit mit meiner Partnerin auch noch nicht erreicht, es sogar wie mein Vater streng vermieden hatte, das heikle Thema im ehelichen Bett anzuschneiden. Auch wenn ich die Onanie zu einem erregenden Teil meines Lebens gemacht hatte als Hand- und Brain-Sex, hatte ich Angst, mich mit einem Geständnis meiner händeringenden Leidenschaft vor ihr lächerlich zu machen, sie vielleicht oder wohl wahrscheinlich damit sogar zu verletzen, dass ich sie mit meiner eigenen Hand betrog.

Wobei – die Wahrscheinlichkeit sprach dafür, dass sie es sich ebenfalls im Verborgenen selbst besorgte, wenn ich auf Geschäftsreise war oder wegen eines Streits Funkstille im Ehebett herrschte. Mein Vater hatte Recht, ich stellte es mir bildlich vor, wie das vertraute Mädchen sich streichelte und rieb, wie sie stöhnte und sich wand unter der Lust, wie die Muskeln am ganzen Körper sich spannten und schließlich das erlösende Keuchen ihrer Kehle entrann. Es war ein schönes Bild, dessen Original ich doch auch gerne miterleben würde.

Doch wie überschreitet man die Grenze der ehelichen Keuschheit, wie geht man durch den Spiegel des eigenen Ehelebens, um die andere, die verkehrte, verdrehte Welt mit dem Partner zu erleben?

Ich hatte keine Ahnung. Deshalb lotete ich erst einmal die Schattenseiten meines eigenen Lebens aus. Schon seit meinen »Bravo«-Zeiten wusste ich, dass die Bilder nackter Frauenkörper mich erregten; war ja klar. Dazu brauchte ich mir nicht die von dem Pariser Gehirnforscher und Psychologen Serge Stoleru verordneten Pornos anzuschauen. Allerdings hatte ich mir, um ehrlich zu sein, eigentlich noch nie einen Porno angeschaut. Okay, ich gehöre zur Tutti-Frutti-Generation, die mit Hugo Egon Balder das Privatfernsehen kennenlernte. Aber einen richtigen harten Porno, den hatte ich mir noch nie reingezogen. Es war einfach keine Gelegenheit dazu; und um in den Sex-Shop zu gehen oder eine einschlägige Videothek, war ich auch bisher viel zu feige.

Aber andere taten das auch, also warum ich nicht? Daher nahm ich eines schönen Tages, als meine Frau, von mir heftigst in diesem Vorhaben unterstützt, für ein paar Tage allein zu ihren Eltern gefahren war, allen meinen Mut zusammen und suchte einen Sex-Shop auf, an dem ich schon einige Male vorbeigefahren war und in dessen Auslagen ich dabei verstohlen geschielt hatte. Ich parkte um die Ecke, damit ja keiner mein Auto vor dem Etablissement hätte sehen können. Ich ging, den Blick starr geradeaus gerichtet, auf den Eingang zu, öffnete die Tür und erstarrte: Der Einkaufsbummel hier würde hart werden, im wahrsten Sinne des Wortes. Und hinter dem Verkaufstresen stand auch noch eine aufregend hübsche Frau, da musst du, Axel, wirklich all deine Selbstbeherrschung zusammennehmen.

Die Auswahl war in der Tat sehr verwirrend: Hochglanz-Bildbände mit Frauen und Männern aus allen Perspektiven, Videos für alle Spielarten und sexuellen Praktiken, CD-ROMs, Kalender; Hilfsmittel interessierten mich noch nicht, ich wollte sehen, was ich noch nicht kannte. Aber die Auswahl fiel schwer. Was wollte ich eigentlich? Einen Porno, ja. Aber was sollte darauf zu sehen sein? Nachhilfe im Stellungskampf der Geschlechter, den, soviel Stolz hatte ich, brauchte ich wohl nicht. Ich wollte sehen, ob ich mit den Frauen, die ich nicht hatte, etwas versäumte. Also Frauen sollten auf dem Film sein, aus allen Perspektiven, aber keine Männer – das könnte nur frusten. Meine Schniedellänge wollte ich bei einer solchen Gelegenheit nicht kategorisieren lassen.

Ja, ich würde sicher beim Betrachten der unbekannten Bilder onanieren, wenn die Erregung reichen würde. Ich wollte ausprobieren, ob ein Porno die Imagination würde schlagen können. Aber ein Video hatte den Nachteil, dass ich es später nur im Wohnzimmer würde ansehen können, also nur dann, wenn sonst von der Familie niemand da wäre. Aber ein Video, das wollte ich schon auch mitnehmen; bewegte Bilder würden sicher durch kein anderes Medium, wie sie hier mit nackten Tatsachen dargeboten wurden, zu schlagen sein. Aber ein Heft mit überall verfügbaren Bildern, das ist sicher auch nicht zu verachten. Ich könnte es in meinen Aktenkoffer tun und mit auf Geschäftsreise nehmen; das würde mir die einsamen Abende in irgendwelchen Hotelzimmern sicherlich angenehmer gestalten.

Und dann sind da die CD-ROMs; ein kleines Medium mit unglaublich viel Inhalt; 2000 Bilder gibt es auf dieser hier, wieviele Seiten hätte man damit bedrucken müssen? Und gut versteckt auf dem Laptop würden die kleinen geilen Dateien mir ebenfalls meinen jederzeit verfügbaren Spaß bereiten. Außerdem folgte ich auch hier dem zuvor gewählten Prinzip: Freier Blick bitteschön auf das andere Geschlecht, das eigene hatte ich ja selber. Ich fand, ich hatte eine solide Auswahl getroffen. Ich trug meine Erungenschaften in einer ungemein diskreten Einkaufstüte, die in ihrem unauffälligen Braun sicherlich Signalwirkung hatte und Initiierten mein Treiben und Begehren wohl ganz sicher offenbarte, nach Hause. Ich schritt allerdings dort angekommen nicht gleich zur Tat, sondern ich wollte die heisse Solonummer unbedingt in Ruhe auskosten. Denn das war für mich immer noch akribische Forschungsarbeit, die gut vorbereitet und umsichtig durchgeführt sein wollte.

Also wartete ich, bis das Sonnenlicht zur Neige ging, zog mich nackt aus und schaute mir auf dem Sofa im sorgsam verdunkelten, vereinsamten Wohnzimmer als erstes das Bilderbuch an. Die Mädchen waren hübsch, ihre Darstellung erwartet und erhofft obszön. Mein Freund weiter unten geriet sichtlich in Wallung. Aber:

Warum eigentlich? – Irgendwie habe ich das besondere Talent, immer im falschen Augenblick Fragen zu stellen, die – so hoffe ich – allerdings nur für die anderen die falschen Fragen sind.

Warum also geilen mich scharfe Bilder auf – oder eine scharfe Frau aus Fleisch und Blut? – Ich meine nicht diesen Hormon-Cocktail, den da irgendwelche Drüsen auswerfen, um mich zielgerichtet in den Schoß einer Lieben oder mitten hinein in meine Handfläche zu treiben. Jetzt will ich wissen, warum meine Drüsen überhaupt das Ausschütten beginnen. Was erzählen diese Wichsvorlagen den Rezeptoren in meinen Augen, dass die wiederum gleich an den Hypophysenvorderlappen weiterwispern, worauf der allerlei Lust-Moleküle in meine Blutbahnen ejakuliert, was dann meinen restlichen Körper oder eben meine Hand in Aktion treten läßt? Was passiert auf dem Weg vom Bild zum Auge zum Hirn. Warum und wie reizt uns etwas?

Ich blätterte noch einmal aufmerksam durch dieses lüstern machende Bilderbuch. Ich blickte auf Brüste, Hintern, Pussys, Hände, Rücken. Augen – oh ja, da gab es einen Augenblick, der es mächtig prickeln ließ. Ich ließ den Blick über die anonyme und wahrscheinlich graphisch bearbeitete Schöne schweifen bis zum Bauch, der ein wirklich süßer Bauch mit einem hübschen Bauchnabel inmitten makelloser reiner Haut war. Als nächstes schaute ich auf die Innenseite der dargebotenen Schenkel, auf das magische Dreieck, auf das magische Dreieck, auf das magische Dreieck. In diesem Moment fiel mir auf, dass ich meinen ausgehärteten Lustschwengel unbewusst in die Hand genommen hatte. Das ging zu schnell.

Also noch einmal zurückspulen die Emotionen; es muss doch rauszukriegen sein, was mich da Fahrt aufnehmen lässt. Nehmen wir diesen Bauch da vor mir auf dem Hochglanzpapier, diese sichtbar weiche Erhebung, ich weiß nicht warum, das ist mir die liebste Stelle zum Streicheln bei einer Frau. Mit einem Finger in Kreisbewegungen um den Bauchnabel herum fahren, sanft den Druck erhöhen, jetzt die ganze Handfläche über die Haut vibrieren lassen und spüren, wie der andere Körper unter meiner Hand erbebt.

Von der Handfläche wieder auf eine Fingerspitze wechseln und rauf zur Brust, zum Gesicht, die Nase, die Lippen, das Kinn, den Hals entlang wieder hinab zum Nabel und mit einer immer langsamer werdenden Bewegung weiter hinab bis zum Venushügel, dessen Name schon reine Erotik ist. Die Wärme hier spüren, die Feuchte. Mein Zeigefinger krümmt sich, um in die Spalte zu dringen ... meine Lenden zucken. Als wäre sie live, die Königin der Nacht.

Aber Moment. Ich sehe, was ich mir ersehne, ich stelle mir vor, was ich mir zu tun wünschte, ich spüre, was ich zu fühlen begehre, ich denke, was zur Realität werden soll. Und da ist ein Echo in meinen Fingern und in meinem Kopf von echten Erinnerungen, von wirklichen Berührungen fremder Haut. Ist das das Geheimnis der Erotik und der Funktionsweise der Onanie? Wir stellen uns vor zu ficken, wir begehren einen anderen Körper, und unser eigener Körper erinnert sich mit allen seinen Milliarden Zellen an genau so eine Aktion, bei der der Genuss vollkommen war. Ist es diese Mischung aus Erinnerung und Erwartung, die uns geil werden lässt?

Wenn dem so wäre, wie war es da aber als Kind, als man eine partnerschaftliche sexuelle Erfahrung noch gar nicht hatte? Geil war ich auch da und habe onaniert. Was wollte mein Körper da in meinem Kopf und meiner Hand reproduzieren? – Ich versuchte, mich wieder zu einem Zehnjährigen zu machen – und ich sah die Tina. Ich habe sie zweifellos begehrt; und ich habe sie zweifellos viele Male beim Spiel berührt, ihre junge Haut gespürt. Und davor, die Zärtlichkeit meiner Mutter, meiner Schwestern, die mit mir schmusten und kuschelten. Das Reiben von Haut auf Haut, schon vom Baby-Sein an, doch, ich bin mir sicher, das ist der Beginn aller unserer erotischen Erlebnisse; wobei das mit Sexualität im eigentlichen Sinne wirklich nichts gemeinsam hatte. Es legte nur die Basis dessen an Empfindungen, was sich beim Heranwachsenden bis zum Bedürfnis nach Sex hinein steigert.

Und richtig; ich hatte einmal einen Text gelesen, wonach die Hopis oder Navajos, nordamerikanische Indianer, in der Zärtlichkeit für ihre kleinen Kinder soweit gingen, dass sie ihnen die

Geschlechtsteile streichelten, um die Kleinen zu trösten oder zu beruhigen. Oder die Kultur der Trobriander auf irgendeinem Südseeatoll. Bei denen durften auch kleine Kinder ein freizügiges, von den Erwachsenen wohlwollend toleriertes Sexualleben führen. In ihren Spielen und Zeitvertreiben befriedigten sie ungehemmt ihre sexuellen Bedürfnisse.

Eine spannende Erkenntnis der Ethnologen in diesem Zusammenhang: Kulturen, die nicht nur ihre Kinder verwöhnen, sondern auch deren sexuelles Verhalten nicht beschränken, sind zu 100 Prozent frei von schwerer körperlicher Gewalt, außerdem reich an künstlerischer Entfaltung und frei von einer moralisch dominanten Religion. Die beschriebene Offenheit der Eltern mit der Sexualität ihrer Kinder bei diesen Naturvölkern würde allerdings heute in unserer Gesellschaft sicher nicht mehr toleriert werden, aber es zeigt doch, dass wir Menschen mit der Zärtlichkeit an sich von Kindertagen an unsere eigene Sexualität ausdrücken und erleben.

Aber zurück zu meinem Porno-Band hier auf meinen Knien. Ich sehe also die Haut der Frau, ich spüre, in meinen Händen von innen heraus, wie sie sich anfühlen würde, wenn ich sie wirklich und wahrhaftig streicheln könnte, ich atme die Wärme ihres Körpers, versenke mich mit allen Sinnen in ihren Schoß, rieche den milden Duft ihrer rosigen Scham und versuche mit der Zungenspitze den kleinen elektrischen Punkt zu erwischen, der den schönen Körper erschüttern läßt.

Doch, es ist wahr; die Illusion ist perfekt, zumindest fast. Es passiert alles nach meinen Wünschen, gestützt durch die Dinge, die meine Augen sehen und ein wohliges Echo in meinen Nervenwindungen erzeugen.

Vielleicht ist doch nicht unser Kopf unser größtes Sexualorgan, sondern unsere Haut. Sie führt uns schon als ganz kleines Kind in die Geheimnisse der zwischenmenschlichen Beziehungen ein und offenbart uns im weiteren Verlauf unseres Lebens die Mysterien der Fortpflanzung und der damit zusammenhängenden vielfältigen angenehmen Begleiterscheinungen, zu denen letztlich ja auch die Onanie gehört.

Und obwohl ich hier auf dem Sofa gerade ganz unheilige Dinge tue, fiel mir wieder die Bibel ein mit den netten Geschichten zu den spirituellen Ursprüngen unseres Menschseins. Heißt es in der Genesis nicht von Adam und Eva, nachdem sie vom Baum der Erkenntnis gegessen hatten: »Da wurden ihrer beiden Augen aufgetan, und sie wurden gewahr, dass sie nackt waren, und flochten Feigenblätter zusammen und machten sich Schürze.« (1. Mose, 3;7) Sie nahmen also ihre Nacktheit, die Blöße ihrer Haut wahr, als sie den Unterschied zwischen Gut und Böse erkannten, Dank ihres unerlaubten frugalen Mahles. Das Sehen der nackten Haut als Schlüssel zu dem, was in der Folge schlicht »Sünde« genannt werden sollte, und doch das ist, was letztlich unsere Art erhält.

Aus dieser (christlichen) Perspektive macht es durchaus Sinn, dass viele Moslem-Frauen sich verschleiern oder sich auch die Nonnen in so weiten Gewändern verstecken. Es ist der Blick auf die Haut, der die Geilheit weckt; und es ist die Sehnsucht nach ihrer Berührung und der damit möglichen körperlichen Verzückung, was die Geilheit weiter steigert. Auch hier können die Christen von den Moslems lernen, bei denen die Scham regelmäßig rasiert wird, um die Lust im Ehebett zu steigern. Freier Blick und Griff auf die Haut zur Maximierung der Lust. Und im Kamasutra heißt es doch auch, dass Mann und Frau sich regelmäßig den ganzen Körper rasieren sollten, um den Genuss am Sex wahrlich auf die Spitze zu treiben.

Womit ich wieder bei meinem Heftchen wäre. Auch hier gibt es, soweit ich das beim Hin- und Herblättern überblicken kann, keine behaarte Scham. War das unbewusste Bild-Choreographie oder geschäftsmäßiges Kalkül der Porno-Macher? Wie auch immer, das war jedenfalls bisher reichlich nackte Haut als Stimulans in starren Bildern, nehmen wir jetzt also mal den Porno mit bewegten Bildern und schauen wir, wohin ich schau. Ich warf also die Cassette ins Videogerät ein, startete den Film und sehe eine Frau sich nach ziemlich kurzer Zeit langsam und vollständig entkleiden. Na klar, auch das Phänomen des Striptease lässt sich mit der Bedeutung der Haut erklären: Uns wird nach und nach immer mehr von der oberflächlichen Stimulanz dargeboten, die sprichwörtlichen Reize der Frau branden in unsere (Männer-)Augen und steigern die Lust und das Verlangen.

Ich schaue wieder auf meine vertrauten Fetische, doch die gesteuerte Imagination wird gelenkiger, variantenreicher, deutlich feuchter. Ich will nicht mehr nur schauen und geben, sondern genommen werden und genießen. Ich tauche ein in diesen Rausch und lasse meine Sinne auf das Angenehmste sieden in diesem grenzenlosen Verlangen. Ich habe einen Heidenspaß in meinem nackten Treiben und danke der Schlange zwischen meinen Beinen für die unendliche Lust, die sie mir hier bereitet.

Diese Tage – oder besser Abende – alleine daheim waren also angefüllt mit den so ziemlich spannendsten Experimenten, mit denen ich die Onanieologie bereichern konnte. Ich kam mir glücklich und wissend, befriedigt und weise vor; ich fasste den Entschluss für mein weiteres Leben, mein bisher allenfalls als Gaffen auf nacktes Fleisch zu bezeichnendes ständiges Stimulieren künftig weitestgehend zu kultivieren, um die Hoheit der Lust mir allüberall gefügig zu machen. Ich wusste jetzt, wie diese vielen Tausend täglichen Lustfragmente, die unsere Sinnlichkeit in jedem Moment unseres Lebens von den Augen her überfluten, funktionierten. Ich hatte jetzt mit dem Wissen die absolute Macht gewonnen über meine eigene Sexualität, ich war nicht mehr ein Getriebener, sondern ein umfassend Illuminierter. Ich wusste jetzt, wie meine Sexualität in allen Phasen vom ersten Reiz bis zum heftigsten Orgasmus funktionierte; und ich war absolut gewillt, dieses Wissen künftig mit allen Konsequenzen und ohne Kompromisse für mich einzusetzen.

Aber erst einmal war es wichtig, die kleinen heißen Hilfsmittel meiner autosexuellen Leidenschaft sehr gut zu verstecken, um die Aristokratie meiner geheimen Errungenschaften nicht durch das Proletariat der Entdeckung zu entzaubern.

Dieser Spaß war mein Spaß, und meiner Frau konnte es ja nur recht sein, dass ich sie lediglich mit Bildern betrog, und nicht mit Menschen aus Fleisch und Blut. Es war ja nicht so, dass ich in meiner Ehe irgendetwas vermisste, was ich meiner Frau hätte vorwerfen können; mein Forscherdrang seit Kindertagen und mein Spieltrieb waren nur stärker, als ich es glaubte meiner Frau zumuten zu dürfen.

Also packte ich die kleine heimliche Sammlung in meinen alten Aktenkoffer, stellte den für die Zukunft sicher unter den Schreibtisch in meinem Arbeitszimmer – und hatte künftig immer häufiger unglaublich viel an meinem Computer und zwischen meinen Akten zu arbeiten. Es begann eine ungemein produktive Phase meiner abenteuerlichen Entdeckungen, in der ich sehr präzise ausjustierte, wo genau meine sexuellen Vorlieben lagen und wie meine bevorzugten Fetische im Detail funktionierten. Ich war ziemlich stolz auf meine unglaublich erfolgreiche Schaffensperiode, zumal ich immer öfter realisierte, wie sich meine Forschungsergebnisse aus dem geheimen Kontor auch positiv – wenn auch vergleichsweise immer seltener – auf meine Leistungen auf dem ehelichen Lager auswirkten, weil ich lernte, was mir gut tat und es augenblicklich auch in der Partnerschaft umsetzen konnte. Die Qualität wuchs quasi, auch wenn die Quantität spürbar nachließ; aber das war doch wohl ein angemessenes Opfer für die Hoheit des ultimativen Sex.

Gleichwohl war es natürlich so, dass neben normaler Arbeits- und Schlafenszeit tatsächlich auch nur noch die Abendstunden und die Wochenenden für meine aufwendigen Recherchen in meinem Arbeitszimmer zur Verfügung standen, die allerdings mittlerweile auch eine deutliche Bereicherung durch die Möglichkeiten des Internets gefunden hatten. So ließ es sich leider nicht vermeiden, dass die einsamen Stunden in meinem Arbeitszimmer immer mehr zum Regelfall des Familienlebens wurden, ein Opfer, von dem ich aber glaubte, es mit Blick auf meine fortgesetzte sittliche Reifung unbedingt bringen zu müssen, um auch weiterhin in diese faszinierenden Geheimnisse des Lebens eindringen zu können.

Etwas war anders zwischen uns. Mein Mann verbrachte immer öfter seine Abende in seinem Büro in unserem Haus, während ich alleine schmachtend und zugegebenermaßen mittelschwer frustriert die Laken unseres Ehebettes durchwühlte. Wüste Gedanken schossen mir durch den Kopf. Hatte ich mich nach der Geburt unseres zweiten Kindes so sehr verändert? War ich für ihn unattraktiv geworden? Hatte er auf einer der zahlreichen Außentermine eine Andere kennengelernt, die ihm nun nicht mehr aus dem Gedächtnis ging? Warum hielt er sich so oft von mir fern? Es gab da ein Geheimnis, das war mir klar. Und ich bin nun mal eine Frau, die gerne weiß, was die Stunde geschlagen hat. Ich hasse es, im Ungewissen zu leben.

Also stellte ich meine Nachforschungen an. Das Arbeitszimmer musste ein Geheimnis bergen, also begann ich dort bei der nächsten sich bietenden Gelegenheit mit meiner Suche. Das, was die zahlreichen Schubladen und Regale ergaben, war nicht sehr aufregend, es gehörte alles hierhin. »Was suchst du denn eigentlich?« Diese Frage stellte ich mir nicht nur einmal. Ich suchte einfach nach einer Antwort, obwohl ich nicht einmal die Frage auf meine geheimen Ängste konkret formulieren konnte. Also suchte ich einfach weiter. Da stand der alte Aktenkoffer, schon vor einiger Zeit ausgemustert, unter dem Schreibtisch. Ob ich hier etwas – irgendetwas – finden würde? Der Koffer war – sehr zu meinem Erstaunen – abgeschlossen. Hoppla! Axel hatte also tatsächlich etwas vor mir zu verbergen.

Nun kannte meine Neugierde kein Halten mehr. Ich zog das verdächtige Arbeitsutensil hervor und machte mich daran, die Zahlenkombination der Schlösser zu knacken. Nach nicht einmal zwei Minuten gab der Koffer sein Geheimnis preis (Männer sind manchmal ja so einfallslos). Ich klappte den Deckel zurück – und war schockiert. Ich weiß nicht, was ich erwartet hatte, aber das hier jedenfalls nicht. Eine schillernde Pornosammlung hielt ich in den Händen. Ich blätterte die Zeitschriften durch und war verwirrt. Ich war verletzt, fühlte mich betrogen, von diesen beneidenswert gut gebauten Frauen, die sich in den akrobatischsten Verrenkungen seitenweise auf dem Hochglanzpapier rekelten, von den Entdeckungen, Erfahrungen, die der Mann, von dem ich dachte, dass er glücklich sei in unserer Ehe, der meiner Meinung nach nichts entbehren musste in unserer sexuellen Beziehung, mein Mann eben, einfach nur für sich alleine in Anspruch genommen hat. Er hat mich ganz bewusst aus dieser Welt ausgeschlossen. Ich war beleidigt.

Aber, ehrlich gesagt, nicht nur beleidigt. Ich wollte auch das Warum begreifen. Ich wollte mir diese Pornos, die Hefte, wie auch das Video, ansehen. Zu rein psychologischen Zwecken natürlich. Also wartete ich bis zum Abend, Axel war auf Geschäftsreise (was hatte er sich wohl in seinem Aktenkoffer so mitgenommen, außer den erforderlichen Arbeitsunterlagen?), die Kinder schliefen, ich war ungestört. Also machte ich es mir vor unserem Fernseher bequem und schaute gebannt auf den Bildschirm. Ich hatte mir bis dahin noch nie einen Porno angesehen. Dass es hier nicht auf die Story ankommt, sondern auf das Zeigen, beziehungsweise Sehen von möglichst viel nackter Haut in möglichst kurzer Zeit, war mir schon vorher klar, trotzdem war mir das ganze weibliche Rumgeficke ohne Austausch von Zärtlichkeit, ohne Romantik und Kerzenschein suspekt.

Ich versuchte, mir das Ganze so objektiv wie möglich zu betrachten. Viel nackte Haut, sexuell anregende Stellungen, die mir aber allesamt eigentlich sehr vertraut vorkamen, Erinnerungen an schöne Stunden im Ehebett (in der Küche, im Wohnzimmer ...), an Zärtlichkeit, an wohlige Schauer, die bei diesen Erlebnissen meinen Körper durchströmt hatten, an Hände, die mich streicheln, an Haut, die sich an meiner reibt.

Ja, ich muss zugeben, dass diese Bilder mich erregten, trotzdem konnte ich nicht begreifen, warum ihr Anschauen dem Sex mit mir vorzuziehen war. Ich war nun zwar erregt, aber leider nicht schlauer als vorher.

Tausend Gedanken kreisten durch meinen Kopf. Hielt er mich für prüde? Fand er mich hässlich, abstoßend und musste sich vielleicht erst mal mit Hilfe seiner Pornos aufgeilen, bevor er mit mir schlafen konnte? Liebte er mich am Ende gar nicht (mehr), sondern war nur aus Gewohnheit noch mit mir zusammen? Ich wollte versuchen zu verstehen, was da passiert war und warum. Ich stürzte in eine richtige Krise, kam mir minderwertig vor, hätte laut schreien können, als ich abends mal wieder den vertraut-verhassten Satz, »Ich hab' noch im Büro zu tun«, zu hören bekam. Ich zog mich in mein Schneckenhaus zurück und übte schonungslose Selbstkritik: Du bist nicht hübsch, dein Busen ist zu klein, du bist keine Sexbombe wie die aus den Pornos; du bist oft müde und ausgelaugt wegen der beiden kleinen Kinder ...

Eine Leere und tiefe Traurigkeit machte sich in mir breit und ich hatte nun absolut keine Lust mehr auf Sex. Wenn mein Mann mich nicht so lieben konnte, wie ich war, dann musste er sich halt eine suchen, die seinen erotischen Phantasien entsprach. Ich wollte mich nicht für jemanden ändern, der lieber in seinem Büro saß und sich einen runterholte, als mit mir zu schlafen! Was bildete der Mann sich denn ein? Nur, dass ich richtig verstanden werde: Nicht, dass mein Mann onanierte, hat mich so verletzt und zur Weißglut gebracht, sondern seine Heimlichkeiten. Er wollte etwas Neues, also hätte er doch wohl mit mir darüber reden müssen, oder nicht!?

Ich war jetzt, einige Tage nach meiner Entdeckung nur noch wütend und hielt alle Männer für krank. Eines Abends, als wir tatsächlich mal wieder gemeinsam in unserem Ehebett lagen und mein Mann sich ganz offensichtlich über diese Tatsache freute ..., bekam er die ganze Bandbreite des Gefühlschaos, das in mir tobte, zu spüren. Ich ließ meine ganze Wut, meine Traurigkeit, mein Unvermögen, ihn zu verstehen, in einer geballten Ladung Aggression an ihm aus. Ich wollte ihm klar machen, was er uns beiden da angetan hatte. Er sollte begreifen, dass er uns mit seinen Heimlichkeiten aus unserem ganz privaten, intimen Paradies vertrieben hatte.

Natürlich war klar, dass Axel eine Erklärung für sein Verhalten parat hatte. Ich glaube ihm aber schließlich, dass er mich mit seinem Drang, sich diese Pornos anzusehen, um seine starke Neugier auf »was anderes« zu befriedigen, nicht verletzen wollte und er sich deshalb auf die Heimlichkeit verlegt hatte. Ich weiß, dass ohne Erneuerungen und ungewohnte Aufregungen die Langeweile in einer Beziehung unweigerlich Einzug halten würde. Und ich konnte nachvollziehen, dass er wohl zu feige war, einfach nach Hause zu kommen und zu sagen: »Hallo, Schatz, kuck mal, ich hab uns einen Porno für heute Abend mitgebracht.« Das wäre zwar wohl besser gewesen, aber eine Partnerschaft, die einem wertvoll ist, ist ja auch ein zerbrechliches Gut, mit dem man instinktiv sehr vorsichtig umgeht. Man konnte Axels Tat so oder so sehen: als vorsätzliche Heimlich-

keit, mit der er mich betrog, oder als naive Neugier, mit der er mich nicht verletzten wollte.

Doch die Frage, die mich eigentlich viel mehr interessierte, war nun, inwieweit hatten sich all diese Frauen von den Hochglanzseiten in sein Gehirn geschlichen, wenn er mit mir zusammen war. War ich es, die ihn erregte, oder war es seine Vorstellung, dass eine der Frauen aus dem Fernseher in sein Bett geschlüpft war? Spielte er mit mir all diese Stellungen durch und dachte dabei aber vor allem an die Playmate des letzten Monats? Ist es ein Vertrauensbruch, sich an anderen, fremden Menschen zu erregen, und diese Erregung und Lust dann zusammen mit seinem Partner auszukosten? Frei nach dem Motto »Appetit holt man sich woanders, gegessen wird zuhause«?

Sind die Gedanken wirklich frei und gehorchen sie tatsächlich meinem Willen? Habe ich unter Kontrolle, welche Bilder sich in mein Bewusstsein schleichen, wenn ich, sei es durch meinen Partner oder durch meine eigenen Hände, erregt bin? Ich war gezwungen, mich nun offensiv mit diesen Fragen und den verschiedenen Antworten darauf auseinanderzusetzen und auch für mich einen Weg zu finden, die offensichtlichen Bedürfnisse meines Partners zu akzeptieren und damit umzugehen und sie nicht einfach nur zu verurteilen.

Und es war ja so: Auch mich hatten die Bilder aus dem Koffer auf eine gewisse Weise erregt und manche von ihnen hatten sich, so musste ich zugeben, in meine eigenen Phantasien geschlichen. Vielleicht könnten wir es tatsächlich schaffen, uns nun gemeinsam eine neue Partnerschaft aufzubauen, indem wir über diese Pornos offen redeten, über das, was sie bewirkten, auch über das Onanieren und seine Bedeutung für jeden von uns beiden. Und das, was als bis dahin größter Frust meines Lebens begonnen hatte, wurde zu einem vorbehaltlos offenen Gespräch über die Bedürfnisse und Neigungen von uns beiden, in dem wir – um diese Krise zu meistern – jeweils viel, viel mehr von uns preisgaben als in zahllosen Gesprächen zuvor.

Aber jeder von uns musste sich auch damit auseinandersetzen, dem jeweils anderen künftig mehr Freiräume zu gestatten, wenn dieser sie für sich und sein Leben brauchte, ohne dass man selbst sich dadurch sofort verletzt fühlen durfte. Ich wusste, da wartete ein schweres Stück Arbeit auf mich. Ich glaube aber, es ist uns letztlich gelungen, wenn auch nicht direkt an diesem ersten Abend der großen Aussprache. Manche Dinge brauchen etwas länger, werden nach einiger Zeit aus den Augen verloren, sogar vergessen, tauchen dann aber doch irgendwann wieder auf und wachsen schließlich stark und unangreifbar für Außenstehende.

9. TECHNIKEN UND HILFSMITTEL

Somit war mein zweites Coming-out deutlich heftiger und intensiver sowie mit nachhaltigeren Veränderungen für mein weiteres Leben verbunden als meine quasi erste öffentliche Premiere als Onanist damals während der Konsultation bei Dr. Beske. Es war der schmerzhafte und sicher auch verwirrende Schritt durch den Spiegel unserer Ehe, den wir da wagten, meine Frau und ich. War es Betrug am Partner, wenn man heimlich neben oder abseits von ihm onanierte, sich dazu aufheizen ließ durch kleine Hilfsmittelchen; oder war es legitimer Freiraum, den der Partner auszuhalten und zu akzeptieren hatte?

Es war gut für unseren konkreten Fall, dass der Frevel meiner Heimlichkeit im Arbeitszimmer und sonstwo aufgewogen wurde durch die Neugier meiner Frau beim Durchforschen meiner Sachen. So konnten wir uns schneller um das eigentliche Thema kümmern: Wie funktioniert unser beider Sexualität? Für mich war das Bindeglied zwischen meinen frühkindlichen autosexuellen Studien, meinen systematischen Erkundungsreisen unter der eigenen Bettdecke, den später dazugekommenen geilen Bildern in meiner bisher heimlichen Sammlung, der selbst erzeugten Lust und dem ehelichen Bett schlicht und einfach: die Haut – und zwar die Haut meiner Frau, an die sich meine Haut und meine Nerven und mein Hirn nun mal mit den Jahren am intensivsten erinnern konnten. All die künstlichen und versteckten Reize meiner Sinne riefen für mich vor allem immer das Echo der großen Liebe meines Lebens hervor. Für mich war das Ganze nicht Betrug an der Ehe, sondern deren Multiplikation. Ich hätte nur den Rat, den ich meinem Vater gab, eher selbst berücksichtigen sollen.

Aber auch so stellte sich der prognostizierte Effekt unweigerlich ein, auch wenn meine Frau und ich es uns ungleich schwerer machten, das Thema anzugehen, als wenn wir ganz am Anfang einfach begonnen hätten, über unsere Bedürfnisse zu reden. Der schonungslose Umgang mit der Wahrheit, mit dem heimlichen Masturbieren im Ehebett, im Hotelzimmer, auf dem Klo und überall sonst, wo uns die Lust überkam oder wir uns überkommen lassen wollten, festigte das Vertrauen zueinander. Und da der jeweils andere lernte, was man selbst sich in der Lust so alles wünschte, und genau dies bei nächster Gelegenheit gerne gab, steigerte sich auch die Befriedigung im Ehealltag spürbar. Jeder wusste, der andere toleriert, was man tat; die Heimlichkeit verschwand und viele Mißverständnisse, die es sonst im Umgang miteinander gab, lösten sich einfach in Wohlgefallen auf.

Es war schön, so befreit von Ängsten den Aufstieg zu den nächsten Erkenntnisstufen in der Onanieologie zu wagen. Keine Angst mehr vor Entdeckung, denn der Partner wusste ja und tolerierte, half sogar gelegentlich mit, bei den noch offenen Studien zum ultimativen Orgasmus-Solo. Das eheliche Schlafzimmer wurde nun zur gern genutzten Studierkammer, während mein eigentliches Arbeitszimmer zusehends verwaiste.

Eine erste Fragestellung, der ich mich hier im Angesicht meiner Partnerin zu stellen hatte, war die nach der Art und Weise, wie ein Junge den heterosexuellen Geschlechtsakt eigentlich praktisch simulieren konnte. Damit hatte ich das erste Mal Gelegenheit, über die Ergebnisse meiner autosexuellen, systematischen Studien zu referieren; was ich dann auch, gelegentlich unterbrochen durch durchaus praktisch zu nennende Vorführungen, nun tat, ab und an auch noch erstaunend feststellend, dass ich eine ebenso kundige Zuhörerin wie Mittäterin hatte. Nun, bei so viel Sachverstand war sie absolut würdig, zu meinem bisher nur mir zugänglichen Wissensschatz Zugang zu bekommen. Also erzählte ich ihr, auf welche

Weisen es sich ein Junge meines Wissens nach alles selber besorgen konnte.

Nun, da war als erstes die klassisch zu nennende Methode, die wohl jeder Mann schon einmal in seinem Leben ausprobiert hat (es fällt mir schwer zu glauben, dass nicht auch der Papst in seiner göttlichen Allwissenheit sich dieses Wissen nicht auch praktisch erwarb).

Beim klassischen Wichsgriff umklammert der Mann seinen steifen Penis von unten her mit der ganzen Hand und zieht sie dann vor und zurück entlang des Gliedes. Je nachdem wie Mann den Druck und die Geschwindigkeit variiert, wächst die Erregung. Wer eine Vorhaut hat, kann die natürlich gleich mit hin- und herschieben und durch sie die entscheidende Reizung der empfindlichen Nervenzellen vor allem vorne auf die Eichel ausüben. Wer als Mann beschnitten ist, läßt den Druck der Finger unmittelbar auf die Eichel wirken.

Besser noch geht das Ganze, wenn mit Spucke oder Öl die Gleitfähigkeit von Hand und Haut erhöht wird; wer sagt denn, dass der manuelle Fick auch monoton sein muss; auch hier sind alle Spielereien erlaubt, die man unbedingt einmal ausprobieren will. Das gilt übrigens auch für die Orte, die man sich zum Onanieren aussuchen will. Es muss wirklich nicht immer unter der eigenen Bettdecke sein, auch wenn man da natürlich am meisten Ruhe für diese gute alte Handarbeit hat.

Wer den Thrill von ungewohnten Örtlichkeiten für sein Handwerk liebt, der sollte allerdings stets das Strafgesetzbuch im Kopf behalten, schließlich gilt ja – wie bereits weiter oben erwähnt – das Onanieren in der Öffentlichkeit als Erregung nicht nur des eigenen Körpers, sondern auch des öffentlichen Ärgernisses. Trotzdem kann es ziemlich prickelnd sein, ohne hinderliche Unterwäsche in seinen Hosen zu stecken und sich zum Beispiel durch die Hosentaschen zu massieren. Aber Vorsicht: Nicht die Gesichtszüge entgleiten lassen; das könnte sonst zu ziemlich delikaten Situationen führen.

»Und – hast du das auch schon gemacht?« Meine Frau wollte wirklich alles wissen. »Doch, aber da war ich noch ein bisschen jünger und hatte mehr Zeit für solche Spielereien. Ich erinnere mich noch sehr genau, wie ungemein erregend das war, das sich vergrößernde Glied in der Jeanshülle zu spüren.« Allerdings war das zu einer Zeit, als ich noch nicht wusste, wie es mit einer Partnerin zusammen sein würde. Das Verlangen war unbändig, und ich hatte tatsächlich nur mich für diese Art von Experimenten. Wobei – ich nahm mir vor, bei einer passenden Gelegenheit diese Spielerei auch einmal mit meinem Mädchen auszuprobieren. Ich musste bei der Vorstellung bereits sehnsuchtsvoll schmunzeln.

»Wir Frauen haben's da doch wirklich einfacher als ihr Männer. Euch sieht man die Erregung eher an als uns.« Wenn wir Frauen wollen, können wir zu jeder Zeit, an jedem Ort der Welt onanieren, ohne dass jemand es merkt! – Vorausgesetzt, Frau hat ihre Atmung unter Kontrolle. Wie das mit dem Autosex funktioniert? Ganz einfach: Das Geheimnis ist der Beckenboden. Schade nur, dass viele Frauen überhaupt nicht wissen, dass sie so etwas Tolles haben, beziehungsweise, was sich damit machen lässt. Spätestens, wenn eine Frau jedoch einen Kurs zur Geburtsvorbereitung bei einer fähigen (!) Hebamme besucht, wird sie in die wundervolle Welt der Beckenbodengymnastik eingeweiht.

»Eine Frau, die ihre Beckenbodenmuskulatur aktiv einsetzen und kontrollieren kann, hat's nicht nur etwas leichter bei der Entbindung, sondern auch besseren Sex und einen intensiveren Orgasmus.« Diese Aussage stammt nicht aus irgendeinem Lehrbuch oder Ratgeber, sondern von meiner eigenen hochgeschätzten Hebamme während eines solchen Vorbereitungskurses. Um den Wahrheitsgehalt ihrer eigenen Worte noch zu unterstreichen, berichtete sie uns unförmigen Schwangeren denn auch gleich von ihrem allerersten eigenen Orgasmus, der sie beim Mofafahren (!) ereilte!

Die Reaktionen aus den Reihen von uns werdenden Müttern auf diese unerhörte Mitteilung waren breitgefächert, von unangenehm berührt über ungläubig bis – ich möchte sagen – neidisch. Ich war vor allem neugierig, wie so etwas vonstatten gehen konnte. Ich bin selber einige Jahre auf einem motorisierten Zweirad durch die Weltgeschichte gereist, aber sexuell befriedigt hatte mich das in keinster Weise. Also ging ich, als der Kurs zuende war, zu der guten Frau (Fee) hin, die mich angrinste und wissen wollte, ob ich schockiert sei. Ich konnte guten Gewissens verneinen und gestand ihr meine Neugier und ließ mich über ihr »Geheimnis« aufklären: Durch das abwechselnde An- und Entspannen des Beckenbodens konnte eine Frau sich nicht nur sexuell erregen, sondern dabei auch zum Orgasmus gelangen.

Zugegeben, es wird nicht auf Anhieb klappen, doch mit einiger Übung kann Frau sich tatsächlich jederzeit diesem wohligen Gefühl hingeben, ohne Einsatz ihrer Hände. Zudem ist die eben genannte Übung auch aus medizinischer Sicht sinnvoll, beugt es doch einer Gebärmutter- oder Blasensenkung vor. Der gleiche Effekt wird übrigens durch das Tragen von sogenannten Liebeskugeln in der Vagina erreicht. Wenn's also beim nächsten Mal im Supermarkt an der Kasse wieder zu lange dauert, kann Frau sich auf diese Art die Zeit angenehm versüßen.

Da wir Frauen auch beim Sex nicht blind und taub sind wie unsere männlichen Mitmenschen, klappt es mit der Autoerotik in der Öffentlichkeit auch ganz gut. »Ach, darum geht ihr Frauen so gerne einkaufen!« So eine unqualifizierte Äußerung konnte nun ja nur von einem Neandertaler kommen. »Klar doch. Ich bevorzuge diese Technik aber eher, um mir lange Sitzungen, zum Beispiel Zugfahrten, so angenehm wie möglich zu machen. Da kann ich mich entspannt zurücksetzen, die Beine übereinanderschlagen, was den Effekt noch verstärkt, und mich meines Muskeltrainings hingeben. Für den ›kleinen Hunger zwischendurch‹ absolut brauchbar.«

Meine bevorzugte Technik zur Selbstbefriedigung war dem gegenüber die wohl eher langweilige Fünf-Finger-Technik, die man absolut nicht in der Öffentlichkeit einsetzen sollte und die eine Weiterentwicklung meiner in Südengland aus der quietschenden Not meines damaligen Mitbewohners heraus geborenen Drei-Finger-Technik darstellt. Dabei wird beim erigierten Glied mit den Fingerkuppen in einer wellenförmigen Bewegung abwechselnd Druck frontal auf die Eichel ausgeübt. Das ist, als wenn man einen geblasen bekommt, also für mich die »französischste« aller Onanietechniken.

Von der Wirkung her sicher zu vergleichen mit der klassischen Technik für uns Frauen, wenn wir mit den Fingern an der Klitoris die Schauer einer frechen Zunge simulieren; wobei zu sagen ist, dass weibliche Onanistinnen sicherlich mehr Wert auf zusätzliches zärtlichen Streicheln legen als ihre männlichen Kollegen, für die sich alles ja meist nur um den Joy-Stick dreht.

Mitnichten. Auch wir Jungs wissen die zweite, freie Hand zu nutzen. Zum Beispiel zur sogenannten Anus-Massage, bei der, soweit man – wie beim Klavierspielen – beide Hände zu unterschiedlichen Fingerfertigkeiten koordinieren kann, der Zeige- und der Mittelfinger der freien Hand unten hinter die Hoden gepresst wird, um sich dort zu streicheln oder mit mehr Druck zu massieren. Wer es mag und nicht entsprechend empfindlich ist, kann sich dabei natürlich auch einen Finger – oder mehr – in den Po stecken. Auch hier kann etwas Öl sehr hilfreich sein. Wie gesagt, in der Autoerotik gibt es keinerlei Restriktionen.

Aber natürlich streicheln auch Männer beim Onanieren je nach Neigung ihren Bauch, Brustwarzen oder Oberschenkel. Wie sonst auch, eignet sich jedes Körperteil zur zusätzlichen Stimulans. Besonders interessant dabei sind allerdings die Fußsohlen, die mit einer entsprechenden, parallelen Massage durch die freie Hand als ungemein erogene Zone funktionieren. Wobei, das sei zugegeben, man schon etwas beweglicher für eine solche Aktion sein sollte.

Allerdings kann man die zweite Hand auch direkt am Hebel zur Macht einsetzen. Bei der sogenannten Quirl-Technik zum Beispiel, bei der das erigierte Glied zwischen die beiden gestreckten Handflächen gelegt wird. Nun kann man die Hände gegenläufig am Penis entlangreiben, ganz so, als wenn man wie ein Steinzeitmensch mit einem Stock Feuer machen wollte. Allerdings ist es sehr schwierig, auf diese Weise wirklich zum Höhepunkt zu gelangen, womit sich diese Variante eher als Verzögerungstaktik eignet, um den Kick noch ein wenig länger hinauszuzögern.

Überhaupt steckt im Verzögern eine nette zusätzliche Pointe der Onanie. Wenn man es schafft, kurz vor dem Erguß den Akt zu unterbrechen, um ihn nach einer kurzen Weile, in der sich die Erregung etwas gelegt haben sollte, wieder fortzusetzen, dann wird schließlich, wenn man sich schier gar nicht mehr beherrschen kann, der Orgasmus um einiges intensiver ausfallen als der geradlinige Quickie.

Das gleiche gilt übrigens, wenn man sich – ob nun für sich allein oder zusammen mit einer Partnerin/einem Partner – ein freiwilliges Zölibat auferlegt. Ganz bewusst dem Trieb widerstehen, den Zeitpunkt der Befriedigung immer weiter hinauszögern, im klaren Wissen, dass es in der eigenen Macht liegt, sich doch irgendwann Befriedigung zu verschaffen, und so allmählich den Hormonspiegel ganz langsam immer höher schrauben, das wird den ersten Orgasmus »danach« zu einem wirklich außergewöhnlichen Erlebnis machen.

Ähnlich wie bei der Fußmassage gibt es noch einige weitere Onanie-Stellungen für den Mann, die ein gerüttelt Maß an Beweglichkeit vom Akteur verlangen. Da ist zum Beispiel die Fuß-Technik, die eigentlich die bereits beschriebene Quirl-Technik kopiert, allerdings unter Einsatz der Füße. Man sollte sich dafür auf den Boden oder auf einen bequemen, großen Sessel oder ein Sofa setzen, so dass man in einer dem Yoga ähnlichen Haltung den Penis zwischen den Fußsohlen reiben kann.

Wer dabei keine bleibenden Schmerzen in den Hüften verspürt, kann auch den Selbst-Fellatio versuchen, wobei man sich selbst mit dem Mund befriedigt. Glücklich, wer das schafft. Wer es zumindest versuchen will, sollte sich nackt auf den Rücken legen und dann versuchen, die Fußspitzen über den eigenen Kopf hinter die Schultern zu setzen. Dabei rollt man ganz automatisch auf die Schultern und die Fußspitzen dienen einem als Stütze. Ist alles gut gegangen und hat man sich bei dieser Prozedur nichts gezerrt, hat man jetzt seinen Schwanz direkt vor dem Gesicht und kann genüßlich zubeißen. Wenn es nicht gleich klappt, aber nur Millimeter fehlen, einfach weiter trainieren, bis die Wirbelsäule es doch mitmacht. Lohnen tut es sich auf jeden Fall, denn neben Es auch noch Sport zu treiben, schadet ja nie.

Ich könnte mir vorstellen, dass eine Frau mit einer entsprechend langen Zunge es auch schaffen könnte, sich auf diese Art zu befriedigen ... Meine ist dafür aber leider zu kurz.

In gewisser Weise ungefährlicher ist es, wenn man den Selbst-Fellatio auf einem Stuhl sitzend versucht. Bei dieser Variante muss man sich weit nach vorne beugen, um sich mit beiden Armen an den Stuhlbeinen festhalten zu können, um den Oberkörper noch ein bißchen mehr nach unten ziehen zu können. Und wieder hat man das eigene Objekt der Begierde direkt vor Augen und kann kraftvoll zubeißen.

Bei wem die Biegsamkeit nicht ganz bis zum Anschlag reicht, aber wer diese halbrunde Stellung trotzdem für eine weitere Spielart nutzen möchte, kann versuchen, ob ihm ein Cum-Shot ins eigene Gesicht gefällt. Ist nicht jedermanns Sache, aber es gilt unter denen, die es mögen, als absoluter Kult. Wichtig zu wissen ist aber für jene, die es noch nicht wissen, dass der Samenerguss ins Gesicht oder gar in den Mund absolut ungefährlich ist; allerdings ist darauf zu achten, dass das manchmal etwas salzige Sperma nicht in die Augen gerät; passiert es doch, brennt es zwar in den Augen, aber mit reichlich Wasser läßt sich die Irritation schnell wieder beseitigen. Bleibende Schäden braucht man nicht zu befürchten.

Wem das alles etwas zu unappetitlich ist, kann noch seine Grifftechnik nach Lust und Laune variieren, zum Beispiel, indem er Daumen und Zeigefinger zu einem Ring formt und diesen fickt. Für

Tennisfreunde gibt es außerdem noch die Rückhandtechnik. Dabei wird der Penis von oben her, mit dem kleinen Finger zum Körper, angefasst und dann die gewohnte Bewegung absolviert. Man kann auch die Hand drehen, um – wiederum von oben – mit Zeigefinger und Daumen zum Körper zur Tat zur schreiten.

Auch noch ziemlich witzig ist es, wenn man seine Arbeitshand möglichst starr an einer Tischkante oder am Waschbecken fixiert, um sie dann mit den gewohnten Bewegungen der Hüfte zu bumsen. Allerdings gelingt diese dann ziemlich realistische Simulation eines Ritts nur dann, wenn man es schafft, die Hand – oder beide Hände – möglichst unbeweglich zu fixieren.

Und dann gibt es da noch den Schenkelwichs, mit dem vor allem kleine Jungs entdecken, dass der Pieschmann deutlich mehr kann, als nur verbrauchte Flüssigkeit abzulassen. In der Hocke wird dabei das Glied zwischen den Oberschenkeln durchgedrückt und gerieben, in dem man sich wie bei Kniebeugen auf- und abbewegt. Wenn man etwas älter ist und nicht mehr so beweglich, geht diese Technik allerdings ziemlich auf die Knie; man kann dann versuchen, ob es im Sitzen klappt, wenn man sich entsprechend vorbeugt, um das steife Glied zwischen die Schenkel zu pressen und die entsprechende Bewegung auszuführen.

Ja, und schließlich haben wir da noch das weite Feld der sogenannten Hilfsmittel, allen voran den Dildo, den es – der Legende nach – mittlerweile sogar auf »Tupper«-Parties zu erstehen gibt. Diese Penisattrappe mit oder ohne Vibrationsfunktion ist natürlich vor allem für die Frau als kleiner oder auch größerer Lusthelfer gedacht; wer aber auch als Mann sich gerne dem Analverkehr öffnet, der wird genauso für sich schnell ein Anwendungsgebiet finden.

Dabei sind solche hervorstechenden Hilfsmittel zur Selbstbefriedigung tatsächlich um vieles älter als die heute so verbreiteten Plastik-Nachbauten, die es mittlerweile wirklich schon im etablierten Versandhandel gibt. Aus dem Griechenland der Antike, das sowieso auf sexuellem Gebiet auch aus heutiger Sicht ungewöhnlich tolerant war, berichten die Chronisten von sogenannten »Olisbos«, künstlichen Leder-Penissen, mit denen sich vor allem lesbische Frauen allein oder gegenseitig befriedigen konnten.

Den nachgemachten Phallus gab es aber aus allen möglichen Materialien in allen Epochen und allen Regionen. So waren im Vorderen Orient »Dildos« aus Stein zeitweise sehr beliebt, was entsprechende Funde belegen, aus dem alten China sind Selbstbefriediger aus Elfenbein bekannt und verschiedene afrikanische Stämme produzieren noch heute gebrauchsfertige Penisse aus Holz. Zwar wird je nach Forschungsstand der jeweilig für die entsprechende Forschung zuständigen Ethnologen die Darstellung des erigierten männlichen Geschlechtsteil vor allem kultischen Zwecken zugeschrieben; es scheint aber durchaus wahrscheinlicher, dass die geilen Teile auch zur praktischen Anwendung gelangten.

Ganz sicher weiß man das von jenen Variationen, die im 18. Jahrhundert in Frankreich in Form von Ledersäcken in Gebrauch kamen und aussahen wie Hoden und Penis. Jeweils mit heißer Milch gefüllt, sollen sie ziemlich »gefühlsecht« zum Einsatz gekommen sein. Und von Katharina de Medici wird die Anekdote erzählt, dass sie im 16. Jahrhundert in ihrer Heimat in Italien durch Zufall ihren vergnügten Hofdamen auf die Schliche gekommen sei, die in Koffern gleich eine Unmenge sogenannter »passatempos« versteckten: Penisse aus venezianischem Glas, die zum bestimmungsgemäßen Gebrauch mit warmem Wasser gefüllt wurden.

Heute sind all diese Relikte nur noch in einigen privaten Kabinetten oder gelegentlich auch in Museen zu finden, allerdings sollte man den dann üblicherweise zu züchtigen Beschreibungen nicht unbedingt trauen. Wer selbst bereits einmal einen Dildo oder »Godemichés« im Einsatz hatte, kann getrost seinem gesunden Menschenverstand vertrauen und die funktionale Zuordnung der Ausstellungsstücke für sich selbst übernehmen; wieso sollte, was für uns heute gilt, nicht auch für die Menschen in anderen Kulturkreisen gelten?

Soweit die Dildos. Für das männliche Klientel bieten Sexshops schon seit vielen Jahren aufblasbare Kunststoffpuppen an, früher »Seemannsbraut« genannt. Diese haben üblicherweise eine Öffnung in Form und Größe einer weiblichen Scheide, zudem Gummi-Brüste und teilweise auch eine Öffnung als Ersatz für einen Mund. Solche »sex-dolls« sind für eine gehobene Käuferschaft mittlerweile komplette Kunstobjekte, die mit Techniken, wie sie aus dem Requisitenbau des Filmes her bekannt sind, als gebrauchsgerechte Wunsch-Partnerin hergestellt werden. Die lebensgroßen Nachbauten sind mit der Wunschfigur ausgestattet, haben Echt-Haar in der Wunschtönung an den gewünschten Stellen und können dank ausgefeilter Mechanik in jeder denkbaren Position eingesetzt werden. Allerdings ist dieser Spaß nicht ganz billig, die Wunschpartnerinnen, die von einem ständig wachsenden Kreis von Interessenten meist nach unerreichbaren, lebenden Vorlagen geordert werden, kosten zwischen zehn- und zwanzigtausend Dollar, je nach Präzision des Werkes und der bestellten »Ausstattung«.

Es sei allerdings auch erwähnt, dass – zumindest gerüchteweise – allein in Deutschland jedes Jahr mehr als hundert Männer dadurch zu Tode kommen, dass sie in selbstgebauten, oft hochkomplizierten Selbstbefriedigungs-Apparaten ersticken. Belegte und grausame Wahrheit ist jedoch, dass Männer unter keinen Umständen womöglich einen Staubsauger als Ersatz für eine zur Selbstbefriedigung ebenfalls im Sexshop erhältliche Penispumpe benutzen sollten. Berichte über Selbstkastrationen, verursacht durch die Saugkraft der Vampirette, beruhen tatsächlich auf wahren Begebenheiten.

Wem die Luxus-Gummipuppen zu teuer und zu irreal sind oder die Vampirette zu gefährlich, der oder die kommt auch mit einem einfachen handelsüblichen Duschkopf schon ziemlich weit. Sowohl Frauen wie Männer, Mädchen wie Jungs können sich mit dem nach Bedarf zu dosierenden Wasserstrahl stimulieren, wobei der Effekt noch einmal gesteigert werden kann, wenn man einen verstellbaren Duschkopf hat, der die Strahlstärke variieren läßt. Noch ein bißchen heftiger wird das Ganze, wenn man in einer bereits mit warmem Wasser gefüllten Badewanne sitzt und die bereits vorgewärmten hocherogenen Zonen mit dem zusätzlichen Wasserstrahl bearbeitet.

Ja, und dann kann man natürlich die von faden Diäten her bekannten Obst- oder Gemüsetage gelegentlich einmal lustvoll abwandeln – auch für sich ganz allein. Den größten Spaßfaktor kann Frau dabei sicherlich der Banane zuschreiben, die in ihrer Form und Wirkung einfach witzig ist. Aber auch Gurken, Rettich und Karotte sind ganz aparte Requisiten für ein richtig verspieltes Solo auf dem Küchentisch. Männer haben vor geraumer Zeit in der Obstschale die Melone für sich entdeckt, nachdem im Hollywood-Streifen »American Pie« die Jungs ihren Steifen an solch verbotenen Früchten versuchten. Mittlerweile haben sich zumindest im New York der Zeit vor dem Ground Zero rituelle Jungens-Treffs in einschlägigen Diskotheken herausgebildet, bei denen in richtigen Wettbewerben die Sieger im Melonen-Fick ermittelt werden. Wer es selbst probieren will, sollte darauf achten, dass die Melone der Begierde nicht zu sehr gekühlt ist; es würde sonst zu einem eher unangenehmen als befriedigenden Erlebnis werden.

Wem es mehr um Romantik, Erotik und »Kick« beim Einsatz der Vitaminbomben geht, und weniger um sportliche Höchstleistungen, sollte ein wenig auch auf »Safer Sex« im Gemüsebeet achten. Das ausgiebige Abwaschen der eingesetzten Lust-Früchtchen sollte selbstverständlich sein, auch kann man Karotte und Co. gerne in ein Präservativ stecken, ohne dass einem der Spaß abhanden kommt. Gerade wenn der Erotik-Cocktail etwas exotischer werden soll und man auf eine umfangreichere Entdeckungstour am und im eigenen Körper gehen will, sollte man auf dieses »Extra« nicht verzichten.

Kerzenlicht dazu erwünscht? Auch das kann und sollte man sich gönnen; und – weil einem die Einsamkeit bei Kerzenlicht besonders heftig übermannen kann: auf keinen Fall einen Gedanken daran verschwenden, dass es vielleicht zu zweit, zu dritt noch schöner wäre. Darum geht es hier wirklich nicht. Das Solo-Stück gehört einem ganz allein, weil man hier sich und seine Vorlieben austesten kann. Der Aktionsradius wird vergrößert, sobald die Zeit dafür reif ist.

Wer aber an dieser Stelle ganz ehrlich zu sich selbst sagen muss, die Onanie ist nur noch Ersatzbefriedigung für etwas, das man sonst nicht mehr erleben kann oder noch nicht erlebt hat, und man hat eigentlich von ihr genug und will jetzt unbedingt einen richtigen Partner, um Erdbeeren aus ihrem oder seinem Bauchnabel zu naschen, der sollte sich vielleicht mit professioneller Hilfe auf die intensive Suche machen. Wer im Internet-Chat in den einschlägigen Foren von seinen Solo-Phantasien ansprechend zu berichten weiß, wird recht bald auf Gleichgesinnte treffen. Nur keine Berührungsängste aufkommen lassen. Und wer dieses Abenteuer gut befriedigt angeht, hat dann auch den Kopf frei für das sensible Spiel des Kennenlernens, das dann unweigerlich folgen wird. Nur Mut.

Alle anderen können darüber nachdenken, ob die so romantisch brennende Kerze – andersherum in die Hand genommen – nicht auch zum eigenen Lustgewinn eingesetzt werden kann. Zwar ist Kerzenwachs etwas spröde, aber mit der richtigen Portion Gleitcreme oder eben auch hier einem Kondom flutscht es gleich richtig gut – auch bei den Männern, wenn sie es an der bewussten Stelle mögen.

Wem es auch beim Selbst-Sex als Schaulustigem besser gefällt, der kann und sollte auch gelegentlich zum Porno greifen, egal ob jetzt in gedruckter oder elektronischer Form. Onanie ist – frei nach einem Zitat von Woody Allen – Sex mit einem geliebten Menschen; und mit dem kann man sich auch einmal einen zünftigen Porno anschauen. Das ist auch immer noch besser, als wenn vor allem Mann sich als Spanner die begehrten Reize vor Augen holt. Wem ganz normale Alltagsbegegnungen mit der eigenen Partnerin/dem eigenen Partner, mit Menschen auf der Straße, im Café, in der Kneipe, in der Badeanstalt oder sonstwo nicht reichen, kann so der eigenen Geilheit sicher am besten nachhelfen. Das lustvolle Präsentieren und Sehen der menschlichen Körper gehört zu uns Menschen, besonders in der warmen Jahreszeit, wenn die zunehmende Sonneneinstrahlung uns mit reichlich Glückshormonen in wollüstige Erwartung versetzt.

Das Sich-reizen-Lassen hört aber da auf, wo die Scham des anderen beginnt; dann wird man einfach nur noch zum Spanner und hat eine unerlaubte Grenze überschritten. Aber das Spannen in der Phantasie, das kann einem wiederum keiner verbieten. Oder man spannt eben beim Pornogucken, und lässt sich dabei von seinen entstehenden Wünschen treiben.

»Wie ist es eigentlich, Wiebke, darf ich mir von dir für meine einsamen Stunden meinen ganz privaten Porno machen? Ich schenk dir auch einen von mir.« Mit der eigenen Videokamera ist so ein kleiner Wunschtraum im Nu produziert; und es ist sehr ungewohnt und auch verwirrend sich selbst dort zu sehen, wo sonst anonyme Nackedeis durch das Bild hüpfen. Wer es dennoch einmal ausprobieren will, sollte für sich sehr genau überlegen, wie er oder sie das Risiko gewichten will, dass das geile Homevideo in die falschen Hände gerät. Nicht alle Liebesbeziehungen halten ewig, und was man im Moment der größten Erregung seiner oder seinem Geliebten anvertraut hat, kann nach einer zermürbenden Trennung schnell zu einer ziemlich verletzenden Waffe werden. Und dann sind da ja auch noch womöglich die eigenen Kinder, die immer größer und neugieriger werden und jeden verbotenen Schrank früher oder später knacken.

Wer diese Fragen in den Griff bekommt – zum Beispiel mit einer Video-Digitalisierung für den Computer, auf dessen Festplatte eine Verschlüsselung für die gewünschte Sicherheit bei gleichzeitiger maximaler Verfügbarkeit sorgt –, sollte sich für den Dreh wiederum viel Zeit nehmen und das Spiel nach dem eigenen Drehbuch im Kopf oder der Hand zelebrieren. Partner können natürlich das Projekt auch gemeinsam angehen, mit noch mehr Lust im ehelichen Bett (oder der ehelichen Küche, dem ehelichen Bad, Wohnzimmer oder Garten ...).

10. TELEFONSEX UND WOCHENENDEHE

Klar, dass sich ein Mann solch eine heiße Trophäe wie eine Multivisions-Peep-Show der eigenen Ehefrau für seine Fingerübungen fern des heimischen Herdes wünscht. Aber sich als Ehefrau auf die gleiche Stufe zu stellen mit irgendwelchen x-beliebigen Wichs-Vorlagen, da müssen schon verdammt gute Argumente von dem Mann unserer Träume vorgebracht werden, um das zu akzeptieren. Ein solches Argument tauchte allerdings mit der Wochenendehe auf, die auch mein Mann und ich quasi von einem Tag auf den anderen gezwungen waren zu führen.

Es ging so in den dritten Monat unserer Trennungs-Partnerschaft, als Axel nach einer heftigen, um nicht zu sagen sehr heftigen, Begrüßungszeremonie ein wenig auf seiner Hälfte des Ehebettes herumzudrucksen begann. »Schatz, erinnerst du dich an unser Gespräch, als du meine Porno-Sammlung gefunden hattest?« Hupps, was kam jetzt? Dass er unter der Trennung genauso litt wie ich und sich die Woche über bei ihm einige Dinge wirklich massiv aufstauten, das war mir gerade einmal wieder sehr nachhaltig bewusst geworden. Wollte er zur Erleichterung seiner Situation die nun gemeinsame Porno-Sammlung, die sicher verwahrt im Keller schlummerte, für sein Teil aktivieren? Damit hatte ich so gesehen kein Problem; aber ihn die Woche über darbend zu wissen und seiner mächtigen Vorfreude am Freitagabend sicher zu sein, hatte auch etwas für sich.

»So ungefähr, ja; worauf willst du hinaus?« – »Nun ja, wir hatten doch damals sehr offen darüber sprechen können, welche Funktion solche Pornos eigentlich haben; und dass sie eigentlich nur dazu dienen, die Erinnerungen an geliebte Haut und erlebte Lust zu reaktivieren.« – »Ja, und?« Jetzt fragt er gleich, ob er die Erinnerung an unsere gerade gemeinsam erlebte Lust in der kommenden Woche mit dem Porno im Keller aktivieren darf. *»Wiebke, darf ich mich in der kommenden Woche an deine Haut und unsere Lust mit einem Film von dir erinnern?«*

Männer und ihre Spielzeuge! Nachdem die familieneigene Video-Kamera also für die ersten Schritte unserer Kinder, für endlose Sonnenuntergänge im Urlaub und Heimatvideos über unser Wohndorf herhalten musste, sollte also nun ich aus allen Perspektiven gefilmt werden, so wie damals – wie ich dachte – im Scherz gemeinsam reflektiert. Ich war brüskiert. Wie gesagt, eine Wichsvorlage zu sein, das ist für eine Allerweltsehefrau mit einem wohlsortierten Schamgefühl keine allzu prickelnde Vorstellung. Wenn man als Frau sich vorstellen muss, wie unsere – sagen wir mal – andere Hälfte sich mit aus den Höhlen tretenden Augen vor dem Fernseher zurechtsetzt, die Hand am Schniedel in einer hektischen, verkrampften Bewegung, und man selbst rekelt sich auf der Bildschirmfläche, das törnt irgendwie richtig ab.

Aber das ist wohl auch die völlig falsche Vorstellung zu dieser Frage. Vielleicht geht es ja auch so: Ich ziehe mir das an, was er mir so gerne auszieht, und ziehe es mir für ihn aus, wie er es mir gerne ausziehen würde. Ich zeige ihm hinter der Kamera, was er so gerne sieht, damit er mit mir macht, was ich so gerne von ihm gemacht bekomme. Und ich weiß ganz genau, dass er jetzt kaum noch an sich halten kann vor überschäumender Begierde. Und ich zeige und gebe ihm das, was nur ich ihm zeigen und geben will – und keine andere x-beliebige Wichsvorlage. Ich will ihm alles sein, auch die Phantasien seiner einsamen Stunden. Ich will seine süße Droge auch in der Zeit sein, wenn ich nicht seinen Rausch genießen kann.

Aber es ist toll, wenn Männer betteln. »Ich soll also deine ganz private Dolly Buster werden? Live bin ich dir also noch nicht genug?«

Ich machte einen frauentypischen, gut einstudierten Schmollmund. »Mein Schatz, es ist ja leider so, dass ich dich die Woche über nicht live habe, nur am Wochenende, so wie jetzt. Ich möchte halt nur meine Freude darauf etwas intensivieren.« Axel machte dazu ein Gesicht wie eine Katze, die einem klar machen will, dass sie auf keinen Fall für die leere Milchschüssel vor sich verantwortlich ist. »Wie ist es denn mit dir, Axel. Bekomme ich denn dann auch den steifen Streifen von dir?«

Zugegeben, diese Gesprächswendung hatte ich so nicht erwartet. Zwar hatte Wiebke mir damals, nachdem sie mir meine Pornosammlung um die Ohren gehauen hatte, anfangs etwas widerstrebend, dann aber vorbehaltlos ehrlich davon berichtet, dass sie von den Emotionen, die sie beim Anschauen meiner heimlichen Porno-Sammlung übermannt hatten, einigermaßen irritiert war; aber dass diese Irritation nun mich zu einem Lustobjekt mutieren lassen sollte, war wiederum für mich einigermaßen verwirrend. Ich sah mich unweigerlich auf einer Latex-Matratze rekeln, laszive Handbewegungen ausführen – und in meiner spontanen Assoziation trug ich auch noch Strapse! Das war natürlich Quatsch – hoffte ich zumindest.

Aber Wiebke hatte natürlich irgendwie recht. Wenn ich schon solch einen auch bei aller ehelichen Offenheit nach wie vor verwegenen Wunsch von ihr erfüllt haben wollte, konnte ich ihn ihr ja schlecht verwehren. Aber unkontrollierbar nackt über irgendeinen Bildschirm flimmern, das war ein schwieriger Gedanke. Aber genau das hatte ich ja auch von ihr verlangt. Moment, nicht verlangt: erbeten. Aber sie hat es ja auch nur von mir erbeten. Aber war ich so bereit, ihrem Wunsch nachzukommen, wie ich mir erhoffte, dass sie meinem Wunsch nachkommen würde?

Doch, genau das wollte ich mir jetzt vornehmen. Ich wollte geben, was ich selbst begehrte. Schließlich hatte ja auch ich vorausgesetzt, dass unsere Beziehung diese Forderung an meine Frau würde tragen können müssen. Nun musste ich auch ihr vertrauen, dass sie einen Handmade-Porno nicht zur allgemeinen Erheiterung bei irgendeinem Kaffeeklatsch würde zeigen wollen; ich hatte ja auch vor, ihr gegebenenfalls hoch und heilig zu schwören, das intime Homevideo stets unter strengstem Verschluss zu halten. Sie hätte es mir glauben sollen, glauben müssen – hätte mir vertrauen können. So muss ich wohl auch ihr vertrauen.

Aber es fiel mir schließlich trotzdem schwer mir vorzustellen, wie ich mit bloßem Zurschaustellen erotische Wirkungen bei meiner Frau erzielen sollte. Auch wenn ich die Strapse aus meiner spontanen Assoziation gegen meine üblichen Socken vertauschte, ein Chippendale-Adonis, dem die Weiber kreischend den Tanga vom Leib reißen, bin ich wahrlich nicht. Wie soll es also gehen, ohne wirkliche Hand, Haut und Zunge die Frau da auf der anderen Seite des Bettes in Wallung zu versetzen? Am besten frage ich sie einfach, vielleicht wird dann auch ihr die Absurdität ihres Wunsches bewusst. Frauen funktionieren doch ganz anders in solchen Dingen als wir Männer; oder etwa nicht?

»Wie soll das denn gehen? Was macht dich denn so an, dass du es von mir stets auf Video verfügbar haben möchtest?« Sie stutzt, also war die Gegenforderung pure Verteidigungshaltung, um meinen voyeuristischen Blick durch die Kamera auf ihren Körper zu verhindern. Okay, war wohl auch ein bisschen dreist, ihr nach einer heimlichen Pornosammlung auch noch das Drehen einer eigenen Episode zuzumuten.

Tja, was möchte ich eigentlich auf solch einem Film sehen? Was Axel von mir sehen möchte, konnte ich mir lebhaft vorstellen. Ein erlaubter unzüchtiger Blick unter den Rock, so wie ihn damals schon die Nachbarsjungen am liebsten mochten, und dann das volle Programm, von dem die Jungs damals nur ahnten, was es alles so bieten könnte. Aber einem Jungen auf seine Unterhosen starren, das kann es ja für uns Mädchen nun nicht so sein. Wobei, ein knackiger Hintern, der hat was. Nur, Axel hat den nicht mehr unbedingt. Sein Pfeiler in der Totale? Vielleicht.

Aber eigentlich mag ich es, wenn er hinter mir steht und ich erahne, was er gleich mit mir machen wird. Aber dabei sehe ich ihn natürlich nicht und also brauche ich dazu auch keinen Film, um mir das so vorzustellen. Aber seine Pornos damals, die haben ja auch irgendwie bei mir gewirkt. Was geilt mich also auf?

»Hmm, dir beim Duschen zuzusehen – und mir vorzustellen, wie ich zu dir in die Duschkabine steige ..., das macht mich an.« Axel grinst. »Jo, mich auch.« Wir müssen beide lachen. Zusammen gehen wir unter die Dusche; und vergessen dabei natürlich nicht, vorher die Video-Kamera auf einem Stativ zu montieren, eine neue Cassette einzulegen und auf »Aufnahme« zu drücken. So schnell geht das. Nachher fragt er mich: »Ist die Cassette für mich oder für dich?« Und ich lache nur, springe nackt, nass und eigentlich erschöpft aus der Duschkabine und hole aus dem Wohnzimmer eine neue Videocassette, lege sie in die Kamera ein, schalte wieder auf »Aufnahme« und sage: »Die eben war für mich, jetzt ist deine dran.«

Und Axel hat die kleine Eigenproduktion danach auch nicht wieder aus den Augen gelassen, sie am Montagmorgen, als er sich wieder auf seinen Weg zur wöchentlichen Arbeit machte, ordentlich in sein Gepäck gepackt und sich Richtung Großstadt verabschiedet. Am Montagabend habe ich mich gefragt, ob er sich jetzt tatsächlich unseren ersten gemeinsam produzierten, eigenen Film anschauen würde und allein nacherlebt, was wir beim Dreh zusammen erlebt hatten. Die Kinder waren schon im Bett; ich holte also auch meine Cassette aus ihrem sicheren Versteck in der hintersten Ecke des Stubenschrankes, legte sie in den Recorder ein, startete den Film und setzte mich auf dem Sofa zurecht.

Es war tatsächlich komisch, sich selbst dort auf dem Bildschirm zu sehen und sich auch noch selber reden zu hören. Sehr seltsame Emotionen rührten sich in meinem Inneren, als das unbefangene Spiel, das nur den beiden da im Fernsehen gehörte, vor meinen Augen seinen Lauf nahm.

Das Mädchen dort unter den Händen des Mannes, den ich so gut kannte, hatte es sichtlich gut, sie gurrte und juchzte, und ich konnte fühlen, wie sie unter den immer frecheren Berührungen ihres Part-

ners zusehends erschauerte, ich spürte die Hände, die Haut, die Haare, das warme Wasser mit dem Seifenschaum und den Mann und schloss die Augen, um mich ganz diesem wohligen Sturm hinzugeben.

Als sich meine Erregung ein wenig gelegt hatte, machte ich den Fernseher und den Videorecorder aus, löschte das Licht und ging hinauf in unser gemeinsames Schlafzimmer. Dort zog ich mich splitterfasernackt aus, legte mich auf das Bett, nahm das Telefon vom Nachtschrank und wählte Axels Nummer. Es klingelte ein paar Mal, bevor sich seine vertraute Stimme meldete. »Hallo mein Schatz, was machst du gerade?« Erst irritierte es mich, dass er blind wusste, wer am Telefon war; oder erwartete er eine andere Anruferin? Aber dann fiel mir ein, dass man auf dem Display seines Handys ja erkennen konnte, wer da in der Leitung war. »Ich denke gerade einige sehr erotische Gedanken von dir.« Ich hörte ihn regelrecht frech schmunzeln, bevor er sagte: »Ich habe mir auch gerade den Film angeschaut. Du fehlst mir.«

Es ist ein faszinierendes Phänomen unserer Ehe, dass es der andere merkt, wenn man an ihn denkt. Ich habe es regelrecht erwartet, dass Wiebke gleich anrufen würde, als ich nach der Hektik des Tages hier in meiner kleinen Stadtwohnung an meine Geliebte und Ehefrau dachte. Ich schaute mir das Ergebnis unseres frivolen Video-Projektes an, schaute ihren Körper an und versuchte, meinen zu übersehen. Ich spürte sie an den Stellen, an denen sie mir so gut tat, ich kostete das gemeinsame Erlebnis neu bis in alle Einzelheiten aus und schenkte ihr meine Hände, zu tun, was ich nur ihr erlauben mochte.

Als das Telefon klingelte, war es erst eine ärgerliche Unterbrechung, dann aber auch eine willkommene, weil ich ja wusste, wer da anrufen würde; und weil solch eine Unterbrechung die Erwartung und die Lust ja nur noch weiter steigern würde.

Jetzt erzählte sie mir, dass sie nackt auf dem großen Bett liege, sie duftete nach wilden Rosen, drehte sich vom Rücken auf den

Bauch, ihre Haare mittlerweile heftig zerwühlt. Ich fuhr ihr mit den Fingern den Rücken hinab, verweilte dort mit kreisenden Bewegungen, wo der Rücken in den Po übergeht, und zentrierte die Kreisbewegung in den süßen Grübchen, die es hier links oder rechts der Wirbelsäule gibt, so dass ihr Körper sich bis zum Zerbersten anspannte.

Sie entwand sich mir mit eine Drehung, bei der sie wie unbewusst meinen Körper mit dem ihren streifte, drückte mich in eine liegende Position und begann ihre wollüstige Entdeckungsreise, die mich stets vom Bewusstsein ablöste. Ich spürte ihre Hände, ihren Mund, hörte ihren Atem und ihr angestrengtes Schnaufen, sah ihre Augen ganz nah vor meinen, und konnte sogar ihren Geruch ganz real wahrnehmen.

Nachher, als ich erschöpft auf meinem Bett lag und an das ungewöhnliche Telefonat von vorhin denken musste, fiel mir der Inhalt eines Artikels ein, den ich gelesen hatte, als ich mich mit den Problemen auseinandersetzen wollte, denen unsere Ehe mit der berufsbedingten Trennung ausgesetzt sein würde. Das folgende Zitat stammt aus der Zeitschrift PSYCHOTHERAPIE, Bd. 1 (2000), Report 30. August 2000:

Wenn sich zwei Menschen binden, die nicht in derselben Stadt wohnen, wissen sie, dass die Beziehung sehr anstrengend wird«, erklärt der Berliner Diplom-Psychologe Caspar Mülhens. »Das klappt nur, wenn die Tauschgeschäfte in der Partnerschaft funktionieren.« Denn eine Beziehung könne nur erfolgreich sein, wenn beide Partner gleich viel geben und nehmen. Die getauschten Waren seien dabei Liebe, Aufmerksamkeit und Sex.

»Liebe ist der Wunsch, etwas zu geben, nicht zu erhalten«, schrieb Bertolt Brecht (1898–1956). Doch braucht dauerhafte Liebe stets »ausgeglichene Konten«. In einer Partnerschaft werden immer wieder Soll und Haben verrechnet. Nicht immer müsse dies den Partnern tatsächlich bewusst sein, aber gefühlsmäßig spürten sie sehr wohl, ob die Bilanz stimme. »In einer Distanzbeziehung ist das Bewusstsein für den Ausgleich der emotionalen und sexuellen Konten eher ausgeprägter«, beobachtet Dietmar G. Luchmann, Diplom-Psychologe und Psychotherapeut in Stuttgart. Denn wer dauernd zu wenig bekomme, suche sich irgendwann einen großzügigeren Partner. Die Formel für das persönliche Glück laute daher: Jeder gibt dem anderen etwas mehr zurück, als er selbst bekommt. Das kurble den Austausch von Liebesbeweisen an.

Als wichtigste Säule in jeder Beziehung betrachtet Paartherapeut Luchmann den Sex. Auch hier zähle die Dynamik von Geben und Nehmen, denn wo die Erotik keine Rolle mehr spiele, verkümmere die Liebe. Für Beziehungen über große Distanzen könne das ein Problem werden, zumal die moderne Gesellschaft in besonderem Maße Mobilität fordere. »Große räumliche Distanzen brauchen heute kein Hindernis für große emotionale und sexuelle Nähe zu sein. Mit Kreativität lassen sich für viele Bedürfnisse Lösungen finden«, meint Luchmann.

Er habe Paare, bei denen berufsbedingt ein Partner in Deutschland und der andere auf einem anderen Kontinent lebe. »Als ein Paar uns fragte, ob sie ihrer Distanzbeziehung einen möglichen Seitensprung vor Ort zumuten könnten, haben wir sie ermuntert«, sagt Luchmann, »zunächst die Möglichkeiten auszuschöpfen, ihr Bedürfnis nach sexueller Befriedigung miteinander auszuleben.«

Die modernen Kommunikationsmittel ermöglichten auch beim Sex eine Intimität und Nähe zu erreichen, die über das hinausgehe, was in vielen Schlafzimmern praktiziert werde. »Nachdem das Paar seine Hemmungen vor dem gemeinsamen ›Telefonsex‹ überwunden hatte, war es überrascht, wie intensiv ein solcher Akt sein kann«, berichtet der Stuttgarter Psychotherapeut: »Das Erfordernis, die eigenen Gefühle, Wahrnehmungen und Wünsche ebenso wie das eigene Tun bei der wechselseitigen Selbstbefriedigung präzis zu beschreiben, verlieh dem Geschehen eine ganz neue Qualität. Viele Paare, die sich täglich miteinander ins Bett legen können, haben nicht gelernt, so offen miteinander zu sprechen. (...)«

»Wenn beide Partner sich auf einen solchen Tauschhandel einstellen, ist die Beziehung im Gleichgewicht«, sagt Mülhens. Um diese Balance zu finden, rät der Psychologe, klare Verabredungen zu treffen: »Man muss Verträge schließen. Das ist schwer, weil es bedeutet, die romantische Beziehung in rationale Bahnen zu lenken.« Aber je besser das gelinge, desto ausgeglichener sei die Partnerschaft. (...) Nach Ansicht der Psychologen stellen sich auf Dauer nur selbstbewusste Menschen einer solchen Aufgabe. Sie können ihre Vorstellungen von Partnerschaft besser kommunizieren und Probleme gemeinsam mit dem Partner bewältigen.

Jetzt, wo ich diesen Artikel noch einmal lese, stelle ich fest, dass er wohl irgendwie im Unterbewusstsein Regie geführt hat bei der Gestaltung meiner eigenen Distanz-Beziehung mit meiner Ehefrau. Auch wir haben lernen müssen, unsere Wünsche offen auszusprechen, die wir an unsere Partnerschaft, an unseren Sex und für die Zeit der Trennung haben. Und wir haben fast zwangsläufig die so wichtige Balance hergestellt beim Filmen unseres Videos, der die genannten Psychologen eine so entscheidende Bedeutung bei der Bewältigung einer solch belasteten Beziehung zusprechen.

Allerdings verschweigen die netten Herren Psychologen einen im Alltag ungemein wichtigen Aspekt dieser Art von Beziehungsarbeit auf Distanz: die Kosten für die Telekommunikation. Täglicher Telefonsex geht auch ohne 0190er-Nummer mit der Zeit ziemlich ins Geld, wenn man nicht auch diesen Part der Partnerschaft offensiv plant. Nachdem Wiebke und ich die ersten Abrechnungen unserer aus psychotherapeutischer Sicht für uns so sinnvollen Fern-Sitzungen in den Händen hielten – und aus allen rosa Wolken gefallen waren –, mussten wir erst einmal das Phänomen davongaloppierender Gesprächsgebühren in den Griff bekommen, bevor wir uns wieder unserem erotisch-verbalen Tauschhandel hatten widmen können.

Wir wälzten also Gebührenratgeber, Tarifrechner und Prepaid-Angebote, dachten über das klassische Liebesbriefeschreiben mit der aus dieser Perspektive wieder attraktiven Snail-Mail nach und versuchten uns sogar im Cyber-Sex, um auch diese Variante in unsere weiteren Planungen einzubeziehen. Da uns schon die Planung unseres künftigen Liebeslebens einen Heidenspaß bereitete, zogen wir diese Test- und Erprobungsphase weidlich in die Länge. Ganz nach dem Motto: Mit dem rechten Maß an Kreativität lassen sich für alle auftretenden Probleme auch in einer Distanz-Partnerschaft die richtigen Lösungen finden.

Beispiel Cyber-Sex: Im letztlich von uns favorisierten Online-Dienst AOL gibt es die Möglichkeit, sich in öffentlichen oder privaten Chatrooms zu treffen, was sehr witzig ist, wenn man sich auf diesem Wege an Rollenspiele heranwagen möchte; es gibt außerdem die »Teles«, Online-Telegramme, die wie eine persönliche - E-Mail funktionieren, aber den gesamten Gesprächsverlauf wie im Chat aufzeichnen. Hier können Mann und Frau sich mit dem vertrauten Partner austoben, können Zärtlichkeiten verbal austauschen, können schlüpfrige Piktogramme hin- und herschicken und so richtig vom Leder ziehen, je nachdem was gerade in der Beziehung opportun ist.

Das ist dann ganz so, als wenn man mit der/dem Liebsten telefoniert; nur dass man eben nicht spricht, sondern schreibt. Dabei zu onanieren ist natürlich schwierig, weil man ja durch das dauernde Getippe keine Hand wirklich frei hat. Ganz gut klappt es da, wenn man den Chat oder die Teles zum Entwickeln der Sex-Phantasie nutzt, und den praktischen Teil dann in gewohnter Manier anschließend oder in einer Sendepause absolviert.

Unbedingt ausprobieren sollte man aber ein Rollenspiel im Chat; da man hier üblicherweise nie allein ist, sollte man jedoch sehr genau dosieren, was man von seiner wirklichen Person den Mit-Chattern mitteilen möchte. Wenn man sich mit der/dem Partner/in nur locker in einem bestimmten Chat-Bereich verabredet hat und seinen Online-Namen variiert, kann man das Spiel spielen, den Partner in der Masse der anderen Teilnehmer zu identifizieren. Das ist zwar ein wenig wie eine Suche im Heuhaufen, vor allem abends nach 20 Uhr, aber man kann mit freiwählbaren Chat-Profilen, die man für sich selbst anlegen kann und die für die Mit-Chatter sichtbar sind, seinem geliebten Gegenüber den ein oder anderen, nur ihm bekannten Hinweis geben. Gerät man an jemand anderen, so ist dieser unvorhergesehene »Partnertausch« sicherlich die harmloseste Form des Fremdgehens.

Die Kosten bei dieser Form der Kommunikation sind mittlerweile sehr günstig, so dass man auch stundenlang auf Distanz kommunizieren kann, ohne gleich den Offenbarungseid leisten zu müssen; eine Stunde Chat-Sex gibt es hier schon für ein wenig mehr als 0,5 Euro. So kann diese Gesprächsvariante, die ja zudem noch einige Spielereien zuläßt, ganz gut die Basis-Kommunikation für die Zeit der Trennung liefern. Aber manchmal muss es eben auch das gesprochene Wort sein; hier lohnt sich wirklich je nach Zeit und Ort die Wahl eines besonders günstigen Pre-select-Angebotes im Festnetz oder – falls ein Handy die einzige Verbindung bietet – das Einrichten einer Partnerschaftsnummer, für die es bei einigen Netzanbietern besonders günstige Gebühren gibt.

Aber der eigentliche Schlüssel zum Funktionieren der ferngesteuerten Libido ist das stete Variieren der unterschiedlichen Optionen. Wiebkes schlüpfrige SMSs erreichen mich mitunter in den wichtigsten geschäftlichen Meetings, was zwar einerseits meine Konzentration vernichtete, andererseits eine spontane Erektion verursachte, die mich den Abend und den Chat und das Telefonat kaum noch erwarten ließ. Ich revanchierte mich mit heißen Liebesbriefen, die sie sich nur abends im einsamen Bett zu lesen traute. Wir schickten uns gegenseitig E-Mails mit kleinen Videoclips oder digitalen Bildern, von denen wir inständig hoffen, dass kein Hacker dieser Welt sie zufällig in die Finger bekommen würde; und wir tauschten an den Wochenenden unsere Videos, die wir im Laufe der Woche für den anderen produziert hatten.

Allerdings forderte das Wettrüsten der Liebesbeweise für die einsamen Stunden des Partners/der Partnerin auch ab einem gewissen Zeitpunkt seinen Tribut. Irgendwann gehen auch der phantasiereichsten Beziehung einmal die Ideen aus und man muss variieren, anstatt neu zu erfinden. An dieser Stelle kommen die Rituale einer Beziehung ins Spiel. Wenn man einfach nicht mehr weiß, als wer man nun im Chat auftreten soll, nachdem man dem Liebsten bereits als 14-Jährige aus seinen Kindertagen, als ehemaliger schwuler Chef, als weise Domina und noch manches mehr virtuell gegenübergetreten ist, reicht es völlig aus, einfach mal die 32-jährige Hausfrau zu sein, die Sehnsucht nach ihrem Mann hat und pünktlich um 20.30 Uhr, wenn die Kinder schlafen und der Haushalt versorgt ist, im Chatroom »Herzklopfen« nach ihrem gestressten Teddybär21468 sucht; und das mit der Verlässlichkeit eines Uhrwerks jeden Wochentag außer freitags, weil dann der Liebste üblicherweise wieder »live« zur Verfügung steht.

Und dann ist es natürlich auch so, dass man in den Chatrooms dieser Welt auch zwangsläufig ganz andere Leute trifft als nun gerade den eigenen Ehemann. Darin liegt zugegebenermaßen auch eine Gefahr, denn wenn doch wieder nach einer Phase der verwegenen Erregung mit Rollenspielen, Partnerspielen und Telefonsex die eheliche Routine eintritt, sind die anonymen Leute in diesen virtuellen Räumen immer auf jeden Fall wieder neu. Wer nicht aufpasst – und die Chatrooms sind auf der anderen Seite offensichtlich voll von solchen Typen –, verliert sich in den grenzenlosen Welten dieser Schein-Realität und kann nicht mehr aufhören mit dem Quatschen via Tastatur. Es gilt wohl auch hier: Chatten und Telen sollte nur eine Spielerei sein, kein Lebensinhalt. Wer mehr Zeit vor dem Computer verbringt als im wirklichen Leben, sollte seine persönliche Situation überdenken und irgendeine Veränderung herbeiführen.

Und wer bei all diesen Spielen eigentlich immer noch einen Partner/eine Partnerin sucht, sollte mal schauen, ob er aus den geilen Talks im virtuellen Raum nicht einen Menschen herauskristallisieren kann, dem er nicht einmal seine Telefonnummer oder seinen wirklichen Namen geben möchte – für ein Blinddate im wirklichen Leben. Denn bei aller glorreichen Hoheit der Selbstbefriedigung, sie wirkt – wie weiter oben beschrieben – eben am besten, wenn man mit ihr reale Erlebnisse multi-emotional reaktivieren kann.

11. DER GIPFEL: PETTING

Menschen sind neugierig – und ängstlich. Beide Eigenschaften schließen sich eigentlich aus; und doch funktionieren sie unglaublich gut nebeneinander. Junge Menschen sind bei der Entdeckung ihrer eigenen Sexualität neugierig, werden instinktiv getrieben zu erkunden, was es da gibt, das unsere Art erhält; und doch ist da die Angst, es könnte etwas passieren, das nicht gewollt ist und das das ganze weitere Leben wie einen düsteren Schatten überragen könnte.

Auch das Mädchen hier im Zug neben mir, jetzt in diesem Augenblick, als ich diese Zeilen auf dem Laptop schreibe, ist ängstlich, was für ein durchgeknallter Kerl da neben ihr diesen verrückten Absatz da eben schreiben konnte; aber sie ist auch offensichtlich ungemein neugierig, wie ein Kapitel mit einer Überschrift, wie es dieses Kapitel trägt, weitergehen könnte; zumal in einem Buch, das – gemäß Dateinamen – Handbuch der Onanie heißt.

Jetzt, wo sie liest, dass ich über sie schreibe, stutzt sie, tut so, als würde sie mich nicht beachten, es ist ihr offensichtlich unangenehm, und doch schaut sie mir immer wieder von ihrem Platz rechts von mir verstohlen über die Schulter auf das erleuchtete Display, um zu sehen, was ich jetzt über sie und gleich über das Petting schreiben werde.

»Hej, lassen Sie das. Ich will in Ihrer schmutzigen kleinen Geschichte nicht vorkommen.« Sie redet mit mir! »Was ist schmutzig daran, wenn ich über uns beide hier im Zug von hier nach da etwas schreibe?« Ich blicke ihr ins Gesicht und sie schaut trotzig zurück, aber auch mit einem übermütigen Ausdruck. »Eigentlich nichts; wenn Sie bei der Wahrheit bleiben, dass wir hier nämlich nur zufällig zusammensitzen und – nun ja – jetzt auch miteinander reden.« Hu, hu, dünnes Eis, Mädchen; ihr Gesicht wird schlagartig ernst.

Ich legte den kleinen Computer beiseite und entschied mich, den Rest des Gespräches später aufzuschreiben und mich jetzt erst einmal auf die wirkliche Diskussion zu konzentrieren. Ich sagte: »Ich bleibe bei der Wahrheit; und frage Sie in unserem Gespräch jetzt: Wie war das bei Ihnen, als Sie erwachsen wurden, wie bekamen Sie die Neugier und die Furcht unter einen Hut?« – »Sehen Sie, genau das meinte ich; jetzt fangen Sie an, ihre schmutzigen Fragen zu stellen. Und damit will ich nichts zu tun haben.« Sie machte Anstalten aufzustehen, allerdings eher halbherzig; also tat ich ihr den Gefallen, sie mit einer Nachfrage zum Opfer ihrer Neugierde werden zu lassen.

»Hat etwa am Ende die Furcht bis heute gesiegt?« Damit hatte ich sie wohl bei der Ehre gepackt, jedenfalls setzte sie sich wieder neben mich hin und schaute mir ins Gesicht. »Natürlich hat die Furcht nicht gesiegt. Ich habe ein schönes und gesundes Liebesleben ...« Ich vollendete ihren Satz mit »... im Gegensatz zu meinem, das schlimm und krank sein muss, weil ich solche Geschichten schreibe.« Sie schaute mich erst verwundert, dann triumphierend an. »Ja, genau, wo Sie es doch selber sagen.«

»Wie sieht es denn aus, das schöne und gesunde Liebesleben, von dem ich träumen sollte?« Man sah der jungen Dame, die wohl so Anfang zwanzig sein mochte, an, dass sie solche Fragen von fremden Männern nicht gewohnt war; auch das löste Angst und Neugier bei ihr aus. »Nun, ich wüsste nicht, was Sie das angeht. Es reicht doch, dass ich es für mich weiß.« – »Sie haben Recht. Aber wie sollen all die Menschen, bei denen die Balance zwischen Angst und Neugier nicht so wohl ausgeglichen funktioniert wie bei Ihnen, weil der erste Liebhaber, die erste Liebe nicht besonders vorsichtig war und nicht nur romantisch, je erfahren, wie es hätte sein können – oder wie es werden könnte –, wenn man es ihnen nicht zum Nachlesen aufschreibt?« Sie dachte nach. »Und Sie schreiben das für solche Menschen auf?« Ich nickte. »Allerdings nicht nur, es kann auch spannend sein zu erfahren, wie es bei anderen war und ist, um eigene, ganz gegenwärtige Erlebnisse für sich ganz persönlich neu zu inszenieren.« Sie schaute mich fragend an. »Wie meinen Sie das?«

»Nun, Sie erzählen mir, wie es damals war, als Sie den kleinen Unterschied entdeckten zwischen Jungens und Mädchen und warum alles, was danach kam, so schön und gesund war; und ich schreibe es auf, damit ein anderes junges Mädchen darüber verschämt unter der Bettdecke liest und sich vornimmt, bei ihr soll es beim ersten Mal genauso schön werden; und dann etwas besser hinschaut bei der Auswahl des ersten Liebhabers.« Meine Gesprächspartnerin hustete, als hätte sie sich verschluckt, dann lachte sie schallend los, so dass sich andere Fahrgäste in dem Großraumabteil erbost umschauten, weil sie bei ihrer Zeitungslektüre oder ihrer Arbeit gestört wurden.

»Was ist so komisch daran?« Ich ahnte, was kommen könnte. »Wer half Ihnen, die Furcht zu überwinden?« Sie antwortete wohl in einem Überschwang der Neugier auf das, was danach passieren könnte, um gleich wieder von der Furcht in eherne Schranken gewiesen zu werden. »Meine beste Freundin, die ...« Sie verstummte für eine Weile, offensichtlich einen inneren Kampf ausfechtend. Und setzte dann selbst hinzu: »... die wohl genauso neugierig war wie ich.« – »Welch glückliche Fügung; da hatte die Angst vor einer ungewollten Schwangerschaft ja keine Chance.«

»Deswegen war es wohl auch so einfach. Es entwickelte sich ganz von alleine. Wir redeten wie alle Mädchen wohl ständig davon, verschlangen die ›Bravo‹ und die Bilder von den Jungs darinnen und malten uns in allen möglichen Schattierungen aus, wie es sein würde beim ersten Mal. Es war auf ihrem Zimmer, ihre Eltern waren nicht da, Geschwister hatte sie nicht. Wir hatten – verbotenerweise – die Kleider ihrer Mutter und auch die Anzüge ihres Vaters anprobiert, und dabei hatte sich immer wieder unsere Haut berührt, wir sahen uns – nackt – und dabei ist es dann passiert. Plötzlich lagen wir uns zwischen den Klamotten in den Armen und liebkosten uns. Überall. Es war unaussprechlich schön. Und Sie haben Recht, die Angst, die sich später mit Jungens dazuschlich, war nicht dabei. Ich bin mir aber nicht sicher«, sie lachte wieder, »ob sich das als Anleitung für nachfolgende Generationen eignet.«

»Warum nicht? Es war doch schön. Es kommt ja letztlich nur darauf an, dass man seiner Neugier vertraut und die Angst mit den richtigen Informationen in ihre Schranken weist. Wissen Sie, was meine Frau zu diesem Kapitel, das sich ja eigentlich dem Petting, dem partnerschaftlichen sexuellen Akt ohne geschlechtliche Vereinigung, widmen soll, also zu dem, was auch Sie bei ihrem ersten Mal in Vollendung erlebt haben, geschrieben hat? Ich lese es Ihnen vor:

Petting, abgeleitet aus dem Englischen (pet = liebkosen). Ob hier das Liebkosen oder das Liebkostwerden im Vordergrund steht, hängt sicherlich von der Persönlichkeit des Einzelnen ab. Beim Petting hat Mann und Frau die Möglichkeit sich einfach treiben zu lassen und das Tun des Partners einfach nur zu genießen, egal ob es die Hände oder der Mund oder sonstige Körperteile sind, die man gerade in Aktion auf oder in seinem Körper spürt. Die völlige Hingabe, dieses vollkommene Sich-Konzentrieren auf den eigenen Körper und die Berührungen des Partners, ohne selber aktiv zu werden, kann ungeheuren Genuss bereiten.

Auch meine Frau schreibt nicht, ob es partout ein Mann würde sein müssen, der ihr diesen ultimativen Genuss bereitet. Ist Ihnen das aufgefallen? Im Gegenteil: Das Petting wird zum Gipfel der Genüsse, da es sich dabei ganz um einen allein dreht. Ich liege oder stehe hier, die Augen vielleicht geschlossen, und genieße, was mit mir geschieht, ohne selbst in Aktion treten zu müssen. Beim Geschlechtsakt sind immer beide gefordert, bei der Onanie zumindest ich. Beim Petting werde ich onaniert, zur Bewegungslosigkeit verdammt und gelockt, ist mein ganzes Bewusstsein dort konzentriert, wo mich der oder die andere berührt, mich streichelt, küsst, reibt und beißt – bis zur Ekstase. Sie müssen sich dabei allerdings nicht gleich fesseln lassen, um irgendein Ausgeliefertsein lustvoll zu erleben. Einfach stillhalten und genießen, so wie Sie das wohl damals mit ihrer Freundin erlebt haben, das reicht.«

»Es ist komisch, Sie haben Recht, so schwer es mir nach wie vor fällt, das zuzugeben. Wir haben uns damals gefunden und gestreichelt, aber lustvoller wurde es, als einer für den anderen die Führung übernahm und ihn verwöhnte, bevor er dann selbst vom anderen verwöhnt wurde. Wobei ich immer auch ein schlechtes Gewissen hatte, so einfach egoistisch mich der ersehnten Zärtlichkeit hinzugeben; ich erinnere mich, dass ich immer peinlich genau darauf achtete, wie lange ich die Hände und den Mund meiner Freundin genießen durfte, um dann anschließend auf keinen Fall kürzer, möglichst deutlich länger sie mit Zärtlichkeit zu belohnen.« Wie hieß es doch bei Brecht: »Liebe ist der Wunsch, etwas zu geben, nicht zu erhalten«; und ein immerwährender Tauschhandel, bei dem das Gleichgewicht stimmen muss. Bei dieser jungen Frau hatte dieses Prinzip im entscheidenden Moment offensichtlich funktioniert.

»Ich hoffe aber nicht, dass Sie das schlechte Gewissen jemals am Genießen gehindert hat. Das wäre schade. Und pure Verschwendung. Es geht ja gerade darum, die natürliche Neugier auszuleben und die Angst zu besiegen. Zärtlichkeit zu genießen, ist kein Egoismus; dafür ist sie da. Wenn Sie den Partner oder die Partnerin da unter ihren Fingern lieben, werden Sie es wollen, dass er oder sie ihre Handlungen vorbehaltlos auskostet, ohne irgendeine Verpflichtung, es Ihnen mit gleicher Münze, Intensität und Ausdauer heimzahlen zu müssen. Wenn Sie dennoch im Gegenzug den gleichen oder noch größeren Genuss bereitet bekommen, so ist das ein Geschenk, das man ohne Dank hinnehmen darf.«

»Aber wenn das tatsächlich so ist, wo kommt denn dann das schlechte Gewissen her, das sich bei mir unweigerlich einstellt, wenn ich so vorbehaltlos verwöhnt werde?« Ich schaute mir das Mädchen das erste Mal während dieses Gespräches richtig an. Sie hatte nette grüne Augen, eine Nase mit breiter Basis und schmale Lippen, die sich aber scharf von ihrer hellen Haut abzeichneten. Ihre Haare waren rotblond.

»Oh, wir haben es ja im Allgemeinen vollkommen verlernt, zu geben ohne Verlangen. Oma gibt uns 'nen Euro für 'nen Kuss; wenn wir jemandem ein Geburtstagsgeschenk überreichen, dann so, dass es alle mitbekommen und wir uns in der Dankbarkeit des Beschenkten suhlen können; und wir geben jemandem unser Jawort, um dafür ewige Treue zu bekommen. Und da sollen wir auf einmal beim Petting all das vergessen und geben ohne zu fordern, und nehmen ohne zu danken? Das schaffen wir armen Gewohnheitstäter einfach nicht. Es sei denn, wir nehmen es uns einfach vor.«

»Und schaffen Sie das?« Sie schaute mich wieder fragend und - herausfordernd an. »Oh, ich versuche es. Das Annehmen einer Wohltat, wie es beim Petting möglich ist, fällt mir schon ganz leicht; das Geben ohne Fordern muss immer wieder geübt werden, um den Zauber einer Vertrautheit nicht zu zerstören. Aber ich glaube, auch das gelingt mir mittlerweile ganz gut. Und wie ist es mit Ihnen?« Sie schien zu überlegen. »Wenn ich geben will, dann ist es immer uferlos, ich liebe ohne Grenzen. Die Freude des anderen zu sehen, ihn glücklich zu machen und zu verwöhnen, das ist mir Dank genug. Ein weiteres Zeremoniell brauche ich da nicht. Im Gegenteil, extra ausgesprochener, artiger Dank ist mir eher peinlich. Aber das Annehmen von Geschenken oder Zärtlichkeit, das ist schon so eine Sache; das ist wohl wie mit dem Dank annehmen; es ist mir irgendwie unangenehm.«

»Warum denn? Sind sie den Ursachen dafür schon einmal auf den Grund gegangen?« Ich konnte mir nicht vorstellen, dass dieser Minderwertigkeitskomplex des Mädchens neben mir, stets mehr zu geben als zu nehmen, eine natürliche Einstellung war. »Eigentlich nicht; ich habe es nie als ein Problem empfunden. Aber es hat vielleicht mit meiner Großmutter zu tun, die mir immer mit Blick auf unsere gemeinsamen roten Haare und bleiche Haut sagte, wir würden uns immer ein bisschen mehr anstrengen müssen, um von den Menschen akzeptiert und anerkannt zu werden.«

Oh, ihr verfluchten Ahnen, die ihr uns immer eure eigenen Defekte ins Hirn einpflanzen müsst. Hätte die Alte nicht das arme Mädchen in Ruhe lassen können mit ihren eigenen Verwundungen;

musste sie auch ihm diese Wunden zufügen, prophylaktisch, im verdammten Glauben, das Mädchen würde sie früher oder später sowieso erleiden müssen? Damit nahm die alte Dame ihrer Enkelin die Möglichkeit, vielleicht ohne diese erniedrigende Erfahrung durch das Leben zu kommen. Und impfte ihr den Virus eines schlechten Gewissens ein, der sie jetzt vom hemmungslosen Genießen vorbehaltloser Zuwendung abhielt.

»Ist es denn jetzt für Sie zu einem Problem geworden?« Sie schmunzelte, und ich bemerkte niedliche Grübchen in ihren Wangen. »Ich glaube nicht; ich werde mein schlechtes Gewissen beim nächsten Mal einfach ignorieren und mich ganz dem absoluten Genuss hingeben, wenn mich jemand an all den Stellen streichelt, an denen ich es so gerne habe, mich so küsst und reizt, dass ich miauen muss, und mich über so viele Gipfel treibt, dass ich gar keine Zeit habe, an ein Danach zu denken ...« Ich schaute ihr in die Augen, und klappte nach einer Weile den Mund wieder zu, als der abbremsende Zug mich in die Wirklichkeit zurückholte.

Das Mädchen neben mir wendete den Blick schließlich ab, stand auf, zog sich seine Jacke an, nahm seine große Tasche aus dem Gepäcknetz und verabschiedete sich mit einem schelmischen Gesichtsausdruck von mir. Ich vergaß völlig, irgendetwas zu sagen, sondern sah zu, dieses seltsame Gespräch niederzuschreiben, wobei mir auffiel, dass wir beide wie selbstverständlich davon ausgegangen waren, dass das Petting als die höchste Kunst der Onanie nur einen aktiven, gebenden und einen passiven, nehmenden Partner kennt. Natürlich gibt es auch das Petting auf dem Rücksitz eines Autos, wo beide gleichzeitig die gewohnten und ersehnten Handlungen ausführen. Und die Stellung »69«, bei der die gegenseitige Vereinigung nebeneinander oder aufeinander liegend mit dem Mund – oder noch unterstützt von den Händen – funktioniert.

Schließlich ging, als sich draußen der Himmel langsam rötlich färbte, auch meine Bahnfahrt zuende, ich packte meine Sachen und stieg hinaus auf den Bahnsteig, wo schon meine Frau auf mich zugeschritten kam. Nach einer kurzen Begrüßung schaute sie mir – nach über zehn Jahren Ehe! – verliebt in die Augen und sagte: »Ich habe eine Überraschung für dich.« Was das aber sein könnte, das sagte sie nicht und machte auch keine Anstalten, mir etwas zu geben oder zu erklären; dabei war ich absolut gewillt, mich ganz bewusst über eine wie auch immer geartete Überraschung zu freuen und sie ohne Reuen anzunehmen.

So setzten wir uns auf dem Parkplatz vor dem Bahnhof ins Auto, ich auf dem Beifahrersitz, neben mir saß wieder einmal an diesem Tag eine übermütig dreinschauende Frau, die nun den Wagen startete und losfuhr. Erst jetzt fiel mir auf, dass die Kindersitze hinten im Fond leer waren und auch das bei solchen Anlässen übliche aufgeregte Durcheinandergerede bisher völlig gefehlt hatte. »Wo sind denn die Kinder?« – »Bei einer Nachbarin.« – »Aha.« Das war ungewöhnlich, oder auch nicht.

Wobei, alle drei Kinder bei einer einzigen Nachbarin, das war doch ungewöhnlich. Aber vielleicht hing das mit der Überraschung zusammen. So schwieg ich und sah unser Wohnzimmer schon von Kerzenschein erleuchtet, es duftete vielleicht ein Entenbraten im Ofen, weil man den gut alleine lassen konnte, während man den Ehemann vom Bahnhof abholte, gleich erklang von irgendwoher romantische Musik und ich ahnte, dass oben im Schlafzimmer das große Bett mit frischer Bettwäsche bezogen war. Ich spürte eine Wärme in mir aufsteigen.

Aber die verebbte gleich wieder, als ich sah, dass dies nicht der Weg zu unserem Zuhause war. Nein, wir waren schon fast in einer Nachbarstadt, die nun offensichtlich auch das Ziel der Fahrt werden sollte, genau genommen eine kleine Straße in der Innenstadt, in der es ein noch kleineres, aber umso erleseneres Restaurant gab; zumindest mit dem guten Essen hatte ich also Recht; und ob nicht vielleicht doch noch ein frisch bereitetes Bett später am Abend auf mich warten würde, war ja noch nicht ausgemacht.

Im Restaurant stellte ich fest, dass es hier auch die brennenden Kerzen gab, dazu noch die bei uns daheim wegen der drei kleckernden Kinder eher ungebräuchlichen weißen Tischdecken, die an dem Tisch, zu dem uns jetzt eine hübsche Kellnerin brachte, bis auf den Boden reichten und von einer breiten, goldenen Schärpe in Form gehalten wurden. Wir setzten uns einander gegenüber an dem nicht sehr großen, aber von Gläsern, Besteck und Tellerchen überbürdenden, Tisch zurecht und grinsten uns an. Eine Frage drängte sich mir auf: »Hast du mir etwas zu beichten?« Mit diesem Satz wurden nämlich auch stets die von mir an meine Frau verschenkten Blumensträuße quittiert; und sie hatte damit meist ins Schwarze getroffen, was sie selbst ihrem weiblichen Instinkt zuschrieb.

Wohl deshalb wurde ihr Grinsen noch ein bisschen breiter und sie schüttelte ihren Kopf. »Ich bin nur glücklich, dass du nach ein paar Tagen da draußen wieder zu mir zurückkommst.« Unverdiente Geschenke anzunehmen, das war ich ja nun bereit und gewillt. Allerdings, heute hatte ich mir diese Liebesgabe wohl auch verdient. Und so erzählte ich meiner Frau von der Begegnung im Zug und dem Gespräch mit der rotblonden Frau. »So, so«, entgegnete sie nur, »die Roten sind die wildesten. Deshalb hat man sie früher auch verbrannt.«

»Das ist jetzt aber nicht nett; ich habe dir doch erzählt, dass sie mit diesem Vorurteil und dem dadurch ausgelösten Minderwertigkeitskomplex schon aufgewachsen ist. Leute wie du mit solchen Ansichten haben Schuld, dass diese netten Frauen keinen Sex ohne schlechtes Gewissen genießen können.« – »So wie du von eurem Gespräch berichtest, hat sie eurer Soft-Petting allerdings sehr gut genießen können.« Ich war erschüttert. »Das war doch kein Soft-Petting; was ist das überhaupt.« – »Na, wenn Petting Sex ohne geschlechtliche Vereinigung ist, ist Soft-Petting Petting ohne körperliche Berührung.«

»Das nennt man Flirten. Okay, ich denke, geflirtet haben wir; dazu boten sich das Thema und die Gelegenheit aber auch an.« – »Mehr nicht?« – »Nicht mit ihr, das habe ich mir aufgehoben. Ich wusste ja, dass ich abends noch ein Rendezvous mit einer anderen aufregenden Frau haben würde.« Ich fasste das als Kompliment auf; aber es heißt ja von uns Männern auch, dass wir noch nicht so lange von den Bäumen herunter seien. Der Blick meiner Frau sagte zumindest so etwas Ähnliches aus.

»So, so. Und wie stellst du dir die weitere Inszenierung vor?« – Da musste ich nicht lange nachdenken. »Nachdem sich heute fast alles ums Petting gedreht hat, gedulde ich mich bis nach dem Pudding, um dann auf reales Petting als Krönung des Tages zu hoffen.« Der Gesichtsausdruck meiner Frau wurde nun undurchdringlich. Sie rückte fast unmerklich auf ihrem Stuhl, so dass ich schon glaubte, sie würde jetzt brüskiert aufstehen und mich hier mit dem gerade servierten Feldsalat mit geräucherter Entenbrust (also auch mit der Ente hatte ich irgendwie richtig getippt) sitzen lassen.

Hatte ich was Falsches gesagt, war ich zu dreist, zu pietätlos? Aber in einer Distanz-erprobten Ehe, in der Mann und Frau schon allerlei Verlockungen und Entbehrungen kennengelernt hatten, wo es keinen verschämten Schleier mehr über irgendwelche Bedürfnisse geben sollte, in der Telefonsex und Onanie ausdiskutierte Themen waren, da dürften doch ein paar schlüpfrige Andeutungen beim Essen nach einer enthaltsamen Woche der Trennung sie nicht aus der Fassung bringen?

Jetzt sah ich, wie sich meine Frau auf ihrem Stuhl zurücklehnte; und ich spürte auf einmal etwas sanft meine Schenkel hinauffahren, worauf es nach diesem Tag sofort bei mir im Schritt in einer ungemein motivierenden Geschwindigkeit reagierte. Ich sah meine Frau erstaunt und verschwörerisch an und hörte sie wie aus weiter Ferne sagen: »Warum bis nach dem Essen warten; auch so funktioniert Petting.« Und sie rieb den Spann ihres Fußes an mir, so dass ich extrem große Schwierigkeiten hatte, die Blätter vom Feldsalat ordentlich an meiner Gabel zu befestigen. Mit den Entenstückchen hatte ich es da schon einfacher, bei denen brauchte ich nur mit meinem Werkzeug zuzustoßen.

Als die Broccolicreme-Suppe kam, unterbrach meine Partnerin ihr freches Treiben unter dem Tisch und zwischen meinen Beinen, um sich kerzengerade zurechtzusetzen, weil wohl die bisher zurückgelehnte Haltung eben jenes Risiko barg, das bei uns daheim den Gebrauch von weißen Tischdecken stets verhinderte. So fand auch ich Zeit, mal von dem dunkelroten Wein in unseren Gläsern zu probieren, und laut darüber nachzudenken, dass das alles hier nun wirklich und wahrhaftig für mich der ultimative Gipfel der Genüsse sei.

Aber anstatt ein zustimmendes Gurren von der anderen Seite des Tisches zu vernehmen, kassierte ich nur ein über den Suppenlöffel hinweg verspritztes barsches »Das kann auch nur ein Mann sagen.« Ich begriff wieder einmal die Welt nicht mehr. Frauen sind tiefe, dunkle Wasser, deren Stimmungen Strömungen gleich ohne ersichtliche Ursache die Richtung wechseln. Eben noch das sanfte Kätzchen, das sich an mir die Pfote wetzt, jetzt die Raubkatze, die über mich armes Rehlein herfällt. Wenn ich jetzt, was mir bei ähnlichen Gelegenheiten zuweilen schon so entschlüpft ist, schlicht »Hormone« mit Ausrufungszeichen sagen würde, wäre der Abend noch vor dem pochierten Lachs in Limettensauce an frischen Bandnudeln beendet.

So agierte ich vorsichtiger, denn ich war gewillt, nicht nur den Lachs, die Rindermedaillons mit Kartoffelgratin und die abschließende Mousse au Chocolat zu genießen, sondern auch zu guter Letzt daheim das möglichst volle Programm mit der jetzt gerade fauchenden Siamkatze. »Was kann so nur ein Mann ausdrücken?«, versuchte ich die etwas angespannte Situation in ruhigere Bahnen zu lenken. »Dass das Fußpetting hier und alle weiteren Ausgestaltungen dieser Art nur dazu da seien, euch Herren der Schöpfung an jedem Ort der Welt zu jeder Zeit, wenn es euch beliebt, Befriedigung zu verschaffen.« Diese Ängste und Sorgen schienen leicht zu parieren zu sein, auch wenn mir die Ursache des Stimmungsumschwungs auf der anderen Tischseite immer noch nicht ganz klar war. »Oh, nein, nein, so war das nicht gemeint, absolut nicht. Nur, wenn ich jetzt meine Schuhe ausziehe, die lange nicht so luftig sind wie deine Pumps, und in denen ich schließlich schon den ganzen langen Tag stecke, wäre es wirklich dahin mit aller Romantik«, die sich jedoch andererseits, so fügte ich für mich in Gedanken hinzu, auch so gerade verabschiedet, ohne dass ich meine Schweißfüße unter deinen wirklich kessen Rock zu schieben versuche.

»Das meine ich auch nicht.« Nicht? Ich war überrascht. »Was dann?« – »Für dich – und wahrscheinlich für alle anderen Männer auch – ist Petting die Vollendung der Onanie, bei der ihr faul daliegen könnt und sogar noch das Wichsen gemacht bekommt. Klar, dass euch das gefällt. Dass wir Frauen aber in gewissen Zeiten ohne Petting emotional ziemlich aufgeschmissen wären, das nehmt ihr noch nicht einmal zur Kenntnis.« Ich musste ihr Recht geben; ich wusste kein Stück, was sie meinte. In solchen Situationen ist – ich glaube, das hatten wir schon weiter oben einmal – Schweigen ein probates Mittel, um nicht noch irgendetwas falscher zu machen als bisher sowieso schon. Also hielt ich den Mund und schaute nur betroffen über meinen Teller.

»Siehste, du weißt noch nicht einmal jetzt, was ich meine.« Kindlicher – oder kindischer, das wollte ich allerdings jetzt lieber nicht erörtern – Triumph lag auf ihrem Gesichtchen. Die Situation befand sich auf der Kippe. Ich schwieg unverdrossen weiter. »Ihr Männer müsst ja auch keine Kinder bekommen, bei deren Geburt es einem schier den Unterleib zerreißt und man nun wirklich keine Lust mehr hat auf irgendein Geschlechtsteil im eigenen Körper. Aber Zärtlichkeit braucht Frau auch in dieser Zeit nach der Geburt, vielleicht noch viel mehr als sonst, weil man sich unförmig und verwundet, hässlich und kaputt vorkommt. Da ist Petting die einzige Alternative, um seinen Partner überhaupt noch erleben und genießen zu können.«

Ich war erleichtert. Ich tippe mal so, neunzig Prozent der ausgelassenen Empörung der letzten Minuten war von meiner Frau gespielt, um mich mit meinem Macho-Gehabe auf die Rolle zu nehmen; hoffe ich. Die verbleibenden zehn Prozent haben allerdings wohl ihre Berechtigung: Petting als alternativer Sex zwischen zwei und mehr Menschen ist von der einen Seite her die Fortsetzung der luststeigernden Onanie mit fremder Hilfe, von der anderen Seite her betrachtet ist sie unbedingt eine wichtige und notwendige Alternative in Situationen, in denen man das natürliche Bedürfnis nach sexueller Befriedigung aus welchen Gründen auch immer nicht ausleben kann.

Es stimmt; nach den Schwangerschaften und den zum Teil heftigen Geburten war Sex in der ersten Zeit danach für uns schon aufgrund medizinischer Gegebenheiten ein Tabu, das wir mit dem Petting unserer Jugendzeit zu umgehen versuchten. Für mich – bei aller emotionalen Besonderheit dieser sexuellen Spielart – war es manchmal eine Krücke, wenn ich mich so sehr nach dem Körper meiner Frau und dem großflächigen und inwendigen Hautkontakt sehnte; für sie war es wohl eine rettende Insel im Sturm der Gefühle und der ungemeinen körperlichen Verwirrung, die die Wochen nach einer Entbindung für eine Mutter bedeuten. Der Körper, der Hormonhaushalt, eben einfach alles ist in Bewegung und in Veränderung begriffen; eine vertraute Stütze ist da vielleicht allein der Partner, Halt und Ruhe und die ersehnte Zuwendung und Bestätigung gibt es da wohl nur in der Entspannung durch Petting. Meine Frau hat Recht, dieses Chaos können wir Männer nur schwer nachvollziehen.

Und darum ist es wohl auch besser, wenn nun ich versuche zu erklären, was mein plötzlicher Stimmungsumschwung eigentlich tatsächlich zu bedeuten hatte. Da wir Frauen komplexer konstruiert sind als die Männer (Gott hat an denen ja erst einmal das Menschenmachen ausprobiert, bevor er mit uns Frauen zur Vollendung schritt ...), möchte ich allerdings etwas ausholen.

Wir Frauen sind – rein biologisch betrachtet – dazu da, Kinder in die Welt zu setzen. Viele Frauen sehen ihren Lebensinhalt auch wirklich allein darin, Kinder zu bekommen, aufzuziehen und für sie, solange diese es zulassen, da zu sein. Sie identifizieren sich vollkommen mit der ihnen von der Evolution zugedachten Mutterrolle.

Auch für mich stand schon relativ früh in meinem Leben fest, dass ich eines Tages würde Kinder bekommen und großziehen wollen. So weit, so gut. Oder auch nicht. Denn: Keine Frau kommt als Mutter zur Welt. Logisch; aber hat je ein Mann darüber nachgedacht, dass das, wozu wir anscheinend bestimmt sind, für uns trotz allem absolut unbekanntes Terrain ist? In dem Moment, wo eine Frau sicher sein kann, dass sie ein Kind unter ihrem Herzen trägt, stürzen sehr viele neue, bisher unbekannte Gefühle auf sie ein.

Und auch Erwartungen. Man erwartet, dass die werdende Mutter sich ihres unfassbaren Glückes in jedem Moment ihrer 280 Tage dauernden Schwangerschaft bewusst ist – und dieses möglichst ununterbrochen auch zeigt, man erwartet, dass sie verantwortungsvoll reagiert und stets vernünftig ist, man will eine strahlende, gesunde, starke Schwangere, die nicht von den ständig wechselnden Hormoncocktails und dem zunehmenden Bauchumfang aus dem Gleichgewicht geworfen wird.

Doch selbst, wenn während der Schwangerschaft »alles nach Wunsch verläuft«, macht wohl jede Frau während dieses neunmonatigen Ausnahmezustandes, so wundervoll auch alles sein mag, Momente des Sich-allein-gelassen-Fühlens durch. Auch wenn es mir persönlich während meiner Schwangerschaften sehr gut ging, so hatte auch ich manchmal diese Emotion, die mich an das Gefühl »Heimweh« erinnerte. Und in diesen Momenten (es konnten auch längere Zeiträume sein), war es unheimlich wichtig für mich, einen Partner zu haben, der eben nicht verständnisvoll sagt: »Ach Schatz, spielen deine Hormone wieder verrückt?« Sondern der einfach ein wenig zauberte, so dass ich mich nicht als Schwangere fühlte, mit all dem dazugehörenden, oben angesprochenen Ballast. Der mir die Möglichkeit bot, mich als begehrenswerte Frau zu fühlen, selbst wenn der Blick in den Spiegel mir stets etwas anderes einflüstern wollte.

Auch hatte ich in und nach meinen drei Schwangerschaften ein anderes sexuelles Bedürfnis als sonst. Das führte in der andere Spielregeln gewohnten ehelichen Partnerschaft natürlich leicht zu völlig neuen Konflikten. Während ich ein um ein Vielfaches gesteigertes Bedürfnis nach Streicheleinheiten hatte, immer wieder von ihm im Arm gehalten werden wollte, dabei aber nur mehr oder minder intensiv kuscheln mochte, stieg bei meinem Mann der Sexhunger, denn wie die meisten Männer fand er (seine) schwangere Frau sexuell durchaus begehrenswert.

Während es also bei ihm nur um die Befriedigung seiner Triebe ging, stand für mich die Auseinandersetzung mit einer mich völlig unvorbereitet getroffenen Veränderung in meiner Gefühlswelt auf der Tagesordnung. Oder anders ausgedrückt: Er wollte Sex, ich begreifen – was da mit meinem Körper und meiner Seele passierte. Und dafür brauchte ich die Sicherheit seiner Liebe und seine Hilfe, diesen neuen und ungewohnten Pfad des Lebens zu beschreiten.

An all diese Stimmungen und Empfindungen musste ich jetzt hier in diesem tollen Restaurant zwischen Entenbrust, Bordeaux und einer rothaarigen, mir fremden Wildkatze denken. Wieder war mein kleiner Neandertaler nur konzentriert auf seine Urtriebe, die ich ihm ja bei Gelegenheit gerne bereit war zu erfüllen – schließlich hatte ich die Idee mit dem Candlelight-Dinner und der etwas anderen Fußmassage –, aber er hatte völlig vergessen, dass er nicht allein auf der Welt und an diesem Tisch war, sondern mir gegenübersaß.

Und bei allem Gefasel von der Annahme von Geschenken ohne Forderung nach Dank – das ist als Utopie nur die eine Seite des Lebens, an der wir uns immer wieder versuchen. Die andere Seite, die manchmal unfreundliche Realität, ist auch der immerwährende Tauschhandel der Liebesbeweise und Freundlichkeiten, des sensiblen Nachspürens und immer wieder Neu-Entdeckens des Partners, der steten Veränderungen unterworfen ist und immer wieder neu erforscht werden will; gerade in und nach einer Schwangerschaft, der so weiblichsten aller nur-weiblichen Erfahrungen.

Übrigens bot mir tatsächlich das Petting in und nach meinen Schwangerschaften tolle Möglichkeiten, meine ungewohnte emotionale Situation schließlich doch noch in den Griff zu bekommen. Wichtig war es aber auch hier, offen über die eigenen Bedürfnisse zu reden, den Partner aber nicht mit Forderungen unter Druck zu setzen – das gilt für Mann und Frau. Als beispielsweise einmal während und stets nach der Schwangerschaft auf Grund medizinischer Indikationen mir mein Frauenarzt jeden Geschlechtsverkehr untersagte, konnten Axel und ich uns wieder darauf besinnen, dass es ja auch noch ganz andere Möglichkeiten gab, intensiv Lust zu erleben.

Das konnte beispielsweise eine zärtliche Ganzkörpermassage sein, die gleichermaßen entspannend, wie auch erregend, wirken kann. Das Spüren von vertrauten Händen auf der eigenen Haut gibt gerade in solch gefühls-chaotischen Situationen ein Gefühl der Wärme und des Geborgenseins, es vermittelt aber auch das Gefühl, dass Frau eben nicht nur die »Gebärmaschine« ist, sondern ein menschliches Individuum, das ein Recht auf eigene Bedürfnisse und deren Befriedigung hat. Diese Bedürfnisse sind natürlich auch in und nach der Schwangerschaft da, werden aber häufig unterdrückt. Früher galt es sogar als unschicklich, während der Schwangerschaft überhaupt Sex zu haben.

Durch liebevolle, nicht fordernde Berührungen kann Mann seine Partnerin aber durchaus wieder Appetit auf Mehr machen. Er sollte dabei aber bitte nicht mit der Tür ins Haus fallen! Also nicht nach dem Motto »Jetzt hab ich dir den Rücken dreimal rauf und wieder runter massiert, jetzt hast du Lust zu haben.« Ein Tipp für Neandertaler: der Liebsten ein mildduftendes Öl kaufen, die Angebetete am Abend in die Wanne stecken, sie anschließend liebevoll am ganzen Körper abtrocknen und sie dann freundlich bitten, sich nackt auf das Bett zu legen.

Und nun die wirklich bessere Hälfte mit einer Massage verwöhnen, bei der Mann an den Schultern beginnen sollte, sich langsam den Rücken und die Beine runterarbeitet (geht auch, wenn sie auf der Seite liegt, falls der Bauch in der Schwangerschaft schon zu groß ist) und auch die Füße der Geliebten sanft massiert. Hat er seine Sache gut gemacht, wird sie sich von ganz alleine umdrehen und ihm so die Möglichkeit geben, auch ihre weiblichsten Körperteile sanft zu verwöhnen. Sie wird sich fallen lassen und unter seinen Händen dahinschmelzen und sich wie eine Königin fühlen, weil sie von ihm so verwöhnt wurde.

Jeder Neandertaler kann sich anschließend sicher sein, ihr ein wirklich tolles Gefühl gegeben zu haben. Er hat ihr eben dieses unglaublich wichtige Gefühl vermittelt, ganz Frau zu sein. Und dafür wird sie ihm dankbar sein. Sie wird glücklich sein, einen so phantasievollen, zärtlichen und verständnisvollen Mann zur Seite zu haben, der ihr so gut tut und sie all die Zweifel und Unsicherheiten, die ihr Zustand so mit sich bringt, vergessen lassen kann.

Und der damit eben auch ihren Appetit auf »Mehr« geweckt hat. Mann kann darauf vertrauen: Er hat sich seine Belohnung mehr als verdient ... Aber bitte nichts fordern, das wäre fatal! Jeder sollte sei-

ner Partnerin die Entscheidung über das Was, Wann und Wo überlassen. Aber auch wenn die Belohnung etwas auf sich warten läßt, nie damit aufhören, sie immer mal wieder auf die oben genannte Art oder anders zu verwöhnen. Fantasie ist gefragt. Jeder von den anderen Umständen verwirrte Mann wird dann feststellen, dass er seine Frau ganz neu kennen lernen und mit anderen Augen sehen wird. Und bitte auch immer wieder Verständnis aufbringen für die diffizilen Emotionen, die in ihr toben.

Und schließlich: So bleibt Petting unter allen Umständen keine Einbahnstraße und hat bei aller Lust auch noch einen partnertherapeutischen Effekt. Und wir Frauen bekommen zudem mit diesem netten und manchmal eben auch nützlichen Spaß bei allem öffentlich ausgetragenen Wettbewerb um unsere Rudelführer einen kleinen emotionalen Hebel in die Hand, mit dem wir unsere Männer ab und an auch einmal dazu bekommen, das zu tun, was wir von ihnen wollen.

12. SCHON GANZ KLEINE KINDER MACHEN ES

Der französische Schoko-Pudding war prima, mal sehen, wie der Nachtisch werden würde. Wir fuhren in angeheiterter, eher noch euphorischer Stimmung nach Hause. Wir holten die Kinder ab, schleppten sie von Nachbars Wohnung in ihre eigenen Betten und hofften inständig, sie würden weiterschlafen. Ich stellte mich unter die Dusche, sie stellte sich dazu. Mal schauen, ob wir der vielen blanken Theorie nun würden auch ein paar Taten folgen lassen können.

Und richtig, das große Bett ist frisch bezogen. Wir legen uns nebeneinander hinein, schauen uns einfach nur an, müssen lachen, über den Tag, den Abend, das Leben. Ich hebe die Hand, um ihr Gesicht zu streicheln, verharre kurz vor ihrer Haut, lasse es vibrieren zwischen ihren Wangen und meinen Fingern – und spüre aus dieser Entfernung, wie sie elektrisiert erstarrt. Auch ich höre jetzt, dass die Schlafzimmertür aufgeht und unser Ältester hereinstolpert, völlig verschlafen marschiert er um das Bett herum zu seiner Mutter, vor der er sich schlaksig aufstellt und etwas zu trinken verlangt.

Er bekommt etwas zu trinken, wird zurück zu seinem Bett getragen, bekommt sogar noch von der liebenden Mutter ein Gute-Nacht-Lied vorgesungen, bevor aus der Mutter wieder die Geliebte wird, die sich mit einem fröhlichen Gesicht neben mich legt. Ich streichle jetzt wirklich ihr Gesicht. Sehe mich nicht satt an ihrem Lächeln. »Komm, leg dich auf den Bauch.« Ich steh auf und hole aus dem Badezimmer eine kleine Flasche Wildrosenöl; dabei mache ich wohl ein klein wenig zu viel Lärm mit der Badezimmertür. Jedenfalls genau in dem Moment, in dem ich die kleine Flasche aufgeschraubt habe, um ein wenig von dem Balsam auf den Rücken meines Mädchens tropfen zu lassen, meldet sich mit einer dumpfen Heulattacke unser Jüngster, der stets sehr sensibel auf Türgeklapper reagiert.

Und auch wenn ich eigentlich das Gemüt eines Neandertalers haben soll, so weiß ich doch, dass ich jetzt dran bin, das Kind zu beruhigen. Also gehe ich hinüber ins Kinderzimmer, versuche den Kleinen kurz hochzunehmen, um zu schauen, ob er vielleicht aufstoßen muss, will ihm seinen Schnuller geben – und habe wohl etwas Fundamentales falsch gemacht. Jedenfalls wird das Geheule jetzt ohrenbetäubend, so dass ich sehr schnell das Getapse meiner Frau auf dem Dielenboden herannahen höre. Mit einem Kopfschütteln nimmt sie mir das Kind ab, legt es einfach mit ein paar gemurmelten Worten wieder hin. Sofort herrscht Ruhe. Und ich werde wie ein begossener Pudel zurück ins Schlafzimmer geführt.

Nach solchen Unterbrechungen bedarf es schon einer gehörigen Portion Konzentration, um sich und seinen kleinen Freund wieder in Stimmung zu bringen; manchmal auch ein wenig Nachhilfe, wie Mann sie aus den intimen Solos vielleicht kennt. Das mag dem einen oder anderen etwas merkwürdig vorkommen. Aber nur so lassen sich diese typischen alltäglichen Klippen des ehelichen Liebeslebens umschiffen; und man kann das alles eigentlich auch mit viel Humor nehmen, denn es ist schon wie im Slapstick-Film, wenn man gerade wieder in seinem Saft steht, und das Kind Nummer drei sich zu Wort meldet, weil es Angst vor irgendwelchen Gespenstern hat, die in seinem Kinderzimmerschrank hausen und es nicht schlafen lassen, weswegen er jetzt die Nacht bei Mama und Papa im Bett gut behütet fortsetzen möchte. Wie kann man einem Kind solch einen Wunsch abschlagen, nur weil man selbst – wie egoistisch – unbedingt zumindest eine Runde poppen will?

So blasen wir Hochzeitsmassage und alles, was danach kommen sollte, schließlich mit einer stumm getroffenen, leise lachend quittierten Abmachung ab und haben Acht auf den unruhigen Schlaf unseres ängstlichen Kindes. Als sich der kleine Körper schließlich etwas entspannt, höre ich ganz leise von der anderen Seite des Bettes meine Frau sagen: »Vielleicht solltest du kalt duschen; oder deine Hand einölen.«

Ich überlege, ob überhaupt, und wenn ja, was von beiden eine echte Alternative zu den eigentlich für diese Nacht geplanten Aktionen wäre. Geduscht habe ich schon, und ölig sind meine Hände ja auch bereits. Aber hier neben dem Kind? Das wäre ja irgendwie so wie bei meiner Mutter damals, die sich auch gestört fühlte bei einem solchen Treiben unter der eignen Bettdecke durch die Anwesenheit anderer Familienmitglieder.

So flüstere ich über das gemeinsame Kind hinweg zu meiner Frau: »Meine Hände haben zwar schon die optimale Gleitfähigkeit, aber wer weiß, wie unser schlafender Nachwuchs solche Aktivitäten im Unterbewusstsein aufnehmen würde.« Ich höre die Bettdecke meiner Frau verdächtig rascheln, dann sagt sie in fast normaler Lautstärke: »Da kann, glaube ich, nichts passieren. Die kleinen Leute wissen bereits sehr genau, wie man sich angenehme Gefühle bereitet. Erinnere dich, wie wir mal mit unserem ältesten Sohn in so einem Erlebnisschwimmbad waren.«

Oh ja, das war schon ein drolliges Erlebnis. Der kleine Kerl, vielleicht gerade einmal zwei Jahre alt, ging mit Schwimmflügeln bewaffnet in den weiten Wasserlandschaften unbekümmert auf Entdeckungstour. Nachdem er Plantschbecken, Wasserrutsche und Sprudelbad kennengelernt hatte, kam er zu einem Bassin, in dem man sich auf gefliesten Unterwasser-Liegemulden von sanften Massage-Wasserdüsen bearbeiten lassen konnte; das war äußerst angenehm, wenn man außerhalb des Wassers gewöhnlich von Verspannungen im Rücken geplagt wurde. Je nachdem, wie nahe man mit der verhärteten Muskelpartie an die Düsenöffnung kam, brachte das einen peinigenden Schmerz oder aber auch wohltuende Entspannung.

Unser Sohn jedoch entdeckte relativ schnell, dass, wenn er sich mit dem Unterleib der Düse näherte, etwas ganz anderes verhärtete und ihm wohl bis dahin ganz unbekannte Emotionen beibrachte.

Anfangs merkten wir Eltern gar nicht, was das seltsam zuckende Spiel des Sohnes da eigentlich bedeuten sollte; erst als wir aus dem Wasser gingen, um im Imbiss des Bades eine Kleinigkeit zu essen, und Sohn Nummer eins uns eine lautstark vorgetragene Szene machte, weil er nicht aus dem Wasser wollte, und wir sahen, wie sich bei dem so kleinen Kerl die Badehose sehr auffällig im Schritt wölbte, dämmerte uns, was der Unterwasser-Casanova da abzog.

Nun kann man einem Zweijährigen schlecht mit Vernunft kommen und ihn auffordern, diese Solo-Aktionen doch im eigenen Gitterbettchen daheim zu unternehmen; außerdem wussten wir wirklich nicht, wie wir reagieren sollten. Einfach Abbruch der Szene mit der Gefahr, dass er eine emotionale Blockade in seinem späteren Liebesleben aufbauen würde; oder Duldung dieser nassen und harten Selbsterfahrung, mit der Gefahr ein später ständig triebgesteuertes Sexmonster aufzuziehen?

So zauderten wir erst einmal, erinnerten uns schließlich, dass wir ja eigentlich etwas essen wollten, und gingen dann einfach bestimmt mit dem kleinen, lärmenden Jungen an der Hand zum Imbiss, wobei dessen dekoratives Hörnchen in der Hose wirklich ein lustiger Anblick war, gar nicht anstößig, wie ein Erwachsener in einer solchen Situation gewirkt hätte.

Später am Tag unterhielten sich meine Frau und ich über dieses Phänomen bei dem kleinen Kerl, und ich erzählte, dass ja auch ich gerade einmal vier Jahre alt war, als das Mysterium der Selbstbefriedigung in mein Leben trat. Und ich hatte ja dank meiner umfassenden Studien herausgefunden, dass solche Art der Selbsterfahrung absolut ungefährlich, sondern im Gegenteil zur Reifung eines ausgeglichenen Gefühls- und Liebesleben sogar absolut notwendig sei.

Und gemeinsam erinnerten wir uns, dass sogar im ganz frühen Säuglingsalter den kleinen Wesen gelegentlich ihr offensichtlicher Spaß anzusehen war, wenn man ihnen zum Saubermachen die Windel abnahm und sie mit Waschlappen oder Öltuch reinigte und dabei zwangsläufig ihren Genitalbereich berührte. Ein Lachen und Glucksen war dann zu hören, wie es nicht anders erklingt, wenn man seinen erwachsenen Partner mit ganz ähnlichen Handlungen etwa bei einer Ganzkörpermassage verwöhnt.

Womit ich wieder bei einem Thema angelangt war, das für angenehme Phantasien nach einem solch ungewöhnlichen Tag taugte, und mich schließlich sanft entschlummern ließ und sich selbst im Schlaf noch in einigen sehr behaglichen Träumen fortsetzen sollte. So ging also ein rundherum gelungener Tag zuende und leitete über in ein unbeschwertes Wochenende, das wir mit einem gemeinsamen Familienausflug beginnen wollten.

Schon die erste Frage meiner Frau an diesem Morgen: »Na, war die Nacht hart?«, konnte ich mit einem lächelnden Kopfschütteln beantworten. »Im Gegenteil. Es war eine Nacht voll erträglicher Leichtigkeit, die nur die Vorfreunde auf spätere Höhepunkte des Tages gesteigert hat«, setzte ich sogar noch nach. Und da zu allem Überfluss auch noch völlig unüblich für ein Wochenende die Sonne schien, kannte die gute Laune in unserer Familie an diesem Morgen keine Grenzen.

Die Stimmung war ganz und gar ausgelassen, als wir unsere Kinder schließlich auf der Rücksitzbank unseres Autos in ihren Kindersitzen sicher verschnürt hatten und uns auf den Weg machten zu neuen Abenteuern. Wir mieden die großen Straßen, fuhren übers Land und durch kleine Ortschaften, stets im gemächlichen Tempo, so dass keine lauten Fahrgeräusche das zwischen uns Eltern auf den Vordersitzen und den Kindern im Fond hin- und herbrandende Gespräch störten.

Über alles Mögliche sprachen wir. Über das, was wir draußen sahen, über das, was die Kinder gestern bei ihrem Babysitter alles im Fernsehen sehen durften, über die Freunde unserer Kinder und ihre Erlebnisse mit ihnen, über die Tiere, die wir draußen auf den Weiden beobachten konnten, über die Kühe, die die Milch gaben, über die Schafe, die die Wolle gaben, über die Pferde, auf denen man reiten konnte und die eine Kutsche ziehen konnten, über das kleine Fohlen, das von seiner Mutter gesäugt wurde ...

Da kam es von dem Sohn Nummer zwei, der hinten in der Mitte zwischen seinen Geschwistern saß; eine spontan ausgedrückte Assoziation, die ihren Ursprung wohl irgendwo zwischen dem saugenden Fohlen, den Freunden daheim und der ausgelassenen Stimmung hier im Auto hatte. »Der Tobias kann seinen Pieschmann selbst in den Mund nehmen.« Es war schlagartig still in unserem Auto und in den Köpfen von uns beiden Erwachsenen. Ich war froh, dass unsere Kinder von ihren Sitzen aus weder das Gesicht meiner Frau noch meins sehen konnten, die beide wohl ziemlich fassungslos dreinblickten.

Okay, es war irgendwie bewunderungswürdig und zum Neidischwerden, dass ein fünfjähriger Nachbarsjunge zu solcher Beweglichkeit fähig war. Aber ist das nun tatsächlich eine Selbsterfahrung, die bei aller Aufgeklärtheit ein so kleiner Junge schon unbedingt machen muss oder auch nur machen wollen sollte? Und vor allen Dingen: Was erwidert man als Eltern, die auf die geistige und körperliche Unversehrtheit der eigenen Brut bedacht sind, auf solch eine unerhörte Mitteilung?

Wir dachten wohl beide noch darüber nach, was wir ausgereift reflektiert unserem Kind als angemessene Erwiderung auf seine Äußerung anbieten könnten, wobei wir uns wortlos anschauten, während das Auto weiter auf der Landstraße dahinfuhr, als nach einer – wie uns schien – endlosen Unterbrechung der bis dahin so unbeschwerten Unterhaltung zwischen Eltern und Kindern unser ältester Sohn dem Ausspruch seines Bruders mit der Bemerkung nachsetzte: »... und die Susanne, die Schwester vom Tobias, hat auch schon Tobias' Pieschmann in den Mund genommen!«

Jetzt war es restlos mit unserer Fassung dahin. Das ging alles deutlich über naive, pflichtgemäß zu tolerierende Doktorspiele des Nachwuchses hinaus. Die Frage drängte sich zwangsläufig auf, wo hatten diese – glücklicherweise nicht unsere eigenen – Kinder diese ausgefeilten Techniken erlernt oder abgeschaut. Wir wagten nicht, über die zwischenmenschlichen Praktiken unserer Nachbarn nachzudenken, aber eine eindeutige Entscheidung, ob dieses Spiel durch einen Eigenimpuls der Kinder selbst hätte ausgelöst worden sein können oder durch etwas, was sie bei anderen – unter diesen Umständen im besten Fall bei den eigenen Eltern – abgeschaut hatten, war uns auf Anhieb nicht möglich. So vergewisserten wir uns erst einmal durch vorsichtiges, möglichst keine Psychosen auslösendes Fragen, dass unsere Kinder noch möglichst unbelastet waren von solchen fortgeschrittenen anatomischen Kenntnissen. Artig verneinten sie unsere ausgesucht unverdächtig vorgebrachte Vermutung, dass wohl auch sie selbst Teilnehmer dieses in unseren Augen gar nicht so unschuldigen »Spieles« waren; wir selber stutzten: Wieso schuldiges oder unschuldiges Spiel? Waren wir uns nicht einig darin, dass der Sexualdrang eine ganz natürliche menschliche Angelegenheit sein sollte? Also müsste das nicht nur theoretisch auch für so kleine Menschen gelten, sondern auch praktisch.

Wir ließen aber das Gesagte und Gehörte dann doch erst einmal so im Raume stehen, ohne es weiter zu kommentieren oder irgendwelche didaktischen Maßnahmen einzuleiten. Aber ganz zufrieden waren wir mit uns als Eltern nicht, wie wir diese doch etwas heikle Situation alles andere als gemeistert hatten. Es war uns bewusst, dass ungezügelte sexuelle Neugier gerade bei kleinen Kindern diese anfällig machen konnte für ganz und gar verwerfliche Übergriffe aus der Erwachsenenwelt; diesbezüglich waren mir die an meine eigene Adresse gerichteten Warnungen meiner Tante Bertha noch immer mehr als gegenwärtig.

Das Kunststück würde also nun darin bestehen, den aus unserer Sicht durchaus positiven Keim der sexuellen Neugier unserer Kinder einerseits nicht zu blockieren, aber auch andererseits die sicherlich notwendigen Grenzen und allgemein lauernden Gefahren in diesem Bereich dem eigenen Nachwuchs deutlich zu machen. Unterstützung für diese Haltung fanden wir nach entsprechender Suche in einem Artikel zu einer Studie der britischen Family Planning Association (FPA), die sich den Fragen von Jugendlichen zu Sexualität und Beziehung sowie über deren Zufriedenheit mit der Sexualaufklärung widmete.

Die von einer Forschergruppe der FPA durchgeführte Befragung von jungen Leuten im Alter von 11 bis 16 ergab, dass diese am liebsten von ihren eigenen Eltern aufgeklärt werden würden. Erst danach nannten die befragten Jugendlichen ihre Lehrer als Ansprechpartner für solche Themen. Gleichzeitig beschweren sich die Jugendlichen in dieser Studie über die Qualität ihrer Aufklärung; Aufklärung selbst gebe es viel zuwenig, sie komme zudem meist zu spät und sei zu sehr an den rein biologischen Fakten orientiert. Eltern sprächen kaum über Sex und Beziehungen mit ihren Kindern, vor allem dann nicht, wenn diese Jungen seien. Immer noch gebe es mehr als eines von zehn Mädchen, die ihre erste Regel bekämen, ohne zuvor informiert worden zu sein, was da eigentlich passiere.

In dem Artikel hieß es weiter, dass die FPA in Großbritannien in verschiedenen Aktionswochen Eltern dazu ermutigen wolle, mit ihren Kindern mehr und unbefangener über Sex zu reden. Schon frühere Untersuchungen hätten nämlich gezeigt, dass eine gute Sex-Erziehung dazu führe, dass Kinder ihre ersten sexuellen Aktivitäten in wünschenswerter Weise verschieben würden, da die Auskünfte ihrer Eltern ihre Neugier befriedigten, und später auch besser Vorsorge in Sachen Verhütung betreiben würden. Eine Folge davon sei wiederum, dass – zumindest in Großbritannien – die Zahl der ungewollten Schwangerschaften bei Teenagern seit Jahren kontinuierlich sinke.

Die gleiche Studie berichtete auch, dass für Mädchen vor allem der erste Freund, die Schwärmerei für Lehrer und die Beschäftigung mit Sex die Hauptthemen in der Pubertät seien. Jungen hingegen würden dagegen eher von der Frage getrieben, ob ihr Penis groß genug sei oder ob sie womöglich schwul seien. Außerdem würden sie immer noch von der Furcht geplagt, dass sie von Masturbation vielleicht unfruchtbar (!) werden könnten.

In solch einem Szenario von Unsicherheit und Angst sollten unsere Kinder nicht aufwachsen, auch wenn bei unserem Nachwuchs die Frage von ungewollten Schwangerschaften sicherlich noch nicht ganz so akut war. Aber dafür lauerten eben andere Gefahren an allen möglichen Straßenecken, denen Kinder aller Generationen mit einem unklaren Verständnis ihrer eignen Sexualität ausgesetzt waren und sind; zumal wenn sie noch nicht in der Lage sind, die wahren Motivationen von eigentlich erwachsenen Handlungen zu interpretieren.

So machten wir uns also einige Tage später an die schwierige Aufgabe, zumindest den beiden größeren unserer Kinder die Bedeutung dessen, was sie da in der Nachbarschaft gesehen hatten, näherzubringen. Wir begannen damit, ihnen auseinander zu setzen, dass sie ja vielleicht schon bemerkt oder gehört hätten, dass ihr Geschlechtsteil zwei verschiedene Funktionen hätte. Wie wir staunend vernahmen, war das für sie ein alter Hut; damit konnte Mann doch Babys machen. Behutsam fragten wir nach, woher sie dieses beachtliche Wissen denn hätten. Die Antwort war eben so einleuchtend wie naheliegend, da wir ja auf dem Lande wohnten: Der Stier bei den Kühen hätte ja auch einen Pieschmann; und wenn der groß würde und er auf die Kühe krabbelte und seinen Pieschmann in deren Scheide stecken würde, freue sich der Bauer, weil es dann bald Kälbchen gebe. Und Kälbchen, das seien doch die Babys der Kühe.

Puh, das war einfacher als gedacht. Also weiter. »Aber ihr wisst doch auch, dass man erwachsen sein sollte, um Babys zu machen? Weil man die Kinder ja auch versorgen muss, und dafür braucht man Arbeit, für die man wiederum zur Schule gegangen sein muss ...«, und so weiter. Nun, das war ihnen so noch nicht bewusst, konnten sie aber gut verstehen; sagten sie zumindest. »Deswegen ist es wichtig, wenn ihr später selber einmal Kinder haben wollt, dass ihr vorsichtig seid mit eurem Geschlechtsteil. Das gehört nur euch, und da dürft ihr keinen anderen ranlassen, damit es nicht verletzt werden kann und auch tatsächlich funktioniert, wenn ihr selbst erwachsen seid und Kinder machen und haben wollt.« Allgemeines Kopfnicken mit einem Gesichtsausdruck, der klar ausdrückte: »Mensch, ist der doof.«

Ich fuhr aber tapfer fort in der Mission zur Rettung der Sittlichkeit meiner Kinder. »Ihr wisst vielleicht auch schon, dass Jungs mit ihrem Pieschmann und Mädchen mit ihrer Scheide eine Menge Spaß haben können?« Unsicheres Schweigen. »Wenn man so groß ist wie eure Eltern, dann ist das wirklich so. Und wenn man diesen Spaß auch tatsächlich einmal haben und genießen will, sollte man wirklich sehr, sehr vorsichtig sein mit diesen Dingen. Das ist wie mit dem Autofahren: Auch dort müsst ihr um einiges größer sein, um das zu dürfen, weil neben dem Spaß auch allerlei Gefahren damit verbunden sind. Aber vertraut darauf: Wenn ihr es abwarten könnt, werdet ihr dafür mit sehr viel Spaß belohnt.«

Ich war mir nicht sicher, ob ich jetzt mehr erreicht hatte als vorher; ein wenig mehr Angst gemacht hatte ich ihnen sicher, um die Grenzen und die Gefahren aufzuzeigen; ob ich nicht aber auch den positiven Keim der sexuellen Neugier unserer Kinder gleich mit erstickt hatte, und damit deutlich über das Ziel hinausgeschossen war, verursachte doch einige Unsicherheit in mir. Zum Glück intervenierte an dieser Stelle meine Frau mit den schon einmal in einer recht ähnlich gelagerten Situation gehörten Worten: »Lass gut sein, Axel.« Ich erinnerte mich, ohne genau die andere Situation, in der ich diese Aufforderung zum Klappehalten schon einmal vernommen hatte, rekapitulieren zu können, dass ich da schließlich wirklich die Klappe hielt, so dass ich jetzt die aufkeimende Widerrede selbst erstickte.

Meine Frau hatte natürlich wieder einmal Recht: Was ich hier nicht erklären konnte, würden meine Kinder schon selbst herausfinden oder zu einem späteren Zeitpunkt, wenn sie in die Pubertät kämen, von uns erfahren. Wenn ich hier zuviel quatschen würde, bestünde lediglich nur die Gefahr, dass uns unsere Kinder nicht mehr zu den Vertrauten ihrer eben manchmal sehr ungewöhnlichen Erlebnisse machen würden. Damit würde gleichzeitig die Gefahr für ihren Leib und ihr Leben sicherlich deutlich größer werden, als wenn sich einmal im kindlichen Spiel der ein oder andere Penis unerlaubterweise in einem anderen Kindermund verirrte. Und uns käme die Bestätigung dafür abhanden, dass auch unser eigenes, ach so erwachsenes Tun in diesen Dingen immer auch den Keim ungebrochener kindlicher Neugier und Verspieltheit in sich trüge.

13. ICH HABE TAUSEND FRAUEN GELIEBT

Ja, es wäre spannend geworden, all diese lustigen Dinge mit meinen Kindern Tag für Tag mitzuerleben, aus der Deckung der Erwachsenenwelt heraus ihr langsames Erwachsenwerden, das doch immer viel zu schnell geschieht, zu verfolgen, zu kommentieren und – so das überhaupt möglich ist – zu korrigieren, wo es in falsche Bahnen hineinläuft. Ich hätte es mir sehr gewünscht, all die kleinen Eroberungen, Enttäuschungen, Siege und Niederlagen meiner Kinder mitzuerleben, die jeder ja auch selbst in seinem Leben als Erfahrungen verbucht, um mich selbst in ihnen zumindest ein ganz klein bisschen unsterblich werden zu sehen.

Aber es hat wohl nicht sollen sein. All die hehre Theorie über kontrollierte Emotionen, über zu managende Distanz-Szenarien und gute und schlechte Zeiten waren eben nur Theorie, die ja richtig zu sein scheint; aber das Leben und vor allem wir Menschen sind doch in jeder Sekunde auch ein Stück unberechenbar, und unvorhergesehene Ereignisse fordern von uns immer wieder die Fähigkeit, uns in der Praxis auf völlig neue Rahmenbedingungen einzustellen.

So wurde für mich aus dem Haus auf dem Lande ein kleines Zwei-Zimmer-Küche-Bad-Idyll in einer Hochhaus-Legebatterie in der großen Stadt, aus dem trauten Familienglück der kalte Kampf des Single-Daseins, aus dem gemeinsamen Konto eine monatliche Unterhaltszahlung, aus dem sonst verhassten Windelwechseln des Jüngsten eine schmerzlich vermisste Tätigkeits-Utopie, aus dem bisher erfüllten Liebesleben dumpfer Schmerz, aus dem geliebten Neandertaler wieder ein Jäger und Sammler, aus der heiter-entrückt erlebten und zelebrierten Luxus-Onanie ein täglicher emotionaler Überlebenskampf.

Ich lebte jetzt allein, von Gott, der Welt und meiner Familie verlassen, weil tatsächlich die Neugier und der Drang nach Veränderung auch mit noch soviel Vertrautheit nicht in Schach gehalten werden können. Meine Arbeit in meinem ehemaligen Daheim erledigte jetzt ein anderer, und der Grund war einfach, dass Arbeit für mich war, was hätte Freude sein müssen. Passiert aber wohl in den besten Familien. Etwas Besonderes war es nun wirklich nicht.

Allerdings für mich ziemlich ungewohnt. Okay, in Zeiten der Wochenendehe lebte ich auch die Woche über allein; aber da war bei jedem einsamen Spiel die Aussicht auf vereintes Treiben zumindest am Wochenende oder wenn der eine den anderen spontan in der Woche aus lauter Sehnsucht besuchte. Das gab es jetzt auf Kommando auf einmal alles nicht mehr. Das alles hier fühlte sich an wie die Zeit vor dem ersten Mal, wo es schier nicht auszuhalten war vor Sehnsucht nach etwas, das man damals noch nicht kannte; und das jetzt, da man es lange Jahre kannte und genießen konnte, umso schmerzlicher fehlte.

Erste Lektion in der Einsamkeit: Raus ins Leben! Rein in die Kneipe, in die Disco, ins Kino, in den VHS-Kurs, egal wohin, nur unbedingt unter Menschen. Auch wenn man eigentlich erst einmal genug hat von Beziehungen. Also schaute ich zunächst, wie der freie Markt da draußen so aussah und funktionierte. Ich suchte mir eine schicke Cocktail-Bar, bestellte den Cocktail, den sich sonst ein verheirateter Mann nie und nimmer bestellen würde, und überlegte, was zu tun sei. Zwei sehr junge Mädchen kamen, setzten sich zu mir an den Tisch; ein prüfender Blick – von ihnen in meine Richtung –, dessen Ergebnis wohl keine Gefahr witterte. Das war schlecht. Als harmlos eingestuft zu werden ist in einer solchen Situation wie der meinen einfach niederschmetternd.

Vier weitere blutjunge Mädchen kamen, setzten sich zu den anderen beiden an meinen Tisch, ein Tisch, der für all diese Mädchen und mich dazu eigentlich viel zu klein war. So blieb es nicht aus, dass die beiden Geschöpfe links und rechts von mir in ihrer heftigen Mädchenunterhaltung mich immer wieder berührten. Was für eine Qual, denn sonderlich Notiz von dem grauen Bär in ihrer Runde nahmen sie nicht. Eine bizarre Situation voll körperlicher Qualen. Und jetzt reden die auch noch über knallenge Polyesterhosen, unter denen man (Mädchen) eigentlich nur Stringtangas oder garnix tragen konnte ...

Ich suchte fluchtartig das Weite und meine Wohnung auf, um all diese ersten Erfahrungen der Neuzeit in freier Wildbahn zu verarbeiten. Danach ging es mir etwas besser, aber der Absturz der Gefühle, der nach dem Danach kam, war heftig. Hättest du nicht mutiger sein können oder zumindest wollen? War es nicht geradezu eine Aufforderung, als sich die Wesen da an deinen Tisch verirrten? Hättest du nicht noch ein bisschen mehr neue Erlebnisse an diesem ersten mutigen Abend verkraften können?

Nein, hätte ich nicht. Ein Anfang war gemacht; und die Dosis an neuen Erfahrungen war absolut genug. Mehr solcher Abende würden ein Mehr an Wagnissen bringen, da war ich sicher, da würde die selige Natur schon für sorgen. Aber im Jetzt und Hier überwogen die Angst und die Vernunft, Alt und Neu im entscheidenden Moment nicht auseinanderhalten zu können. Und die Sorge, etwas durch und durch Schönes durch etwas beliebig Reproduzierbares ersetzen zu müssen.

Ich war allein. Und aufgrund der Verletzungen, die ein plötzliches, ungewolltes Alleingelassensein verursacht, wollte ich allein sein. Oder anders ausgedrückt: Weil ich die Gesellschaft des einen entscheidenden Menschen nicht mehr haben durfte, wollte ich eine andere erst recht nicht. Und bei allen anderen Aspekten, die in solch einer Situation zu berücksichtigen sind: Ich wusste doch soviel über die Autosexualität und ihre Möglichkeiten und Finessen, nun musste sich doch auch im Echtzeit-Betrieb beweisen lassen können, dass sie als Rettungsanker in dieser Not funktionierte, dass in der Apokalypse einer Liebe sich also alle entstandenen Wunden allein durch Handauflegen auf die richtigen Stellen zumindest vorübergehend würden heilen lassen.

Was war denn aber solch ein Wunde, die die Zeit und mein Gedächtnis würden zu heilen haben? – Nun, die Einsamkeit selber zum Beispiel. Keiner, der einem mit den eigenen Schrullen wie etwa dem Mysterium der für Männer unsichtbaren Butter im Kühlschrank aufzieht; keiner, der die vertrauten Rituale zum Beispiel am Frühstückstisch erwidert, wenn man das halbierte Brötchen mit irgendjemandem teilen möchte; keiner, dessen Hand man beim Einkaufsbummel suchen und finden konnte; keiner, mit dem man sich über einen hübschen Ausblick freuen konnte; keiner, an den man sich im Bett wärmend ankuscheln konnte.

Nein, hier im Bett war es wirklich einsam so ganz allein. Und schlimmer: Der düstere Schatten der Panik – Torschlusspanik – wurde sichtbar auf meinem Bett, in meinem Bett und unter meiner Bettdecke. Und die Panik sagte: Du kannst dir erzählen, was du willst; letztlich bist du nur ein Beziehungskrüppel, ein Verlassener, einer, der zur Partnerschaft nichts taugt, einer, der nie wieder eines anderen Menschen Haut würde kosten dürfen, einer, der sich künftig in überfüllte U-Bahnen drücken würde, in volle Fußballstadien und ausverkaufte Konzertsäle, um überhaupt einmal wieder den Thrill der Berührung spüren zu können.

Ein Bild fiel mir ein. Da saß eines Tages auf der Straße vor meinem Büro ein Bettler auf dem kalten Steinboden, in der Hocke, seinen Bettelkorb vor sich auf dem Weg. Eine ältere Frau stand bei ihm, so eine Frau, wie man sie stets beim Bäcker vor sich in der Reihe hat oder beim Schlachter, die jede Wurstscheibe einzeln bestellt und den wartenden Kunden hinter ihr den letzten Nerv raubt. Diese Frau sprach mit dem Bettler; was, konnte ich nicht verstehen. Mir blieb nur die Bewegung in der Erinnerung, wie sie zum Abschied dem Bettler die Wange streichelte, ihm aber kein Geld gab. Diese Frau hatte begriffen, was dem Mann da im Grunde wirklich fehlte. Und seinem Lächeln nach zu urteilen, war er für einen glückseligen Augenblick der reichste Mann auf der Welt. – Wie er würde ich künftig auf so einen Lottogewinn warten.

Wobei, es fiel mir auf, dass immer dann, wenn der Druck der Einsamkeit am größten wurde und ich für eine kleine Weile mein

Schicksal selbst in meine Hände nahm, ich anschließend tatsächlich die größte Panik aus meinem Kopf vertrieben hatte und ich wieder den Blick frei hatte für fröhlichere Dinge: für Ausflüge, die ich eben nun allein unternahm; für einen samstäglichen Einkaufsbummel, der eben jetzt nicht in einem Schuhladen zwangsläufig ins Stocken geriet; für wirkliche Kinoabende, die mit Kindern daheim tatsächlich ein rares Erlebnis geworden waren; für heiße Internet-Chats, wo man zwar, wenn man mal ein bisschen an der Oberfläche kratzte, meist auch nur andere Beziehungskrüppel trifft, wo man sich aber – wie oben bereits schon einmal beschrieben – in wüsten Rollenspielen austoben konnte.

Oder eben seine wahre Geschichte erzählen kann. Dass ich mein wahres Leben gerade mächtig verkorkst habe; dass ich nicht weiß, wohin mit meiner Liebe und Zärtlichkeit; dass ich nicht weiß, wie ich ein anderes Mädchen wie jenes, das bisher mein Mädchen war, kennen lernen kann; dass mir manchmal mächtig die Decke auf den Kopf fällt.

Und siehe da, auch der Chat-Room kann das richtige Leben sein, in dem sich richtige Menschen tummeln. So stand das erste Blinddate meines Lebens eines schönen Abends auf dem Programm, das ich – bei allem Ernst meiner Lage – einfach sinnlich inszenieren wollte, weshalb ich als Treffpunkt die Cocktail-Bar vorschlug, wo ich eine erste – im Nachhinein autosexuelle – Begegnung in der Zeit »danach« hatte. Nun wollte ich einmal schauen, was so geht.

Sie war nett, hieß Monique, war so alt wie ich und es hatte sie ähnlich verkorkst getroffen wie mich, woraus ich schloss, solche im Grunde traurigen Gestalten wie mich müsste es schon ein paar mehr geben auf dieser Welt; wenn man nicht alleine ist, entspannt das schon in einem beachtlichen Maße. Aber leider, so lieb ihre Augen waren, im Gespräch kollidierten unsere Ansichten immer wieder, weil wir wohl bisher in völlig verschiedenen Welten gelebt hatten. Ich fragte mich tausend Mal an diesem Abend: Axel, was willst du eigentlich?

Jedenfalls nicht mit Monique ins Bett. So nötig, so schwor ich es mir, hast du es noch nicht, Sex sollte für mich etwas unendlich Schönes und durch nichts beliebig Reproduzierbares bleiben. Ich wollte noch alleine für mich bestimmen, mit wem ich dieses außergewöhnlichste aller Erlebnisse würde teilen dürfen; so wählte ich wieder einmal mich, weil es die richtige Partnerin nicht aus dem Versandhauskatalog gibt.

Und ich wusste es ja auch im Grunde genommen besser: Verliebtheit ist in erster Linie eine durch sinnliche Wahrnehmung ausgelöste chemische Reaktion im Kopf; das müsste sich doch nun wirklich simulieren lassen. Ich dachte an Jochen und unser Küchenkabinettstückchen. Aber das war im Prinzip ja pures Philistertum; Onanie als Kick im Kopf – wir hatten gut reden, wir hatten ja beide damals reale Partnerinnen, mit denen als Rückhalt es sich gut über solche theoretischen Konstruktionen philosophieren ließ; aber dies jetzt hier in meinem Leben, das war real erlebte Einsamkeit, ohne doppelten Boden, ohne Sicherheitsnetz, höchstens mit der Telefonnummer für professionelle und gut zu bezahlende Hilfe.

Ich dachte an Schiller in seiner Kneipe und sein Schmachten nach der jungen Scarlett. Das war vergleichbarer, weil auch das ein im Grunde einsamer Mensch mit einer unerreichbaren Liebe war. Und ich brauchte noch nicht einmal auf ein öffentliches Klo zu gehen, um meinen Tagträumen nachzuhängen. Ich hatte meine eigene kleine Wohnung, ein Bett, das groß genug war, ich konnte jetzt Kerzen anmachen, Wasser in die Badewanne laufen lassen, eine romantische Musik auflegen und mir was Besonderes zu essen kommen lassen. All das tat ich jetzt auch, suchte mir meinen teuersten Wein aus dem Regal, einen schon älteren Rothschild, öffnete ihn, ließ ihn atmen, goss ihn in ein großes Glas und zog mich in die warme Badewanne zurück.

Oh ja, das entspannt. Ich rutschte noch tiefer in die Badewanne, so dass der Kopf bis über die Ohren unter Wasser war und nur das Gesicht herausschaute; so wird es unendlich ruhig im Kopf, die sonstige Wahrnehmung ist auf einmal ausgeschaltet, der Kopf ist wirklich frei. Ich dachte an die Mädchen und Frauen, die ich in meinem Leben alle getroffen hatte. An all jene, die ich gesprochen, berührt, gestreichelt und geliebt habe, auch an jene, die ich nur gesehen habe, und die mir doch nicht aus dem Sinn gingen. Oh doch, es waren viele Frauen, es war wie Schäfchen zählen, sich jetzt hier in meiner Badewanne, abgeschirmt von jedem anderen Geräusch als dem Pulsieren meines Blutes in meinem Kopf, an sie alle zu erinnern.

Und es waren immer wieder die gleichen Dinge, die mich zu ihnen hinzogen, die mich meinen Blick auf sie richten ließen, die mich in ihre Nähe brachten und sie zu meinen Erlebnissen werden ließen. Die ich liebte, wie ich meine Frau liebte, und die auch jetzt meine Emotionen überfluten und die einsame Ekstase beginnen ließen. Ich fühlte mich nicht anders als wohl Casanova, der zwar mit Fleisch und Blut reproduzierte, was ich nur in meinem Kopf erstehen ließ, aber letztlich blieb auch ihm nur die Erinnerung an seine Taten in all den Schlafzimmern, wie auch mir ein ewiges Echo von dem Ersehnten blieb; denn wo sollte der Unterschied liegen zwischen einer Erinnerung an eine wirkliche Tat und der Erinnerung an deren gedankliche Reproduktion? Erinnerung ist Erinnerung, ob sie uns nun in eine vergangene Wirklichkeit führt, in eine konstruierte Phantasie oder in einen Traum. Und schließlich: Auch im Gipfel des Erlebens rauschten Casanovas fleischlich animierte Sinne ganz und gar nicht anders als die meinen mit ihrer phantastischen Trügerei.

Wie auch immer, die Phantasie oder der Selbstbetrug funktionierten; damit war es für mich einerlei, welchen Wert mein onanistisches Verhalten für andere würde haben können. War es wirklich ein Maßstab, die Anzahl der Eroberungen auflisten zu können? Die Anzahl der Kinder als Maßstab für irgendetwas, vielleicht für den Wert eines Mannes, hat in unserem Kulturkreis ja schon längst ausgedient; und immerhin hatte ich ja bereits drei Kinder, falls mich tatsächlich daran jemand messen wollte. Für mich selber zählte, wie ich mich fühlte. Und jetzt nach dem Wettstreit mit dem Genre-prägenden Italiener fühlte ich mich gut, sehr gut sogar. Scheiß auf die Einsamkeit. Ich bin immer noch in meinem Leben, und das wollte zwar jetzt neu organisiert werden, aber es fühlte sich gut an. Wie sagte Woody Allen: Dann habe ich halt ab sofort nicht nur Sex mit einem Menschen, den ich mag, sondern ich lebe halt jetzt auch noch mit ihm zusammen!

Somit war die Wunde »Einsamkeit« ganz gut versorgt. Aber da waren auch noch die Erinnerungen an eine rundum gelungene und lange Partnerschaft, die Krach machten in meinem Kopf. Erinnerungen, die ebenfalls unendlich schmerzlich wurden, weil sie Nahrung wollten von immer neuen Erinnerungen, weil sie piekoten mit ungezählten kleinen Nadelstichen, die sagten, so gut hast du es einmal gehabt. Der Fluss stetig neu dem Leben abgetrotzter gemeinsamer Erfahrungen war unwiederbringlich abgebrochen; und in dieses Vakuum hinein tröpfelte eine sprach- und gesprächslose One-Man-Show, Einheitskost, die durch das Mitmachen von niemand anderem noch multipliziert wurde.

Wie könnten alltägliche Erinnerungen, die in der – wenn auch letztlich für sich akzeptierten – Einsamkeit geboren wurden, bestehen gegen jene, die aus der Zweisamkeit stammten? Beim Brain-Sex war das etwas anderes; da träumte man die nicht wirklichen zweisamen Erlebnisse. Aber das konnte man ja nicht mit dem Alltag machen. Da blieb man allein, wenn man nicht gerade schizophren wurde und sich eine multiple Persönlichkeit zulegte.

Es schien in der Tat ein mathematisches Problem zu sein, das meine Situation belastete. Mein privates Leben war zu einem Solo für einen Flötenspieler geworden, dessen Melodie fade und manchmal schrill klang; die Harmonie einer Harfe, die im Spiel einst dazukam und das Solo zum Duett erweiterte, fehlte. Es gab keine Gespräche mehr, keine Diskussionen. Die Autofahrt in den Sonntagsausflug war jetzt ein stummes Ereignis, begleitet allein durch die Konserve aus dem CD-Spieler. Das Luxus-Dinner beim Italiener war ein ebenso sprachloses Ereignis. Und selbst bei der Komödie im Fernsehen hallte mein Gelächter jetzt allein durch die Räume – wenn überhaupt.

Es war daher irgendwie kein Wunder, dass ich mich eines Tages am Treffpunkt der Menschen einfand, die die letztlich wichtigen Erinnerungen nur noch allein sammeln konnten und mussten. Hier auf dem Friedhof sah ich meinesgleichen, Menschen, die einem vertrauten, verliebten, nun vermissten Partner nachtrauerten. Ich setzte mich auf eine Bank. Nach einer Weile setzte sich ein älterer Herr hinzu, der erst zusammen mit mir schwieg, sich dann aber ausgesucht höflich danach erkundigte, wen ich hier denn besuche. »Eigentlich niemanden, ich wollte sehen, wie andere Alleingebliebene das Leben meistern.« Er dachte nach und erwiderte dann. »Es stimmt, verlassen worden zu sein ist wie Witwer werden, nur dass man den Geist von ihr nicht nur im Traum sehen kann.«

Was für ein erstaunlicher Gedanke. Tatsächlich war es, als ich einmal meine Kinder besuchte und meine Frau traf, so, als würde ich einer Geistererscheinung begegnen. Es war vertraut und menschlich, aber auch kalt und unergründlich; absolut erschütternd, und die Begegnung verursachte bei mir eine umfassende Panik, in der alle meine Angst zum Ausbruch kam. Mein Puls erreichte kritische Marken, ich hyperventilierte, das reine Chaos brach in meinem Innern aus. Doch, ich glaube auch, ich habe da ein Gespenst gesehen.

»Trösten Sie sich«, sagte jetzt der Mann neben mir. »Sie haben immer noch die Erinnerungen an eine sicherlich schönere Zeit mit einem lieben Menschen. Bewahren Sie sich die. Jetzt kommt halt eine andere Zeit mit ganz eigenen Erinnerungen. Das ist nicht schlechter und nicht besser. Es ist nur anders. Und wenn Sie Erinnerungen mit anderen Menschen wieder verkraften können – nun, schauen Sie, jetzt haben Sie schon eine Erinnerung mit mir. Und da gibt es noch so unendlich viele Menschen draußen in der Welt.«

Er merkte wohl, dass ich nicht reden konnte oder wollte. Er stand wieder auf, verabschiedete sich ausgesucht artig und ging seiner Wege. Ich schaute ihm nach, wollte danke sagen, aber brachte nichts heraus. Er schaute sich um, nickte tonlos, und ging dann lächelnd weiter. Damit war diese Begegnung beendet; und ich würde diesen Menschen wohl nicht wiedersehen. Trotzdem war es eine besondere Begegnung, abseits des Alltäglichen. Zwar würde ich es vielleicht einmal bedauern, nicht mehr mit diesem freundlichen Menschen gesprochen zu haben, aber es würde die Hoheit der Erinnerung trotzdem nicht in Frage stellen.

Wieso sollte es mit Wiebke nicht genauso funktionieren? Die Erlebnisse, die es mit ihr gab, waren sicher in meinem Gedächtnis aufgehoben; zwar kamen keine neuen von der schönen Art hinzu, wie sie mir bisher so wertvoll waren; aber das war doch im Grunde genommen jetzt auch nicht mehr wichtig; was ich hatte, das hatte ich an Erinnerungen. Neue müsste ich jetzt eben woanders suchen.

Ich verließ den Friedhof um mich etwas zu trauen, was ich mich bisher noch nie getraut hatte. Ich kaufte mir eine billige Tageszeitung, schlug die einschlägigen Kontaktanzeigen auf, durchsuchte die Darbietungen und Anpreisungen nach Signalworten, die mich ansprachen, und rief schließlich von meinem Handy aus eine der zahlreichen Telefonnummern an. Nach kurzem Klingeln meldete sich eine freundliche, fröhliche Frauenstimme, die mir verriet, dass ich jetzt mit Silvia telefonierte. Silvia lud mich ein, sie gleich jetzt zu besuchen, sie hätte Zeit. Sie gab mir ihre Adresse und eine halbe Stunde Zeit, ihr Zimmer zu suchen und an ihrer Tür zu klingeln. Ich brauchte zwanzig Minuten, bis ich vor einem Haus stand, das deutlich verriet, welcher Art Dienstleistungen Mann sich drinnen besorgen lassen konnte.

Ich klingelte, sagte einer Stimme in der Gegensprechanlage, dass ich zu Silvia wollte, wurde in den ersten Stock gebeten, erste Tür links, wo Silvia mich erwartete und mich mit ihrem Anblick sofort überwältigte. Sie war nackt bis auf ein paar Schuhe mit gefährlichen Pfennigabsätzen, hatte das freundliche Gesicht zur freundlichen Stimme, und verstand es, mir meine Befangenheit mit ein paar freundlichen, sicherlich professionellen, Bemerkungen zu nehmen und schaffte es mit ein paar Berührungen eine spontane intime, gar nicht geschäftsmäßige Atmosphäre zu zaubern.

Sie fragte nach meinen Wünschen, meinen Vorlieben, meinen finanziellen Möglichkeiten, schlug dann vor, als ich doch etwas unentschlossen war, dass sie mich wohl erst einmal ausziehen sollte, tat dies dann auch und fragte, ob sie mich waschen dürfe. Sie führte mich in ein Bad und verstand es ab da, dass ich mich ganz und gar als Mann fühlen konnte. Während sie mich hier im Bad und dann später auf dem Bett bearbeitete, wurde mir bewusst, dass genau das die dritte große Wunde war: die Erschütterung, als Ehemann, als Liebhaber versagt zu haben, als Mann nichts mehr zu gelten. Und das war wohl die schwerste Verwundung, der absolute Super-GAU, den ein Mann treffen konnte. Ich war einer Frau, meiner Frau, nicht mehr genug. Das, was ich ihr bieten konnte – in jeder Hinsicht – hat nicht ausgereicht, sie zu binden, sie, wenn ich das so sagen darf, bei der Stange zu halten.

Nun, ich konnte nicht beurteilen, wie im Vergleich zu anderen Liebhabern meine Qualitäten waren; aber von den gelegentlichen Fragmenten in Erzählungen anderer Männer und Frauen, von Beschreibungen in irgendwelchen Büchern und Darbietungen in irgendwelchen Filmen konnte ich mir ausmalen, dass ich mich in diesen Dingen nicht unbedingt als Einfaltspinsel brandmarken lassen musste.

So hatte uns heranwachsenden halbstarken Jugendlichen schon unser Biologielehrer einst im Aufklärungsunterricht für Fortgeschrittene verraten, dass Frauen im normalen Geschlechtsverkehr »betriebsbedingt« nach den Männern zum Orgasmus kämen, und Männer sich einige Frustrationen ersparen könnten, wenn sie nach ihrem eigenen Höhepunkt auch noch weiter an der Realisation von ihrem arbeiteten; ein Hinweis, den ich in meinem nachfolgenden Leben stets penibel berücksichtigte, um meinen ganzen Ehrgeiz im Bett darauf zu verwenden, die Grenzenlosigkeit meiner Zuneigung dadurch zu beweisen, dass ich sie stets vor mir zum Explodieren brachte.

Da ich mir also der Bewunderung zumindest meines Biologielehrers sicher sein konnte, ging ich auch jetzt und hier mit der fremden Silvia ganz selbstbewusst zur Sache, auf meine Vorlieben und Künste absolut vertrauend und mir der – nicht nur aus finanzieller Sicht – Kostbarkeit des Augenblicks ganz und gar bewusst. Und da wir Neandertaler so einfach konstruiert sind, tat es mir unendlich gut, als eine Frau, die es ja beurteilen können musste, meinen Hunger würdig anerkannte und auch noch sonst mit einigen, mich aufmunternden Äußerungen den Empfang ihres Liebeslohnes quittierte. Dass das in die Kategorie »Verkaufsförderung« gehören könnte, ignorierte ich einstweilen, ich nahm von dem Gehörten und Erlebten nur das mit, was mir in meiner Situation gut tat.

Auch deshalb traute ich mich, schon beim Herausgehen, doch noch die Frage zu stellen, die Mann sonst in solchen Situationen tunlichst vermeiden sollte. Aber ich musste nach meinen ganz privaten Erlebnissen einfach von einer unbeteiligten, aber kompetenten Kommentatorin hören, ob ich wirklich zu dem taugte, was wir gerade getrieben hatten, und ob ich im Wettbewerb der einfallsreichen und einfühlsamen Liebhaber würde bestehen können. Silvia – oder wie immer sie hieß – schaute mir mit ihrem fröhlichen Lächeln ins Gesicht und erteilte mir die Absolution, die ich wohl brauchte. Es war ein gutes Gefühl, von diesem wissenden Orakel zu hören, dass ich die Konkurrenz da draußen wirklich und wahrhaftig nicht zu fürchten brauchte.

Und noch etwas anderes hatte ich von dieser stürmischen Begegnung mitgenommen: Die Erinnerung an eine andere Haut, die – ohne weitere sonstige Verpflichtungen, zu denen ich im Augenblick gar nicht bereit war, sie einzugehen – die alten Erinnerungen mit ihren Verlockungen und Qualen ein für alle Mal in ihre Schranken wies. Es gab jetzt ein Danach, das das Davor nun für meine kleine Welt relativierte. Zwar haderte ich noch mit mir, weil ich ja eigentlich Sex für mich nicht zu etwas Beliebigem, Reproduzierbaren – wie es wohl auch im Blinddate hätte möglich werden können – machen wollte, aber ich stellte fest, dass hier die Erfahrung, noch als ganzer Mann zu funktionieren, einstweilen für mich wichtiger war als meine hehren Prinzipien. Oder anders ausgedrückt: Ich war einfach schwach geworden.

Nichtsdestotrotz, ich fühlte mich jetzt rundum deutlich besser und glaubte mein – vor allem – emotionales Leben wieder in den Griff bekommen zu haben. Die größten Wunden waren notdürftig versorgt, das Leben glitt nicht mehr weiter aus meinem Körper, die Kräfte kehrten zurück und die Abenteuerlust wachte allmählich aus ihrem Dämmerschlaf wieder auf. Ich dachte an Wiebke nicht mehr als an das Gespenst, das mir meinen Frieden raubte. Sie war jetzt eine Erinnerung, wie Tina, wie Stephania, wie das Mädchen, das mir das Küssen beibrachte, oder die Silvia, die mir die Angst vor meinen eigenen Fähigkeiten nahm, wie all die anderen tausend Frauen, die mich zum Mann machten und die nun immer dann zu mir zurückkehrten, wenn mein Kopf und meine Hand das wollten.

All die Angst, die Wut und der Zorn waren jetzt verschwunden, wenn ich an sie, die große Liebe meines bisherigen Lebens, dachte. Nun war auch ich soweit, das vergangene Kapitel abzuschließen, von dem ich glaubte, dass auch sie es mit Macht beenden wollte. Zwar konnte ich noch immer nicht ganz verstehen, warum sie das, was für mich das Paradies war, nicht auch als eigenes Paradies erleben konnte. Aber das Heraustreten aus dieser Welt, um in eine andere zu gelangen, war für mich nichts mehr, das mir Aufregung bereitete. Ich hätte sie nur so gerne gefragt, wie sie all das Neue, bedrohlich oder verlockend, erlebte, wie sie es hier abseits des Bannkreises unserer Ehe aushielt und ob auch sie Frieden und Zufriedenheit finden konnte.

Schluss. Aus und vorbei. Nichts war mehr da von den aus jahrelanger Praxis her vertrauten Gefühlen. Ich und meine Liebe waren ausgelaugt. Wollten nicht mehr. Lieber alleine sein, als sich wie ein Möbelstück fühlen, als dieses vielzitierte »Loch in der Matratze, das einen Namen trägt«. Angst vor der Einsamkeit hatte ich nicht, denn ich wusste nicht, wie es sein würde, hatte ich doch noch nie zuvor in meinem Leben wirklich alleine und auf mich selbst gestellt gelebt. Wie würde es sein, mit dieser neuen Freiheit umzugehen? Nein, Angst hatte ich wirklich nicht mehr; ich war nur ganz und gar neugierig auf ein neues, hoffentlich anderes, aufregendes Leben.

Doch schon hatte ein anderer Mensch zielstrebig seine Fänge nach mir ausgestreckt. Ganz der erfolgreiche Jäger und (Eroberungen-) Sammler, hatte er meine Witterung aufgenommen. Und ich spielte nur zu gern das willige Opfer, zumal der Neue um einiges jünger und attraktiver war als mein gebrauchter Silbernacken. Ich sonnte mich in dem ungemein prickelnden Gefühl, begehrt zu werden, fühlte mich unwiderstehlich und toll. Jedenfalls für eine kurze Zeit. Denn ich war nicht nur willig, sondern auch fordernd.

Es machte sich da auch ziemlich schnell in dieser hitzigen Affäre die stille Sehnsucht nach dem Vertrauten breit. Da waren immer Erwartungen im Raum zwischen ihm und mir, die nicht erfüllt wurden. Nicht erfüllt werden konnten, weil die über Jahre hinweg gewachsene Vertrautheit mit meinem vertriebenen Neandertaler fehlte. Weil ich plötzlich feststellen musste, dass das, was vorher von mir in meiner Beziehung mit Axel zumindest ein Stück weit als selbstverständlich angesehen wurde, nun einen anderen total überforderte.

Er kannte all die Gespräche nicht, in denen ein anderer mich in- und auswendig kennengelernt hatte, er kannte die vielen kleinen still verabredeten Spiele nicht, die meine Lust suchten und mir Genuss gaben. Er hatte es wohl in seinem Leben und Lieben bisher nie nötig gehabt, den Moment einer Leidenschaft bis zum Zerreißen auszukosten und den Aufstieg in die Ekstase immer wieder neu herauszuzögern, um in einer leuchtenden Explosion den Unterschied zwischen Schmerz und Wonne als Kometenschweif verglühen zu sehen. Beim Sammeln seiner eigenen Höhepunkte hatte der junge Jäger völlig übersehen, dass vor allem der Weg zum Gipfel das eigentliche Ziel sein konnte.

Ich entsprach wohl ganz offensichtlich nicht seinem und dem allgemeinen Bild einer Frau, die seit fünfzehn Jahren immer nur mit dem einen Mann Sex gehabt hatte. Ich war nun einmal nicht die Schlaftablette, die darauf gewartet hatte, dass Mann sie in eine Sprudeltablette verwandelte. Ich war mir meiner Sexualität und meinen Bedürfnissen von Kindesbeinen an durchaus immer bewusst gewesen, und hatte bekommen, was ich wollte. Ich war erstaunt, dass ich dort, wo meine entfesselte Neugier noch einmal mehr gefordert hatte, als ich bisher gewohnt war zu bekommen, einen so erprobten Jäger und Mann erschrecken konnte. Auch eine Erfahrung. Da, wo ich lernen wollte, musste ich selber zur Lehrerin werden, dort, wo ich mich hingeben und genießen wollte, musste ich erst einmal Unterricht erteilen in dem, was 15 Jahre Ehebett einen verlangen lassen.

Ich wollte aber alles auf einmal. Ich wollte Sicherheit; Geborgenheit; Ehrlichkeit; Toleranz in bestimmten Grenzen; perfekte, prickelnde Liebeskunst und absoluten Genuss. Ich wollte Offenheit und ich wollte dazu aufrichtige Liebe geben und genauso geliebt werden. Ich wollte alles, was eine funktionierende Partnerschaft für mich ausmachte. Ich wollte mehr, aber ich bekam – abgesehen von der Erfahrung, auch nach drei Kindern noch en vogue zu sein – enttäuschend wenig.

Also musste ich mich nun entweder auch unter die Jäger und Sammler begeben, und ausprobieren, was der »Fleischmarkt« so zu bieten hatte, oder erst einmal alleine bleiben, mit meinen zehn gesunden Fingern und dem guttrainierten Beckenboden. Da ich nun aber gar keinen Bedarf mehr hatte, die Einsatzbereitschaft der anderen männlichen Mitmenschen zu testen, um dann letztendlich doch wieder feststellen zu müssen, dass die meisten wohl nur das kurzweilige Vergnügen suchten, entschied ich mich für mich. Zu verwirrend war für mich das Macho-Gehabe der zahlreichen unbekannten Neandertaler, die es für sich als selbstverständlich ansahen, dass sie Frauen ungefragt anmachen durften, aber das provozierte Echo nicht aushalten konnten.

Meine Güte, was bildeten sich diese Kerle denn ein? Ich war doch wohl ganz offensichtlich kein Backfisch mehr, sondern dreifache Mutter und eine Frau, die wusste, was sie nicht wollte.

Nicht, dass ich mit einer geistreichen Anmache Probleme hätte, im Gegenteil, ich gehöre zu den Frauen, die emanzipiert genug sind es zu genießen, wenn Mann ihnen nachpfeift. Ich lasse mich auch gerne mal auf einen Flirt ein, bei dem für mich aber von vornherein klar ist, wo die Grenzen liegen: Kucken ja, Fummeln nein. Doch irgendwie gab es da plötzlich Kommunikationsprobleme mit meiner neuen männlichen Umwelt. Alleinerziehende Frau wird leicht zum Freiwild. Alleinerziehende Frau wurde zum Freiwild. Das wollte ich mir nun wirklich nicht antun. Das hatte ich doch wohl nicht nötig. Aber was war die Alternative? Mir kam die Welt da draußen sehr fremd vor und auch feindselig.

Aber nicht nur mir ging es so. In den vielen Gesprächen dieser Zeit mit anderen Frauen in meiner Umgebung, die ein mehr oder weniger zufriedenes Single-Dasein fristeten, stellte sich immer wieder heraus, dass Frau sich ganz genau überlegen sollte, welche Erwartungen sie hat, welche Ziele, bevor sie sich am Abend aufmacht und auf die Pirsch geht. Da gab es die einen, die seit geraumer Zeit auf der Suche waren nach ihrem Traumprinzen, der sie befreien sollte aus der dunklen Einsamkeit, die aber bisher immer wieder nur Frösche geküsst hatten oder sich von ihnen poppen ließen. Aber egal wieviel mehr – außer dem Schmerz über eine neuerliche Enttäuschung war ihnen bisher nichts geblieben.

Oder doch: Die Verbitterung und auch das Schamgefühl, es wieder nur zu einem One-Night-Stand gebracht zu haben. Ach ja, auch das Getuschel der Nachbarn darf hier nicht unterschlagen werden, selbst wenn außer falschen Moralvorstellungen wohl nur noch Neid dahinter gestanden haben mag. Nicht ernstzunehmen also für eine selbstbewusste Frau; aber nach einiger Zeit war es bei dieser Art von Singles mit dem Selbstbewusstsein nicht mehr allzu weit her.

Es gab demgegenüber aber auch jene, die sich ganz bewusst auf die Jagd nach einem Mann machten, ohne mehr zu erwarten, als dass sie sich einfach mal wieder als Frau fühlen konnten. Die das Glück einfach nur genießen wollten, so lange es denn dauern sollte. Dieses Umworben- und Umschmeicheltwerden, das sicherlich auch nur den einen bestimmten Zweck erfüllen sollte. Sie wappneten sich von vornherein gegen ein Zuviel an Gefühlen, gegen Erwartungen oder gar Pläne für das Morgen. Und es funktionierte offensichtlich sogar. Jedenfalls bei ihnen. Ob das bei mir funktionierte, da hatte ich so meine Zweifel. Ich hatte wohl einfach noch nicht so richtig verinnerlicht, dass zwischenmenschlicher Sex nicht unbedingt etwas mit Liebe zu tun haben musste.

Ich hatte ja bereits die Erfahrung für mich verbuchen müssen, dass Sex ohne Vertrautheit mir nicht genug war. Ich wusste auch nicht, ob ich es überhaupt anders wollte. Dann konnte ich doch wohl lieber bei meinen autosexuellen Erlebnissen bleiben, als morgens neben jemandem wach zu werden, von dem ich nicht einmal wusste, ob er

Kaffee oder Tee zum Frühstück trinkt, wenn denn überhaupt ein Frühstück im Zeitplan vorgesehen sein sollte. Oder sollte ich vielleicht mal mit einer anderen Frau ...?

»*Ich könnte mir vorstellen, dass Sex mit einer Frau viel sinnlicher sein kann als jemals mit einem Mann.*« *Da war ich doch ganz offensichtlich nicht die einzige gewöhnlich heterosexuelle Frau, die diese unbekannte Alternative mehr oder weniger ernsthaft für sich in Betracht zog.* »*Wir Frauen kennen doch unsere eigenen weiblichen Bedürfnisse viel besser als die Männer. Vielleicht sollten wir eine WG der einsamen Frauenherzen gründen. Wenn dann jemand von den Männern gefrustet ist, trösten wir uns eben gegenseitig.*«

Anne, eine meiner Freundinnen und »*Leidensgenossin*«*, sprach hier in unserem Dorfgasthaus meine eigenen Überlegungen etwas zu laut aus, jedenfalls drehten sich alle in der Gaststube anwesenden Männer schockiert zu uns um, die anwesenden Frauen drehten sich ebenfalls zu uns um, aber nicht schockiert, sondern eher noch etwas verschüchtert irritiert. Allerdings ich selbst fühlte mich seit langem das erste Mal wieder richtig gut verstanden. Derweil fuhr Anne ungeniert fort:* »*Weißt du, manchmal käst mich das alles einfach an. Wir wollen doch wohl nichts Unmögliches, selbst für einen Neandertaler von Mann nicht.*

Aber ich habe immer das Gefühl, dass von dem, was ich sage, nur ein Bruchteil bei einem Mann ankommt. Die bilden sich ein, wenn sie ein bisschen Charme versprühen, dann können sie sofort mit etwas anderem hinterherspülen!«

Wir mussten beide lachen und zogen nun noch mehr Aufmerksamkeit der anderen auf uns, die mit uns in der Gaststube saßen. »*Hab ich das richtig mitgekriegt, ihr werdet jetzt lesbisch?*« *Diese Frage war kaum ausgesprochen, natürlich von einem Mann, als es ein allgemeines Veto von den übrigen Männern im Raum gab. Frauen, die es sich selbst und gegenseitig besorgen? – Da machte sich absolut greifbar die Angst breit, die Herren der Schöpfung könnten überflüssig werden.* »*Warum denn eigentlich nicht*«*, parierte Anne richtig frech grinsend und ihre geballte unnahbare Attraktivität ausspielend.* »*Es ist doch wohl logisch, dass es zwischen Frauen nicht so viele*

Missverständnisse geben kann wie mit euch Halbwilden. Rein von der Anatomie her müssten Frauen sich doch schon besser kennen, ihre Bedürfnisse besser beurteilen können, als ihr Männer das jemals schaffen würdet. Euch kann man hundertmal etwas sagen, ihr hört und seht nur das, was euer Testosteron-Filter durchlässt!«

»*Oh Gott. So schlimm sind wir doch wohl auch wieder nicht. Du tust uns Unrecht.*« *Allgemeines männliches Kopfnicken als Aufmunterung für den mutigen Adam, der hier die Fahne der Männlichkeit tapfer in die Höhe hielt, begleitet allerdings von allgemeinem Wundenlecken nach diesem Frontalangriff durch Anne, die offensichtlich ins Schwarze getroffen hatte.*

»*Okay. Machen wir es ganz banal.*« *Jetzt mischte ich mich als direkt Betroffene ein.* »*Wann habt ihr Pantoffelhelden denn euren Frauen das letzte Mal einfach so Blumen geschenkt? Kennt ihr wirklich das Lieblingsparfüm eurer Angebeteten? Wisst ihr, was eure Frauen wirklich denken, wenn sie bei euch im Bett liegen, sich wirklich wünschen, wenn ihr mal wieder in Amors Fußstapfen zu treten versucht? Gebt ihr eurer wahrlich besseren Hälfte das Gefühl, dass sie noch genau so begehrenswert ist wie beim ersten Mal, oder hat bei euch in den Schlafzimmern und Ehebetten auch der größte Feind jeder Beziehung Einzug gehalten, beherrscht bei euch auch die Routine und Hausmannskost den Alltag?*«

Es war eine Wucht, mit anzusehen, wie die Ohren der Herren immer roter wurden und die angetrauten und aushaltenden Ehefrauen immer kesser. Es setzte nun eine ziemlich lebhafte Diskussion ein, bei der so manchem anwesenden Ehemann der Kopf zünftig zurechtgesetzt wurde von den Frauen, die sich bisher wohl noch nie beklagt hatten, wohl auch, weil sie noch nie darüber nachgedacht hatten, ob denn alles so bleiben musste, wie es war, nur weil es scheinbar schon immer so war, so schön ruhig. Und langweilig.

Ich hatte nicht nach etwas völlig Unmöglichem gefragt, nur nach etwas, das mit ein wenig Aufmerksamkeit zu schaffen gewesen wäre, und doch zeigte der aufbrandende Temperamentsausbruch der Damenwelt hier in diesem Dorfgasthaus, dass die anwesenden

Ehemänner auch mit solchen kleinen Liebesbeweisen schon hoffnungslos überfordert waren.

Da stand ich auf von unserem Tisch, denn ich wollte eine Antwort auf die Fragen, die mich selber quälten. Ich wollte und konnte hier keine Antworten liefern auf Probleme, die nicht meine waren. Ich hatte mit mir selbst genug zu tun. Und ich hatte verdammt noch einmal nicht diese Gelassenheit wie Anne, die sich einfach in eine Kneipe setzen und einen Mann abschleppen konnte, wenn er sich nicht allzu tölpelhaft anstellte, sondern es für einen Abend schaffte, dass sich Anne einfach nur als Frau fühlen durfte.

Anne war in solchen Situationen bereit, den Augenblick auszukosten und jeden Millimeter Leidenschaft zu genießen, auch wenn sie ja eigentlich mit ihrem Ausbruch zugegeben hatte, dass sie sich für ihre eigene Zukunft wohl auch etwas anderes wünschte als den austauschbaren Lover. Ich wollte aber nicht auf eine ungewisse Zukunft warten, zumal ich nicht im Geringsten wusste oder mir ausmalen konnte, wann die denn endlich beginnen sollte. Ich wusste wohl nur bei mir mit aller Bestimmtheit, woran ich war. Also musste ich wohl doch alleine bleiben.

Ich ging nach Hause. Es war wirklich sehr einsam um mich herum und in mir drinnen geworden, auch wenn ich doch die drei geliebten Kinder noch um mich hatte. Vielleicht auch gerade deshalb, erinnerten sie mich doch immer wieder durch ihre bloße Präsenz, dass ich etwas Wundervolles für etwas sehr Ungewisses aufgegeben hatte. Ich ging in mein leeres Schlafzimmer, legte mich auf das viel zu große Bett, in dem sich jetzt so ganz widersprüchliche Erinnerungen tummelten und mich verhöhnten, weil ich die einen Erinnerungen wegen der anderen vertrieben hatte und nun doch ganz alleine hier lag.

Ich fühlte mich, als wäre ich der einzige Mensch auf der Welt. Den einzigen Trost, die einzige Entspannung, wenn das Gefühl des Verlassenseins und der Druck der Verantwortung und auch die Angst vor dem Morgen so wie jetzt zu groß wurden, konnte ich mir nur noch selber schenken. Ich verfluchte alle Männer. Und ich dachte an die Frauen. Ich hatte soviele Grenzen in meinem Leben jetzt niedergerissen, warum nicht auch diese? Da waren doch diese Pornos von Axel (diesem Mistkerl, was hatte der sich eigentlich damit eingebildet?), die bei mir doch auch nicht ohne Wirkung geblieben waren. Und das waren nicht nur diese Schmalspur-Gigolos, wegen denen ich meine Augen nicht abwenden konnte.

Nun leckte ich meine Wunden und gab mich ganz meinen Phantasien hin. Wir Frauen kannten die Bedürfnisse von uns Frauen doch am besten, das hatte ich doch gerade irgendwo gehört. Natürlich wusste ich, was mir guttat. Warum sollte ich irgendeinem Kerl erst erklären, was ich mochte, wenn er zu dumm war, es herausfinden zu wollen, sondern lediglich mich zum Abspritzen seiner Hormonaufladung brauchte? – Mit einer Frau an meiner Seite könnte das wohl anders zugehen, wir standen beide nicht so unter Druck wie die allzeit bereiten Prachthengste, wir konnten den Moment, die Haut und die Hände viel, viel bewusster nutzen, um uns schließlich mit der Zeit ins Unbewusste zu verlieren. Und ich lieh dieser Frau für eine Weile meine Hände, in der ich ganz und gar meine Probleme und mein völlig aus den Fugen geratenes Dasein vergaß.

Ich genoss wieder die Berührung an den verschiedenen bewussten Stellen, die sich in jahrelanger Praxis als für solche Gelegenheiten besonders geeignet gezeigt hatten. Und in meinem Traum wurde mein alleiniges Schlafzimmer zum Harem eines kaum gekannten, geheimnisvollen Scheichs, in dem wir tausend Haremsdamen uns die Zeit meist miteinander vertreiben mussten, sicher weggesperrt und auch beschützt vor den Anmaßungen anderer, bedeutungsloser Männer, aber stets schmachtend nach der alleinigen, allumfassenden Erfüllung. Ich fühlte, wie meine Mitfrauen heute mich auf Händen trugen, und wie ihre vielen tausend Finger mich verwöhnten, bis die Woge der Lust die Mauern dieses Käfigs aus Händen einfach wegsprengten.

Und doch: All dieses Streicheln meines Körpers weckte am Ende bei aller momentanen Befriedigung auch wieder allein das Verlangen nach dem so vertrauten Spiel, mit dem Axel und ich uns so oft in gemeinsam durchgestandenen schlechten Zeiten gegenseitig Trost gespendet hatten. Diese schlechten Zeiten hier und jetzt waren ganz allein meine eigenen. Und auch wenn dieses Spiel mir als Solo doch ebenfalls vertraut war, so war es bei mir allein ernst und bestimmt. Bei dem, was Axel und ich in solchen Momenten gemacht hatten, waren wir ebenfalls manchmal ernst, aber manchmal eben auch hemmungslos albern, kindisch und dann immer auch ausgelassen fröhlich. Das wollte allein und selbst mit den tausend Frauen einfach nicht klappen. Sollte es das wirklich für mich nie wieder geben?

14. ONANIE UND SEXUALSTRAF-TÄTER – ZÜGEL DEINE LUST

Meine Genesung als Patient mit fundamentalem Liebeskummer machte weiterhin ziemlich gute Fortschritte, wie ich fand, auch wenn sich doch die eine oder andere Verwundung im Nachhinein als deutlich tiefer als auf den ersten und zweiten Blick gedacht herausgestellt hatte. Gerade das Bedürfnis nach sexueller Bestätigung entwickelte sich gleich einer ansteigenden Fieberkurve deutlich heftiger, als von mir bei aller anfänglichen abgeklärten Selbstreflexion erwartet und zum Teil auch schon befürchtet.

Wie jeder andere zum frechen Spiel ermunterte Liebhaber auch, hatte ich in der Partnerschaft stets mein Bestes gegeben, um den schließlich so willig dargebotenen Korb voll köstlicher Lustbarkeiten, von dem mir meine Tante Bertha ja schon einst so verheißungsvoll berichtet hatte, bis zum letzten Fitzelchen auszukosten. Und doch war ich gescheitert, waren all die rund um meinen Leuchtturm errichteten kenntnisreichen Schutzdeiche und -wälle, die den vermeintlich sicheren Hafen meiner Ehe bildeten, nicht genug gewesen, um der anbrandenden Woge einer einzigen Neugier standzuhalten. Aus dem stolz leuchtenden Phallus war ein Irrlicht geworden, das versuchte, fremde Schiffe an seine Gestade zu locken, um dann die gierigen Strandpiraten auf die ahnungslosen Opfer loszulassen.

Wieder war da ein Geheimnis, das sich meines Wesens bemächtigt hatte, das mich lenkte in meiner wieder aufkeimenden Angst, der schleichenden Panik, all die Zeit fehl am Platze gewesen zu sein, quasi ein Leuchtturm am Baggersee, ein Leuchtfeuer am Gartenteich – absolut alles und jeden mißverstanden zu haben. Ich spürte jetzt die Nähe der Waffe, die mir meine Wunden bereitet hatte. Ich Narr hatte nur Pflaster verteilt, ohne an die immer noch gegenwärtige Klinge zu denken, die meine Haut und meine Seele zerschnitten hatte und immer noch versteckt auf der Lauer lag, um ihren giftigen Stahl schmerzhaft in meinem Leib zu versenken.

Was nur hatte ich falsch gemacht? Was nur hatte meine Geliebte mit mir entbehren müssen, dass sie einen anderen mit den Aufgaben betraute, die ich so gerne für sie erledigt hatte? Ich ging wieder einmal auf die Suche eine Antwort zu finden auf diese diesmal gar nicht vorbehaltlos spannende, sondern eigentlich nur schmerzende Frage. Ich studierte wieder einschlägige Literatur, schaute anderen multimedial bei dieser Arbeit zu, und probierte selbst offensiv und langanhaltend, meine diesbezüglichen Künste nach all den Jahren doch noch zu verfeinern und zu vervollkommnen. Und ich ging diesmal noch gründlicher vor als in all den vergangenen Jahren seit meiner frühen Kindheit.

Ich hatte schon bald kaum noch für irgendetwas anderes Zeit als für diese neuerliche, sicherlich heftigste und verzweifeltste aller meiner Selbstversuchsreihen, verbrauchte literweise Massageöle und Dutzende Kartons von Kleenex, um eine Antwort auf die Sehnsüchte meiner einstigen Geliebten zu finden; ich hätte meinen Schul- und zeitweise Zimmerkameraden Joe, die Wundernudel aus dem englischen Seebad, sicher mit meiner Leistungsfähigkeit vor Neid erblassen lassen. Aber ich wurde durch mein zügelloses Treiben allerdings wohl auch immer rarer für eine Umwelt, die aufgrund meiner sittsam veröffentlichten Trennung sowieso auf Hab-Acht-Stellung war, was die Begleitumstände meiner aus den Fugen geratenen Ehe anging.

Ich versorgte gerade ein paar Fassadenrisse an meinem vereinsamten Leuchtturm, die wohl aufgrund der entfesselten Stürme des Lebens die deutlichen pathologischen Zeichen einer langsam chronisch werdenden Überbeanspruchung waren, als das Telefon klingelte. Egal wie, Mann kann es nicht vermeiden, in einer solchen

Situation wie der meinen immer beim Klingeln des Telefons denken zu müssen: »Hoffentlich ist sie es!« Sie war es, wie auch in den ungezählten Malen davor, als ich hektisch aufspringend zum Telefon gegriffen hatte, natürlich nicht. Es war Jochen. »Na, bist du schon gestorben?«

Das war nun eine eigentlich merkwürdige Anrede; aber nachdem ich mich in vorangegangenen freien Minuten in meiner Not schon auf Friedhöfen herumgedrückt hatte, doch auch wieder nicht so außergewöhnlich; nur: Ich hatte niemandem von meinen nekrophilen Anwandlungen und damit verbundenen Begegnungen erzählt. Woher wusste also Jochen von meinen ziemlich parabolischen Ängsten?

»Nein, ich bin am Telefon, also bin ich noch da. Wie geht es dir?« Ich wollte nicht über mich reden. »Danke, Axel, aber reden wir lieber über dich. Da hört man ja nicht so feine Dinge von dir. Kann ich dir irgendwie helfen?« Demjenigen, der da im wohligen Klatsch über das, was ihn selbst nicht betrifft, sich aber so sensationslüstern zum Weitererzählen eignet, nicht schweigen konnte, werde ich bei nächster Gelegenheit die Zunge herausschneiden. Ich wollte mich wälzen in meinem Selbstmitleid; wer hätte mir schon helfen können? Jochen konnte mir nicht nach einem gemeinsamen Schäferstündchen zuhauchen: »Mensch Axel, du warst richtig klasse!« Und wenn doch, so war er bestimmt nicht derjenige, von dem ich das wirklich hören wollte.

»Ich glaube eher nicht. Ich komme schon zurecht. Was macht deine Praxis?« Noch ein Versuch, das Thema zu wechseln. Aber ich hatte wohl keine Chance. »Keine Ahnung. Es ist Mittwoch, ich habe meinen freien Nachmittag. Oder noch nicht ganz. Was machst du gerade?« Oh, oh, das würde ich ihm, bei aller Freundschaft, wohl besser nicht erzählen, auch wenn es in der Tat eigentlich etwas aus seinem Fachgebiet war. Ich hätte nicht dabei ernst bleiben können.

»Ich repariere einen ehemaligen Leuchtturm.« Es war jetzt sehr still am anderen Ende der Telefonleitung; wahrscheinlich überlegte Jochen, ob er sich jetzt in sein Auto setzen sollte, um die 800 Kilometer zwischen ihm und mir zu überwinden, um mich vor beginnender Geisteskrankheit zu bewahren, oder ob er lieber gleich einen psychiatrischen Notfalldienst beauftragen sollte, der sich meiner wohl akut bedrohten Nerven würde wesentlich schneller annehmen können als er selber. Schließlich entschied er sich offensichtlich, erst einmal durch weiteres Fragen die genaueren Umstände meiner augenscheinlichen geistigen Verwirrung herauszuarbeiten.

»Also einen Leuchtturm? So, so. Ein durchaus phallisches Symbol, dem Männer im Falle einer erfahrenen fundamentalen Erniedrigung nahezu kultische Empfindungen entgegenbringen können, um die real erlebte mentale Katastrophe durch ausgefeilte rituelle Handlungen zu absorbieren. Du kannst mir folgen?« Ich nickte, was natürlich schwachsinnig war bei einem handelsüblichen Telefon ohne Bildübertragung. »Ich höre dich nicken, Axel. Ich glaube ja nicht, dass du nach deinem bisherigen Leben zu solchen emotionalen Kompensationen greifen musst, wenngleich ich dich trotzdem sicherheitshalber vor zu viel Übereifer in diesen Dingen – sagen wir einmal prophylaktisch – warnen möchte; du könntest damit eine Büchse der Pandora öffnen, deren Deckel du bei aller anschließender Verzweiflung nicht mehr geschlossen bekämst.«

Dass Mann die Weiblichkeit der Weiber auch Döschen nennen konnte, wenn man sich in entsprechendem Milieu zu solchen Feinheiten äußerte, war mir bewusst. Aber eine Pandora kannte ich nicht, hatte ich noch nicht einmal in meinen wildesten Träumen vor Augen. Ich musste wohl etwas falsch verstanden haben in meiner anhaltenden liebestollen Betäubung. »Du darfst weiter nicken, wenn du mich verstehst. Ich fahr einfach mal fort in den Dingen, die ich dir von Mann zu Mann in deiner Situation einmal sagen möchte.« Ich war froh, dass ich schweigen durfte.

»Weißt du, Axel, was ich meine, ist einfach, dass ein Schockerlebnis wie eine Trennung von einem Partner, mit dem wir viele Jahre alles geteilt haben, eine so tiefgreifende Erschütterung sein kann, dass wir in dem Gefühlschaos Dinge in uns entfesseln, die wir nur schwerlich ausführen würden, wenn wir klar bei Verstand wären.« Trennung macht also dumm? – Das war ja eine schonungslose Mitteilung. »Ich will dir einmal ein bisschen Angst machen: Wusstest du, dass schwere Sexualstraftaten, gerade von Serienstraftätern, fast ausschließlich durch eine einzelne, herausragende fundamentale Erniedrigung durch einen nahestehenden Menschen ausgelöst werden?« Wissen tat ich das nicht, aber verstehen. Die auch von mir erlebte Wut war schon grenzenlos. »Allerdings war es in erster Linie die eigene Mutter solcher Serien-Ripper, die den Anstoß gab zum ersten Massaker.« Halleluja, da war ich aber beruhigt.

»Aber eben nicht immer. Ich erzähl dir übrigens keinen Bullshit. Ich lese dir mal kurz etwas vor; die Textstelle stammt aus dem Buch ›Die Seele der Mörders‹ (Douglas, John; Olshaker, Mark; München 1998. Wilhelm Goldmann Verlag): ›Der eigentlichen Tat geht dann oft eine auslösende Situation voraus. Oft ist es der Verlust des Arbeitsplatzes und/oder der Verlust einer Frau oder Freundin. Der hohe Frustrationsgrad sorgt dafür, dass der Täter versucht, sein Sicherheits- und Geborgenheitsgefühl anderweitig wiederherzustellen. (...) Nun braucht er nur noch eine Gelegenheit, sich eines wehrlosen Opfers zu bemächtigen, das er dominieren und kontrollieren kann. Und wie tut er das? Durch Vergewaltigung und Mord zum Beispiel. Es ist auch denkbar, dass potentielle Täter nie in eine auslösende Situation gelangen.‹ « – »Du hast Recht, Jochen, du machst mir Angst. Ich bin doch kein Kettensägenmörder.«

»Nein, das bist du wirklich nicht, da besteht auch keine Gefahr. Diese besondere auslösende Situation ist ja nur ein Aspekt, die einen Serienstraftäter charakterisiert. Da gibt es noch weitere Faktoren, wie die Kindheit eben, eigene Mißbrauchserlebnisse und so. Ich wollte dir nur klar machen, dass du dich in einer absoluten Ausnahmesituation befindest und Hilfe auch annehmen solltest.« Na, wie nett. Dass ich mich in einer Extremlage befand, war mir auch ohne kriminal-psychologische Hilfe bekannt. Aber die Art von Hilfe, die ich brauchte, die konnte Jochen doch nicht geben!?

»Na, wahrscheinlich denkst du jetzt, dass der Spinner da am Telefon dir doch keine entschwundene Braut ersetzen kann. Will ich auch gar nicht. Dir nur einmal ein paar zusätzliche Augen öffnen, du liebesblinde Nuss. Zum Beispiel, dass du mit allem, was du jetzt in deinem Bett tust, etwas vorsichtiger sein solltest. Koch dich erst einmal ein bisschen runter, damit du den Kopf klar bekommst und ein wenig freier entscheiden kannst, was du jetzt eigentlich willst, und nicht von deinem Schwanz ferngesteuert von einem Abenteuer in die nächste Katastrophe stürzt.«

»Ich glaube nicht, dass dich das was angeht, was ich in meinem vereinsamten Bett so treibe.« – »Oh doch, Axel, jetzt ja. Der Hinweis auf das Vereinsamtsein in deinem Bett war der entscheidende Hilfeschrei, den ich jetzt ganz genau gehört habe und dir – danke für dein Vertrauen – nicht unerwidert lassen werde. Zuerst: Noch ein angstmachender Hinweis. Auch zwanghafte Masturbation ist ein deutliches Indiz für eine drohende Karriere als Seriensexualstraftäter. Ich zitiere wieder (Ressler, Robert K. & Shachtmann, Tom: ›Ich jage Hannibal Lecter‹. München 1993; Heyne): Das Leben solcher Typen ›war geprägt von (...) in der Regel vielen Tagträumen, zwanghafter Masturbation, (...) und Alpträumen.‹ Falls das eine Beschreibung deiner gegenwärtigen Situation ist, solltest du zumindest nachdenklich werden.«

Nun, das hatte Jochen zweifellos erreicht. Mit Hannibal Lecter, diesem Monster aus »Schweigen der Lämmer« und eben »Hannibal« in einem Zug genannt zu werden, das war schon harter Tobak. »Jochen, erlaubst du eine Gegenfrage: Hat zufällig in der Bild-Zeitung irgendetwas über meinen Fall gestanden? Irgendetwas auf der Seite eins, in Riesenlettern und mit blutrünstigen Bildern? Ich bin in letzter Zeit nicht viel rausgekommen; habe ich da etwas verpasst?« – »Äh, nein, ich glaub nicht!?« – »Wie kommst du denn darauf, ich könnte irgendwelche hübschen FBI-Agentinnen mit meiner emotionalen Blockade heimsuchen?«

»War nur so ein Gedanke, weil man auf einmal nichts mehr von dir hört. Mann macht sich ja so seine Sorgen. Und Mann kann sich ja ausdenken, wie Mann selber in solch einer Situation sich verhalten würde. Es ist tatsächlich so, dass, wenn die Autoerotik ihre Funktion als Stimulans verliert und zur alleinigen Ersatzbefriedigung wird, die immer schwieriger zu erzeugenden sexuellen Phantasien in immer gefährlichere Dimensionen vorstoßen. Ich möchte nur, dass du die Kontrolle nicht verlierst über das, was du tust.

Erinnerst du dich an unsere scharfe Kochstunde vor ein paar Jahren?« Wie sollte ich die vergessen, mein Mund brennt ja heute noch von dem feurigen Mahl. »Damals zog ich doch den Vergleich, dass Liebe aus biochemischer Sicht eine Krankheit ist; und dass es unserem freien Willen obliegt, ob wir diese Gefühle auslösen wollen oder nicht – du erinnerst dich?« Aber ja doch. »Na, du nickst wohl wieder. Jedenfalls kann so eine selbst ausgelöste Krankheit auch chronisch werden. Das ist dann so, als würde ein gelegentlicher Kokain-Schnupfer dauerhaft abhängig.« Liebe als Drogen-Rausch, Onanie als LSD-Trip – das war doch Schillers Vision?

»Es ist wirklich so, Axel. Ich lese dir noch etwas vor aus einer medizinischen Publikation (›Moderne Suchtmedizin‹, Gölz, Thieme Verlag 3/1998): ›Die Diagnosestellung einer Sexsucht ist nach wie vor schwierig. Zum einen ist die Bandbreite der sogenannten normalen Sexualität enorm und geht gleitend über in eine süchtig mißbrauchende, zum anderen ist die kurzfristige auch extrem gelebte sexuelle Oberaktivität zum Beispiel im Rahmen einer partnerschaftlichen Trennungssituation etwas anderes, wie eine über viele Jahre verlaufende, progressive süchtige Verhaltensweise im Bereich der Sexualität. Man denke nur an die Schwierigkeit, genau zu sagen, ob ein bestimmter Mensch alkoholkrank ist oder nicht. Grundsätzlich wird für diejenigen mit süchtigen sexuellen Störungen (addictive sexual disorders) Sex zum durchgehenden Organisationsprinzip, welches das ganze Leben invasiv durchdringt und bestimmt. Es finden sich zunehmend einige Zeichen, die parallel zu anderen Süchten die Sexsucht charakterisieren:

- sexuelle Aktivität wird zunehmend wichtig, überwertig, verdrängt nach und nach alle anderen Interessen,
- Kontrollverlust tritt auf – Durchbrechen aller Vorsätze, Schwanken zwischen Oberkontrolle und völlig ohne Kontrolle sexuell handeln,
- Fortsetzung dieses Verhaltens trotz negativer Konsequenzen, ja erheblicher Eigengefährdung,
- progressiver Verlauf.

Mir wurde zusehends mulmig in meiner Haut. Ja, es stimmt, die Frage nach meinen sexuellen Entfaltungsmöglichkeiten wurde zunehmend dominant in meinem verkorksten Leben. Meinen sonstigen Interessen ging ich zudem tatsächlich kaum noch nach. Ob ich mich eigentlich noch unter Kontrolle hatte, mochte ich nicht beschwören; jedenfalls hatte ich in einem früheren Leben einmal die längst gebrochenen Prinzipien, nicht für Sex zahlen zu wollen und auf keinen Fall Sex ohne Liebe zuzulassen. Und auch mein mittlerweile aufgrund von eigenhändiger Überbeanspruchung deutlich in Mitleidenschaft gezogener Lustschwengel hielt mich keinesfalls davon ab, mir unentwegt neu Erleichterung zu verschaffen. Es war wie pausenlos Schokolade mampfen. Und wenn ich ganz ehrlich zu mir war, ohne jeglichen Selbstbetrug: Es wurde wirklich immer schlimmer.

Ich befand mich mit meinem ganzen Verhalten in einem Kreislauf von Schmerz und Lust, der sich unablässig wiederholte und sich immer weiter verstärkte, wobei der positive Teil der Verstärkung durch dieses kurzfristige Nicht-mehr-spüren-Müssen meiner unangenehmen, schmerzhaften Gefühle bestand. »Weißt du Axel, falls du glaubst, dass du noch alles im Griff hast und es ja eigentlich alles ganz toll sei, muss ich dir diese Illusion auch noch rauben. Wir Mediziner nennen diesen Zustand die Plateau-Phase einer Sucht.

Der süchtige Mechanismus ist dabei quasi selbstunterhaltend. Du beschäftigst dich zusehends innerlich nur noch mit Sex, es entstehen vermehrt bei diesen Phantasien und Handlungsweisen ritualisierte Verhaltensweisen, es macht sich allerdings immer stärker auch eine anschließende Verzweiflung breit mit allen Ausgestaltungen von Scham und Schuld, die erst wieder mit Beginn eines neuen Durchgangs erlösende Erleichterung erfahren. Schließlich folgt eine erste Eskalation, da es zu einer sogenannten Toleranzentwicklung kommt; das alte System aus Reiz und Befriedigung ist einfach abgestumpft, der Einsatz bei diesem Spiel, das längst keines mehr ist, muss immer mehr erhöht werden, um eine neue Runde zu erleben.

Manchmal merken die Betroffenen an dieser Stelle ihrer Sex- oder – mit Blick auf die körpereigene Biochemie eher – Drogen-Karriere, dass etwas nicht stimmt. Sie machen Versuche, den mittlerweile bedrohlichen Mechanismus zu durchbrechen, gaukeln sich vor, dass sie noch alles unter Kontrolle haben, sie ja jederzeit ausbrechen könnten aus dem unsäglichen Kreislauf. Allerdings ersetzen sie meist in dieser Situation die eine Sucht durch die andere und betäuben ihre ja nach wie vor vorhandenen Schmerzen mit Ersatz-Befriedigungen der Ersatzbefriedigung: Sie futtern Schokolade ohne Unterlass, trinken häufiger Alkohol oder nehmen andere harte oder weiche Drogen. Bis du noch da, Axel?«

»Ja, ja. Ich blicke blass in meinen Flurspiegel, rechts von mir meinen doppelten Whisky, links die 300-Gramm-Tafel Alpenmilchschokolade. Noch irgendwelche Fragen?« – »Na, dann bin ich ja beruhigt. Ich dachte schon, du hast dich an die Vampirette angeschlossen. Das ist nämlich dann immer der Moment, wenn solche Trauergestalten in meiner Praxis auftauchen, weil sie sich in ihrem zügellosen Treiben an ihren wertvollsten Stücken zum Teil sehr ernsthafte Verletzungen zugefügt haben ...« Jochen hielt inne in seinem Vortrag. »Wie war das mit dem Leuchtturm; reparierst du den nicht gerade? ... Nun, äh, egal.

Also: Verletzungen an den Geschlechtsteilen, der Ausbruch von ganz unappetitlichen Geschlechtskrankheiten, aber auch Verletzungen wie Selbstkastrationen durch übereifrige Staubsauger oder in Folge von Autounfällen, die verursacht wurden, weil man die Hand an diesem dazu völlig ungeeigneten Ort nicht am Lenker, sondern am falschen Hebel hatte, all das sind deutliche Anzeichen für uns, dass da einer oder eine unbedingt medizinische oder besser noch therapeutische Hilfe braucht. Übrigens, auch wenn du dir die Brust vergrößern läßt oder erste Fettabsaugungen in Auftrag gibst, um deine vermeintlichen erotischen Qualitäten zu erhöhen, klingeln bei Vertretern meines Berufsstandes die Alarmglocken. Du verstehst mich?«

»Ich denke schon: Eine gigantischer Oberweite und eine klasse Figur lassen deine Glocken klingeln, während ich mit Whisky-Pralinen meine Selbstkastration kompensiere. Richtig?« – »Naja, so ähnlich, aber nicht schlecht für den Anfang. Die Einsicht, dass dieser Kreislauf der Sucht in Gang gesetzt wurde, ist in diesem Fall tatsächlich der erste Schritt zur Besserung. Laut meinem schlauen Buch wäre der zweite Schritt nun die allgemeine Betroffenheit aller Familienangehörigen; aber das hat sich in deinem Fall wohl erübrigt.« Ich heulte auf an meinem Telefonhörer. »Oje, wie taktlos von mir; entschuldige bitte.

Ich komme mal lieber zu Schritt drei und vier: Die Aufklärung des Betroffenen über die Hintergründe der seltsamen Sucht und die gemeinsame Suche mit ihm nach einem Ausweg aus dem meist praktizierten Vertuschen und Verleugnen.« – »Hey, halt mal die Luft an, Jochen, ich bin kein Sex-Junkie.« – »Ah, das Vertuschen und Verleugnen hält also noch an; dann sollten wir uns vielleicht noch ein wenig mit dem Enträtseln der Hintergründe beschäftigen. Das entspricht irgendwie auch dem Schritt sechs hier auf meiner Checkliste: das schrittweise Zulassen der verborgenen Gefühle. Schritt fünf ist übrigens das Erlernen von selbstschützendem Verhalten. Das können wir gleich erledigen, falls du es noch nicht gemacht hast: Nimm die Hand aus der Hose!«

»Jochen!« – »Schon gut, nur keine Aufregung, ich weiß ja, dass du nur Leuchttürme reparierst. Welche Gefühle hast du denn dabei?« – Ja, was fühlte ich eigentlich? Nun, ich wusste, was ich auf jeden Fall fühlen wollte: nämlich nichts. Beziehungsweise ich wollte nicht denken wollen müssen, schon gar nicht über meine Situation. Wenn man einmal Ferrari-Fahrer war, fällt es schwer, sich wieder hinter einem Dreirad-Lenker sehen zu müssen – parabolisch betrachtet. »Axel, deine Bedenkzeit läuft langsam ab; ich will diesmal eine gesprochene Antwort. Das hilft dir, glaub mir.«

»Schon gut, schon gut. Da ist eigentlich nichts, nur Betäubung, die aus ...« – »Red keinen Quatsch, grab tiefer. Lass es raus.« Ich wusste nicht, was Jochen meinte. »Da ist nichts sonst, das ich ...« Jochen fiel mir schon wieder ins Wort; sehr unhöflich das. »Jetzt redest du Bullshit. Wenn ich erlebt hätte, was du erlebt hast, würde ich aber sicher – zumindest in Gedanken – Amok laufen, weil ich nicht ver....« – »Ach, du meinst, ob ich Häuser sprengen könnte, teures Geschirr zerschlagen und wie Rübezahl ganze Wälder zertreten möchte? – Ja doch, solche geringfügigen emotionalen Aufwallungen erlebe ich derzeit auch gelegentlich; sind aber wohl nicht der Rede wert.« Ich konnte auch jemandem ins Wort fallen.

»Geringfügige emotionale Aufwallungen? – Ah, ich weiß, was du meinst. Du denkst, das Ganze sei schon so weit weg, dass du es aus weiter Ferne als kleinen emotionalen Punkt an deinem Gefühlsfirmament nur gerade eben noch ausmachen könntest. Aber ich sage dir, das ist ein brennender Planet, eine Sonne, ein ganzes heißes Sonnensystem da direkt vor deinem Gesicht, das dir nur so winzig vorkommt, weil du dir mit beiden Händen die Augen zuhältst und ein ganz klein wenig nur zwischen deinen Fingern hindurchblinzelst. Pass bitte auf, das kann dich alles wirklich verbrennen, wenn du nicht lernst, deine Gefühle anzunehmen und auszuhalten. Schau ganz hin und sage mir, was du siehst.«

»Da draußen in meinem Kosmos? – Das totale Chaos, die totale Angst, die totale Isolation, die totale Gier; lauter Extreme halt. Aber das ist alles wirklich schon weit weg.« – »Klar, du kleiner Verdränger und Verleugner. Deswegen bringst du auch deinen Leuchtturm ohne fremde Hilfe zum Durchglühen, ja? – Glaub's mir endlich, du hast dich nur zugedröhnt mit deinen Hirn-Amphetaminen, deswegen dringt von deiner Not nichts mehr zu dir durch. Das nennt man Realitätsverlust. Komm zurück in die Wirklichkeit, Axel. Du bist jetzt ein Single, der 'ne Niederlage zu verdauen hat und sich ein neues Leben aufbauen muss. Oder um sein altes kämpfen. Werde dir endlich klar darüber, was du eigentlich willst, und fange an, dir das dann auch mit deinen eigenen Händen zu erarbeiten; dann gerätst du auch nicht mehr in Versuchung, deine Hände für andere Dinge zu verschleißen.«

Erarbeiten, was ich selber wollte? – Na, das hatte ich doch schon getan. Und die anfallenden Anlaufschwellungen – äh, -schwierigkeiten – würde ich mit einer hochwirksamen Heilsalbe schon wieder in den Griff bekommen, oder nicht? »Axel, ich kann dich nicht genug davor warnen, vom Zuviel-mit-sich-selber-Beschäftigten zum Eremit zu werden; der emotionale und soziale Absturz ist dann vorprogrammiert. Dann wirst du dir irgendwann deine Vampirette gar nicht mehr leisten können, weil du gar nicht weißt, wie das richtige Leben funktioniert; oder du hast sogar doch zur Kettensäge gegriffen, weil dein Hass und deine Sehnsucht dich schier aufgefressen haben.«

»Wenn ich mir keine Vampirette leisten kann, wo soll ich denn dann das Geld für eine Kettensäge hernehmen?« – »Axel, im Vertrauen, du raubst mir gerade den letzten Nerv. Noch so eine Äußerung und auch ich fange an zu verstehen, warum dich deine Frau in die Wüste geschickt hat.« Ich jaulte abermals auf, aber diesmal entschuldigte Jochen sich nicht; ich war beleidigt. »Wenn du mich in solch einer Situation um Rat fragen würdest, Axel, was du aber natürlich keinesfalls tun würdest, weil du ja alles so gut im Griff – oder besser: verzweifelt umklammert – hast, würde ich dir sagen, tue jetzt das, was du schon immer am liebsten machen wolltest, woran dich aber Frau und Kinder bisher stets gehindert haben. Mache eine Reise, versuch den Job zu kriegen, den du schon immer haben wolltest, lade ein tolles Mädchen ins Musical ein – aber falle nicht gleich liebestoll über sie her, sondern geniess den gemeinsamen Augenblick und die vielleicht tollen Gespräche hinterher. Geh unter Leute und hab Spaß. Der Rest findet sich. Und nun mach's gut, ich schicke dir meine Rechnung.« Er hängte auf, der alte Gauner, ohne dass ich noch etwas erwidern konnte.

Doch jetzt klingelte das Telefon schon wieder. Es war noch einmal Jochen. »Und noch eine ärztliche Anordnung auf Krankenschein: Scharfe Suppen kochst du in deinem Hirn erst dann wieder, wenn du deinen Kopf richtig frei hast und Herr deiner Sinne bist. Im Augenblick bist du mit deinem selbstzerstörerischen Dauer-Ersatzorgasmus eine Gefahr für dich und deine Mitmenschen; und das ist wahrlich kein Scherz. Übe dich im Zölibat, wie es in deiner Situation angemessen wäre, und spar dir deine Säfte für bessere Zeiten auf. Und wenn du wieder in der Wirklichkeit angekommen bist, löse deine Probleme.« Wieder war die Leitung tot.

15. NIE MEHR PICKEL

Löse deine Probleme, hatte Jochen gesagt. Würde ich ja gerne, aber wo bekomme ich eine neue Partnerin dafür her? Das war doch mein fundamentales Problem, oder? Ich stand noch im Flur; zwar hatte ich natürlich keinen doppelten Whisky und auch keine Schokolade in meiner Reichweite, aber den Spiegel hatte ich wirklich vor meinen Augen. Okay, seit dieses ganze Theater begonnen hatte, habe ich irgendwie keine Zeit und Lust gehabt, mich irgendeiner Nahrungsaufnahme zu widmen, was für mich sonst eher ungewöhnlich war. Doch genau, mir war aufgefallen, als ich sie tatsächlich einmal wieder angezogen hatte, dass mir meine Hosen in den untersetzten Größen langsam deutlich zu weit wurden; das war doch eigentlich ein ganz positiver Effekt.

Ansonsten sah ich aber etwas verwildert aus, Bart, Haare und – ja, auch die Augenbrauen waren ziemlich zugewuchert. So hast du jedenfalls keine Chance auf dem Fleischmarkt, Axel. Also ging ich ins Badezimmer, um mich erst einmal von dem Gestrüpp im Gesicht zu befreien. Allerdings, so verwahrlost wie mein Äußeres, so sah auch meine allgemeine Vorratshaltung aus: keine Rasierseife, keine neuen Klingen. Nur noch ein einsamer, sichtlich gebrauchter und irgendwann vergessener Klingenkopf fand sich nach einigem Suchen in einer der Schubladen meines Badezimmerschrankes.

Das würde eine schmerzhafte Rasur werden, auch wenn keinerlei Pickel den Schneiden würden irgendwelche Unebenheiten bereiten. Aber um neue Klingen zu kaufen, hätte ich aus dem Haus gehen müssen, und dazu schämte ich mich doch zu sehr nach dem letzten Blick in den Spiegel. Da fiel mir ein, ähnlich lange wie meine letzte

Rasur lag auch mein letztes Vollbad zurück; wie gut, dass man sich nicht selber riechen kann. Aber mein neu entfachter Lebensmut, falls es das schon war, ermöglichte tatsächlich das logische Denken wieder: Ich würde einfach baden und mich dabei rasieren, wenn Wasser, Schaumbad und Wärme schließlich den betagten Klingen die Arbeit würden hoffentlich merklich erleichtern können.

All das tat ich, und widerstand dabei auch der Versuchung, meine entblößte Situation in autosexueller Hinsicht gleich noch einmal – wenn vielleicht auch vorerst ein letztes Mal – auszunutzen. Ich stand aus der Badewanne auf, schaute in den Spiegel im Badezimmer und musste unwillkürlich hier einsam für mich laut loslachen. Mann sollte sich nicht blind rasieren, wenn man einen Oberlippenbart trägt. Der hatte jetzt deutliche Schlagseite. Ich überlegte einen Moment, dann setzte ich mich wieder in die Badewanne, seifte meine verbliebene Schnauzer-Deko gehörig ein und rasierte auch noch den Rest ab.

Es war schon witzig, die Verwandlung nun nach vollbrachtem Barbier-Streich im Spiegel zu betrachten: Da schaute ein völlig anderer Mensch mir entgegen, den ich so in den letzten wohl eineinhalb Jahrzehnten noch nicht gekannt hatte. Jetzt noch eine neue Frisur, und ich war auch der neue Mensch zu meinem neuen Leben. Also machte ich mich auf den Weg, um einen Friseur – oder besser noch eine Friseuse – mit dieser wichtigen Aufgabe zu betrauen. Nur – in dieser für mich immer noch neuen Stadt hatte ich absolut keine Ahnung, wo ich einen solchen hätte finden können.

Also alles zu seiner Zeit. Mache ich doch erst einmal ein paar Einkäufe – zum Beispiel brauchte ich ja dringend Rasierklingen. Wo ein Supermarkt war, das wusste ich zumindest. Und dort könnte ich ja auch nach einem Friseur fragen, das würde dann gleichzeitig auch ein bisschen mein wohl tatsächlich aus der Übung gekommenes Sozialverhalten trainieren.

Aber dazu müsste ich mich anziehen, allerdings möglichst nicht die Sachen, in denen ich die letzten Tage zugebracht hatte. Die sollte ich wohl am besten verbrennen oder dem Testlabor eines Waschmittelherstellers stiften. Wie dem auch sei, einige saubere Klamotten hatte ich noch, jedoch – beim genaueren Hinsehen – die Unterwäsche und die Strümpfe waren ja okay, aber Hemd und Hose müssten eigentlich vor Gebrauch sicherlich noch gebügelt werden. Nur womit? Mein Bügeleisen, mein Bügelbrett und meine eheliche Bügelhilfe waren derzeit nicht ganz so einfach für mich zu erreichen.

Also setzte ich Bügeleisen und -brett mit auf die Einkaufsliste, zog das am wenigsten zerknitterte Hemd und eine Hose an, bei der es egal war, ob sie zerknittert war oder nicht, und machte mich auf den Weg. Es war tatsächlich ein Ritual, diesen Einkauf zu erledigen, der sich komplett ganz allein an meinen Bedürfnissen orientierte. Es begann mir überraschenderweise Spaß zu machen mit einem Einkaufswagen durch die endlosen Regalreihen zu fahren und mir allen möglichen Kram zu kaufen, der sonst immer beim Familieneinkauf aus Vernunftsgründen in den Regalen liegen bleiben musste: Statt fadem durchgedrehten Joghurt giftig grünen Wackelpudding, den ich seit meiner Kindheit nicht mehr gegessen hatte, statt hartem Recycling-Klopapier die vierlagige Flausch-Version für meinen Luxus-Singlehintern, statt ballaststoffreichem Vollkorn-Toast den übergroßen, weißen Big-American-Sandwich-Toast, statt der bulgarischen Jungmädchentraube den teuersten Bordeaux, statt der deutschen Einheitsmarkenbutter die grüngold leuchtende irische Ausgabe – und statt der 98-Pfennig-Einwegrasierer die teuersten Edelklingen-Gebinde, mit denen ich dem Besten in mir als Mann zur Geltung verhelfen wollte.

Ich dachte sogar daran, mich ganz in meine neue Rolle als mein eigener Hausmann hineinfühlend, das destillierte Wasser für mein neues Dampfbügeleisen einzupacken. An der Kasse angekommen, zögerte ich darüber hinaus kurz, ob ich mir nicht auch noch – das erste Mal in meinem Leben – eine Packung Zigaretten kaufen sollte, um die Verwandlung in einen neuen Axel noch ein wenig kompletter zu machen. Aber ich packte die aufdringlichen Glimmstengel doch wieder weg; wie hatte Jochen gesagt? – Ich sollte meine sicher noch vorhandenen Schmerzen nicht mit irgendwelchen Ersatz-Befriedigungen zukleistern, die eine überwundene Sucht nicht mit einer anderen vertauschen.

Stattdessen fragte ich die Kassiererin, die mir nett zu sein schien, ob sie mir nicht eine Empfehlung geben könnte, wo ich mir mein aus der Form geratenes Toupet wieder auf Gardemaße würde bringen lassen können. Sie stutzte kurz, überlegte und nannte mir eine Adresse ein paar Straßen weiter; woraufhin eine ältere Dame hinter mir an der Kasse sich einmischte und meinte, dort käme man aber nicht ohne vorhergehende Anmeldung an die Reihe, weshalb sie mir den Tipp gab, in der anderen Richtung – nur fünf Minuten von hier – mein Glück zu versuchen, wo man auch mehr mit Männerköpfen anzufangen wisse; was allerdings eine junge Frau an der Nachbarkasse auf den Plan rief, die sich in den Vorschlag der älteren Dame einmischte mit dem Hinweis, dass ja Mittwochnachmittag sei und somit eben jener Friseurladen doch stadtbekannt geschlossen; sie empfahl deshalb gleich hinterher die Filiale einer Friseurkette in einem weiteren Einkaufszentrum in diesem Stadtviertel, das aber nach Aussage der Kassiererin von der Nachbarkasse eigentlich viel zu teuer sei, wobei jedoch zu bedenken sei, wie jetzt der Geschäftsstellenleiter des Geschäftes, in dem ich mich gerade befand, anmerkte, dass es eben mittwochs dort den Männerverwöhnhaarschnitt zu ganz außergewöhnlich günstigen Konditionen gäbe, worauf er sich mit diesem Beweis seines Sachverstands die wohlwollenden Blicke der mittlerweile auf einige Dutzend Teilnehmer angeschwollenen Diskussionrunde sicherte.

Ich bedankte mich artig bei diesen vielen netten Menschen, die ich sicherlich jetzt ohne große Probleme zu einer Hair-Styling-Party hätte einladen können, bezahlte aber stattdessen meine verschiedenen Errungenschaften und entschied mich heimlich für den Männerverwöhnhaarschnitt in der Fastfood-Haarschneiderei, denn so wie der Geschäftsstellenleiter seinen freundlichen Hinweis betont hatte, würde der wohl seinem Namen alle Ehre machen. Ich sortierte meinen Einkauf zusammen, der dank des wuchtigen Bügelbrettes nicht ganz einfach zu jonglieren war, und bemerkte beim Hinausgehen, dass die durch meine harmlose Frage entfachte hilfsbereite Diskussion der übrigen Kunden und des anwesenden Verkaufspersonals munter weiterbrandete, ohne dass mich noch jemand als Auslöser dieses lustigen kleinen Tumults beachtet hätte. Das war doch ein wirklich witziges Erlebnis, dachte ich so bei mir, verstaute meine neu erworbenen Güter in meinem Auto und machte mich auf die Suche nach dem gewissen Geschäft. Als ich dieses schließlich auch gefunden hatte, sogar tatsächlich auch gleich an die Reihe genommen wurde von einem sehr süßen jungen Mädchen, hob sich meine Stimmung immer mehr. Ich entschloss mich für das volle Programm dieses Männerverwöhnangebotes, ließ meine in der Tat viel zu langen Haare genüsslich einseifen, mir den Kopf massieren, um mich dann für einen sehr kurzen Haarschnitt zu entscheiden, viel kürzer als alles, was ich bisher auf dem Kopf durch die Gegend getragen hatte.

Wow, das alles tat wirklich gut. Ich ließ mir sogar das erste Mal in meinem Leben die üppigen Augenbrauen trimmen. Schließlich wurde mir zum Schluss auch noch irgendein erfrischend riechendes Tonikum in Haare und Kopfhaut eingerieben, das mich noch ein wenig agiler und unternehmenslustiger machte. Ich schaute mich im Spiegel an: Das sah nun echt völlig anders aus als heute Mittag; ich bewunderte das absolut glatte Gesicht des übermütig grinsenden Mannes da gegenüber, kein überflüssiges Haar, das den schneidigen Gesamteindruck schmälerte, keine Pore, die die überwältigende Wirkung beeinträchtigt hätte. Mann, sah ich gut aus. »Sagen Sie«, fragte ich die bekittelte Fee, die dieses Wunder mitvollbracht hatte und sichtlich zufrieden mit ihrem Werk immer noch hinter mir stand, »würden Sie mit dem Mann da im Spiegel heute abend gerne was essen gehen?« Ich hatte in der Tat Hunger bekommen bei meinem neu entfachten Enthusiasmus. Sie lächelte mein Spiegelbild an. »Grundsätzlich ja, aber mein Freund wäre sicherlich sauer auf mich, wenn er alleine ins Kino gehen müsste ...«

Nun, man konnte ja nicht erwarten, dass alles gleich reibungslos rund läuft. Wie hieß doch gleich dieses Lied aus »Schlaflos in Seattle«, das da so beiläufig erklingt, als Tom Hanks in seinem Kartei-Roller nach der Telefonnummer für die schrill lachende Innenarchitektin sucht? – »Back in the Sattle Again« – ja, genauso fühlte ich mich jetzt, auch wenn die kleine Fee da mich eigentlich gerade eher aus dem Sattel geschossen hatte. Damit war denn mein erster Versuch, nach der Zeit der Trübsal wieder den ersten Schritt zu auf die Damenwelt zu machen, wohl nicht ganz so erfolgreich wie beim Witwer Sam alias Tom Hanks. Allerdings fand er ja seine »magische« Partnerin Meg Ryan auch nicht mit diesem ersten Schritt; da ist die Fiktion zusammen mit dem wirklichen Leben wohl doch etwas einfallsreicher.

Mich würde interessieren, ob der Sam Baldwin aus dem Film auch so seine Probleme mit der Onanie gehabt hatte, nachdem seine eine und einzige Partnerin so plötzlich aus seinem Leben verschwunden war. Wohl eher nicht, und wenn, hätte es in diesem klinisch aufbereiteten Hochglanz-Streifen keinen Platz gehabt. Ich bin wohl auch eher so ein tragischer Typ wie der Walter alias Bill Pullmann, der von Meg Ryan wegen Tom Hanks sitzen gelassen wird; den gleichen Wagen wie Walter fahre ich ja schon ...

Vorsicht, Axel, da lauert wieder die Selbstmitleids-Falle. Du bist nicht der Loser-Walter, du bist der Tom Hanks, der einer Frau nachtrauert, zu der er einst wie nach Hause kam, als er sie das erste Mal berührte. Von der er einfach wusste, dass sie es ist, mit der er sein ganzes weiteres Leben verbringen würde, der du immer die halbe Flasche Bier abends vor dem Fernseher abgegeben hattest, mit der der Schnee immer ein bisschen weißer und die Blätter im Frühling ein bisschen grüner waren. Die in so unendlich vielen Situationen stets das Gleiche gedacht und oft auch ausgesprochen hatte wie ich, die meine Wünsche erraten konnte wie ich auch ihre, die die gleichen Farben mochte wie ich, auf Anhieb die gleichen Möbel aussuchte wie ich, die doch eigentlich so unglaublich gut zu mir passte, dass es sie kein zweites Mal auf dieser Welt geben konnte.

Und doch war ich jetzt allein wie Tom Hanks im Film, nur dass ich keiner Toten nachweinte hier in meinem Auto auf dem Parkplatz eines Einkaufszentrums in irgendeiner Stadt, die nicht die meine war, sondern ich heulte hier wegen einer quicklebendigen, lebenshungrigen, unwahrscheinlich sinnlichen Frau, die ihren Lebenshunger künftig ohne mich stillen und ihre Sinnlichkeit mit einem anderen ausleben wollte. Ob ich überhaupt jemals ein Happy

End in meiner eigenen Geschichte erleben würde, wie im Film, und wie das dann aussehen könnte – ich hatte keine Ahnung.

Aber das war wohl nun mal so – wenn man mitten in einer Geschichte steckt, schlagen die Wellen eben noch fleißig in die Höhe, ohne dass man erahnen könnte, wo die Reise wohl eigentlich würde hingehen können. Man kann im wirklichen Leben nicht einfach die Video-Cassette vorspulen, um sich das Ende schon einmal vorab anzusehen, oder auf die letzte Seite blättern, um zu schauen, ob sie sich am Ende doch kriegen. Die Handlung des eigenen Lebens ist einfach im Fluss, und man selber kann so gut es geht versuchen am Drehbuch mitzuschreiben, wenn man sich nicht selbst aufgibt und die kleinen täglichen Inszenierungen mit Spaß angehen kann, offen für alles, was am Ende dabei herauskommen kann.

Nun ja, wo wir schon bei Tom Hanks und »Schlaflos in Seattle« sind – den Ort, an dem mich alles an meine verlorene große Liebe erinnerte, hatte ich ja bereits verlassen, stürze ich mich also jetzt wie mein Leinwand-Vorbild in die Arbeit, um meine Sehnsucht zu therapieren. Drei Anrufe später hatte ich Arbeit bis über beide Ohren; mal sehen, welches Wunder nun mein Leben würde wieder in glücklichere Bahnen lenken.

Ein paar Tage später saß ich mit einer jungen Kollegin im Auto auf dem Weg zu irgendeiner für meinen Auftraggeber unglaublich wichtigen Messe; ich freute mich. Da gab es wahnsinnig viele Menschen, die mich von mir ablenken würden, mit denen ich reden, vielleicht auch flirten konnte, es gab Aufgaben, denen ich mich mit jeder Faser meiner Persönlichkeit würde widmen können, tatsächlich unzählige Eindrücke in allerkürzester Zeit, komprimiertes Leben, das die Sinne schärfte und mir helfen würde, doch endlich mit neuen Erlebnissen die alten zu übermalen.

Susan, die Frau und Kollegin neben mir, schwieg bisher die meiste Zeit bei dieser Autofahrt, nur gelegentlich machte sie einige mahnende Bemerkungen über meinen progressiven Fahrstil, wenn sie sich nach einem erschreckten Aufschrei hinter ihren hastig angezogenen Knien wieder hervortraute und auch die Augen wieder geöffnet hatte; erst nach einigen hundert Kilometern kam mir die

Idee, Susan zu fragen, ob sie nicht lieber fahren wolle. Von meiner Frau, bisher eigentlich regelmäßig meine einzige Mitfahrerin, war ich gewohnt, dass sie sich ähnlich ungeduldig im Straßenverkehr bewegte wie ich und entsprechend keine Probleme hatte mit meinen manchmal ungewöhnlichen Lenkmanövern. Ich hatte völlig vergessen, dass das andere Menschen überfordern konnte. Und da ich mich ja verändern wollte, könnte ich hier meine Metamorphose zu Axel II, dem Mustermann, gleich einmal fortsetzen.

Entsprechend erstaunt schaute mich Susan nun an, als ich ihr anbot, zu ihrer eigenen Entspannung das Lenkrad selbst zu übernehmen. Sie nahm sichtlich dankbar meinen Vorschlag an, und auf dem nächsten Parkplatz tauschten wir die Plätze. Von da an fuhren wir nun zwar deutlich langsamer unserem Ziel entgegen, aber die mit der Geschwindigkeit ebenfalls reduzierten Fahrgeräusche ermutigten Susan offensichtlich, ihre nun schließlich auch reduzierte Ängstlichkeit in einem Gespräch auszudrücken.

Wieder um einiges vergnügter, fing Susan munter an zu plaudern. Erst über die Firma, dann über die bevorstehende Messe, über die diffizile Planung der Garderobe für eine insgesamt rund einwöchige Messe, über die zu verkraftende Trennung von ihrem Lebensgefährten und, ich traute meinen Ohren nicht, ihrer Menstruation, die ausgerechnet heute Morgen eingesetzt hatte. Diese doofen Hormone! Sie sehe im Gesicht aus wie ein Streuselkuchen, sie fühle sich so schrecklich, und nun würden sie sieben Tage lang all die vielen Menschen aus nächster Nähe zu sehen haben. Sie glaube nicht, dass sie dafür genug Make-up mithabe.

Da ich drei ältere Schwestern habe, treffen mich solcherlei, eigentlich doch ziemlich intimen, zumindest sehr privaten, Offenbarungen nicht besonders unvorbereitet. Aber ein klein wenig verblüfft über soviel doch wohl kindlich-naive Offenheit der zwar jüngeren, aber nicht mehr so jungen Mitfahrerin, war ich trotzdem. Ehe ich realisierte, was bei aller Etikette angemessen zu entgegnen gewesen wäre, hörte ich mich bereits sagen. »Ja, da haben wir Männer es wohl um einiges einfacher als ihr zyklusgequälten Frauen; wir bekommen unsere Akne auch ohne Make-up weg.«

Oh oh, Axel, da hast du dich ja wieder einmal auf sehr dünnes Eis begeben. Wenn sie jetzt nachfragt, wie wir Männer denn in diesen Dingen einen Vorteil gegenüber den Mädchen haben könnten, wirst du in gigantische Erklärungsnöte geraten. Und da kam auch schon die so leichtfertig provozierte und jetzt uferlos gefürchtete Bitte um nähere Erläuterung dieses doch so spannenden Vorteils von uns Männern. »Was habt ihr Männer denn, was wir Frauen nicht hätten? Pickel sind Pickel, die bekommen wir alle – Jungs wie Mädchen – mehr oder weniger in der Pubertät, und werden sie anschließend nie mehr los, je nachdem, wie uns die Hormone quälen – auch euch Jungs. Was soll denn da bei euch anders laufen?«

Das war jetzt aber ein netter Schlamassel, in den ich mich da wieder einmal hineingequatscht hatte. Ich konnte dem netten Mädchen da neben mir ja schlecht sagen, »ah ja, wir Jungs müssen uns nur kräftig einen runterholen, dann verlieren wir schon die Sekrete, die wir sonst so hässlich über die Haut absondern würden.« Erstens würde sie dann dermaßen schockiert sein, dass die nächsten Tage gemeinsam auf dem kleinen Messestand sicherlich eine eher peinliche Prozedur werden würden. Zweitens hatte ich ja außer meinen eigenen Erfahrungen in diesen Dingen höchstens einige nicht repräsentative Beobachtungen als Beweis für meine zugegeben auch ein wenig gewagte Hypothese anzubieten. Und drittens könnte eine Bemerkung, die als Assoziation ganz deutlich auf meinen Penis verweisen würde, ein wohl erzogenes kleines Mädchen, das gerade ein Auto fuhr, in dem zufällig auch ich saß, dermaßen erschrecken, dass sie das Steuer verreißen könnte und weiß Gott was passieren würde.

Andererseits: Sie plauderte hier auch ganz im geschwisterlich vertrauten Ton über ihre monatlichen Regelblutungen, wieso sollte ich also darum nicht auch in der gleichen Weise jetzt antworten dürfen, wo doch überhaupt das Thema »Pickel« kein besonders ästhetisches ist. Also wagte ich es ganz einfach: »Wir Jungs müssen uns nur kräftig einen runterholen, dann verlieren wir schon die Sekrete, die wir sonst so hässlich über die Haut absondern würden.« Susan schaute mich tatsächlich direkt an, ohne mehr auf die Straße zu blicken, aber nur kurz, und ganz, ohne das Steuer zu verreißen.

Stattdessen fragte sie jetzt: »Wie kommst du denn darauf? So etwas Albernes habe ich ja noch nie gehört.« Das war doch im Grunde eine sehr sympathische Reaktion. Albern klang das ja in der Tat, was ich gerade gesagt hatte. Aber die Erfahrung, die dahinter stand, war durchaus sehr fundiert und jahrelang erprobt. Es begann damit, dass ich in die Pubertät kam, in der meine älteren Geschwister schon längst steckten oder sie bereits hinter sich gelassen hatten. Doch während sie alle mehr oder weniger dauerhaft gezeichnet waren im Gesicht, auf dem Rücken und sonst wo von diesem fettigen Menetekel der Haut, das uns vor dem Verheiß und dem Fluch des Erwachsenseins mahnt, tauchten bei mir die lästigen roten und im grässlichsten Fall gelben Beulen nur gelegentlich auf.

Ich nahm dieses für mich in erster Linie erstaunliche Phänomen mit der gebotenen Gelassenheit hin, ohne jedoch in irgendwelche Überheblichkeit oder gar Häme zu verfallen. Schließlich wusste ich ja auch bereits, dass mich auch im Bezug auf mein Verhältnis zu meinem kleinen Freund die Gnade der späten Geburt traf; wieso sollte dies nicht auch für den zumindest überwiegend gegenwärtigen natürlichen Reinheitsgrad meiner Haut gelten?

Irgendwann allerdings fiel mir auf, dass das Auftreten der so plakativen Irritationen in bestimmten Intervallen passierte. Wobei ich jedoch anfangs keine Gesetzmäßigkeit in dem Auf und Ab meines Teints entdecken konnte. Mal sah ich wie meine Brüder und Schwestern aus, als hätte ich dermaßen die Masern, dass mir der Atem beim eigenen Anblick stockte; dann wieder war meine fleischliche Hülle so makellos, dass ich mich selber pausenlos hätte küssen können.

Meine Suche nach den Ursachen der geheimen Wirkmechanismen hinter dem Mysterium der fast gezeitenhaften Akne-Anfälle führte mich zuerst in die Speisekammer meines Elternhauses. Hier inspizierte ich umfassend die regelmäßig von unserer Familie konsumierten Lebensmittel daraufhin, ob sich nicht ein Hinweis auf mögliche giftige Substanzen finden ließe, die zwar nur in schwachen Konzentrationen konsumiert würden, die aber trotzdem beim Abbau im Körper die kleinen Eiteransammlungen verursachen könnten. Und in der Tat fand ich auf den versammelten Zutatenverzeichnissen von verpacktem Brot, diversen Wurstprodukten, Softdrinks, Brotaufstrichen und so weiter gleich eine ganze Batterie von zweifelhaften Ingredienzen, die ich vorsorglich aus lauter Verdacht auf meinen persönlichen Index setzte.

Um nun herauszufinden, was genau für die Pickel vor allem auf meiner Stirn verantwortlich war, entwickelte ich ein Schema, nach dem ich bestimmte Produkte mit bestimmten verdächtigen Stoffen für jeweils einen Monat aus meiner eigenen Nahrungskette entließ. Obwohl diese Versuchsreihe sich, konsequent durchgehalten, fast über eineinhalb Jahre hinzog, blieb sie doch ohne ein greifbares Ergebnis, auch wenn mich plötzlich abflauende Pickel-Attacken, die dann doch noch im selben Versuchszeitraum wieder aufbrandeten, vorübergehend optimistisch vermuten ließen, dass ich wahrhaftig auf der richtigen Fährte wäre.

Da ich aber letztlich auch nach solch langer Zeit voll diszipliniert selektierter Nahrungsaufnahme keine greifbaren Ergebnisse aus meiner Untersuchung erhalten hatte, wurde mir klar, dass das Geheimnis an einer anderen Stelle zu enträtseln sein müsste. Ich machte mich daran, noch einmal ganz von vorne das Problem »Pickel« zu analysieren. Die Fragen, die ich mir dabei stellte, waren folgende: Wer bekam Pickel? Eigentlich alle Menschen mehr oder weniger. Wo bekam man sie? Vorzugsweise im Gesicht, auf dem Rücken, aber gelegentlich auch auf dem Hintern und auf dem Bauch. Wann bekam man sie? Erstmals in der Pubertät, danach bei Mädchen in Zusammenhang mit der Menstruation, bei Jungen? Bisher kein Befund.

Kurzzeitig wurde ich, nach der Beantwortung meiner Fragen und der Auswertung der Ergebnisse, Anhänger der Idee, dass auch Jungs ihre Tage bekommen würden, als Zyklus der besonderen Zeugungsbereitschaft, oder – analog zu den weiblichen Zyklen – als Zeichen des Abbaus der zum männlichen Zeugungsvermögen notwendigen Sekrete. Und damit, hoppla, war ich ja in meinem alten, ureigensten Forschungsbereich, der sich bekanntlich ausführlich mit dem Umgang mit diesen Sekreten auseinander setzte.

Der Zusammenhang mit der Pubertät, und damit mit dem Heranreifen zum Erwachsenen, gab aus dieser neuen Perspektive den entscheidenden Hinweis, dass auf eine besondere, selbstverständlich in biochemischer Hinsicht von mir mangels Fach-Kompetenz nicht zu entschlüsselnde, Art und Weise die aufkeimende Zeugungsfähigkeit bei Jugendlichen mit den so undekorativen Hautunreinheiten verbunden sein könnte. Welche in diesen Zeiträumen neu entwickelten Hormone die Entstehung von welchen Stoffen verursachten, die dann vielleicht, bei einer noch nicht ausbalancierten Überproduktion, zu eben jenen unschönen Ausscheidungen auf der Hautoberfläche sorgten, war mir natürlich nicht offenbar; aber diese Spur war heiß und war es wert, mit praktischen Experimenten als funktionierende Gesetzmäßigkeit untermauert zu werden.

Also verlegte ich meinen Forschungs-Fokus auf eine mögliche und für mich, je mehr ich darüber nachdachte, immer wahrscheinlichere Wechselwirkung der Anwesenheit von einem Zuviel an Samenflüssigkeit in meinem Körper und den häßlichen Furunkeln in meinem Gesicht. Und siehe da, es funktionierte tatsächlich, dieses vermutete Prinzip der per Onanie ejakulierten Pickel-Grundstoffe. Immer, wenn ich frühpubertierender Teenie regelmäßig für einen mittlerweile ganz passabel funktionierenden Orgasmus sorgte, und das mit einer gewissen Regelmäßigkeit, sagen wir, mindestens einmal am Tag, ließen die oberflächlichen Schwellungen der Epidermis spürbar nach. Setzte ich den anregenden Zeitvertreib auch nur für einen Tag in dieser intensivsten Phase des Erwachsenwerdens aus, wurde mein ungeduldiger, mehrmals pro Stunde absolvierter Blick in den Spiegel schon nach erstaunlich kurzer Zeit mit der Präzision eines Uhrwerks in seiner Erwartungshaltung mit der Entdeckung einiger neuer aus der Kontrolle geratener Talgdrüsen – dem eigentlichen Herd eines jeden Pickels – belohnt.

Ein erster Versuch, meine, wie ich fand, im höchsten Maße erstaunliche Entdeckung einem Mitglied der Öffentlichkeit kundzutun, war jedoch ernüchternd. Es war im Rahmen einer Biologiestunde in der Schule, als ich, sorgsam verpackt in einer Frage, mich bei eben jenem Mitglied des Lehrkörpers, das mir auch schon die besondere langfristige Bedeutung des weiblichen Orgasmus für das männliche Selbstwertgefühl eingeimpft hatte, danach erkundigte, ob es eventuell einen Zusammenhang zwischen der sexuellen Reife beispielsweise von uns Jungens, der relativen Frequenz von tiefgehenden sexuellen Kontakten und den regelmäßigen Körperfunktionen gebe. Da auch der Lehrer mit der Nachfrage »Was meinst du denn damit?« reagierte, konnte ich mir sicher sein, dass kein anderer in meinem Alter, der dem Unterricht beiwohnte, wohl verstanden hatte, was ich meinte; damit war ich hoffentlich vor Hohn und Spott nach dieser Stunde sicher.

»Oh, ich meinte, ob zum Beispiel der Verlust von Samenflüssigkeit im gottgewollten und einzig von der Kirche erlaubten Verfahren die Produktion in den Talgdrüsen unserer Haut auf einem normalen Level hält?« – »Du meinst, dass ...? Was für ein netter kleiner Gedanke; aber kompletter Quatsch. Allerhöchstens via einiger Botenstoffe könnte es da einen Zusammenhang geben, aber unser Körper funktioniert nicht nach dem Prinzip: Was an der einen Stelle zuviel ist, wird an anderer Stelle einfach über Bord geschmissen. Es wird dann einfach weniger nachproduziert. Die Verbindung, die du, Axel, da herstellen willst, wird dir kein Alibi liefern, deine gute Erziehung fahren zu lassen.«

Ich glaubte meinem Lehrer, war aber natürlich enttäuscht, dass ich wieder auf einem falschen Dampfer durch mein Leben fuhr. Trotzdem ließ natürlich meine Aufmerksamkeit nicht nach, die unsichtbaren Bande zwischen meinen Keim- und meinen Talgdrüsen doch noch kennenzulernen. Denn, so unwissenschaftlich meine Entdeckung auch gewesen sein mag – sie funktionierte auf Ansage; ich konnte mich quasi am Montagmorgen an den Frühstückstisch setzen, das Gesicht durch verschiedene leuchtend rote Hügel, um nicht zu sagen Berge, verunstaltet, und dann meinen Eltern und genervten Geschwistern mit jugendlicher Unbekümmertheit mitteilen, bis Freitag sähe ich wieder klinisch rein aus – auch ohne Teenie-Chemie-Einsatz, wie er in der »Bravo« empfohlen wurde.

Am Freitag hatte der Rest meiner Familie zwar längst vergessen, welch große Prophezeiung ich am Montag beim Frühstück für den

Freitag getroffen hatte, meinem Spiegelbild sah ich aber an, dass sich der Einsatz unter meiner Bettdecke für diese richtig gute Sache wirklich gelohnt hatte. Blieb die Frage zu klären, ob diese – wenn auch eigentlich aus wissenschaftlichen Erwägungen eher unwahrscheinliche – faszinierende Manipulation der pubertierenden Sekrete nur bei mir funktionierte oder aber eine allgemeine, auch von anderen beliebig wiederholbare Behandlungsmethode werden könnte.

Um bei der Klärung dieser Frage weiterzukommen, brauchte ich mich eigentlich nur an meine Brüder zu wenden, die ganz offensichtlich ein derartig gelagertes Wissen entweder nicht hatten oder nicht anzuwenden wussten; letzteres konnte ich mir allerdings natürlich nur schwer vorstellen. Also nutzte ich eine sich bietende passende Gelegenheit, um einen meiner älteren Brüder auszuhorchen, ob er vielleicht auch masturbierte, aber damit keine direkte Wirkung auf seine Akne-Schluchten erzielte.

Das Gespräch lief in etwa so: »Hey Bruder, hast du eigentlich schon einmal mit einem Mädchen – du weißt schon?« – »Du meinst, ob ich sie …? Nee, kleiner Bruder, das würde ich dir doch nicht sagen.« – Also nicht. »Kannst du mir denn wenigstens verraten, wie das überhaupt geht, falls ich mal in die Situation käme, das wissen zu müssen?« – Nun, seinem Gesichtsausdruck nach wusste er es nicht. »Du spinnst wohl, finde das selber raus!« – »Kannst du mir dann wenigstens verraten, ob das tatsächlich funktioniert, dass die Spermien pieksauber durch die Harnröhre schießen, ohne dass man dabei gleichzeitig pinkelt? Wäre ja 'ne ziemlich ärgerliche und eklige Sache, wenn's doch so wäre.« – Jetzt hatte ich meinem Bruder restlos die Sprache verschlagen. Er schaute mich nur mit offenem Mund an; offensichtlich hatte er über diese Frage noch nie nachgedacht und ganz klar auch keine Antwort darauf parat. Da er mich zudem zusehends besorgter anstarrte und dann ohne ein Wort kehrt machte und mich stehen ließ, war ich sicher, warum er seine Pickel in voller Pracht mit sich herumtrug.

Am nächsten Tag traute ich meinen Augen nicht: Das üblicherweise im dichten Rot gesprenkelte Gesicht meines Bruders trug deutliche Zeichen einer Beruhigung seiner oberflächlichen Entzündungsherde; innerhalb von drei Tagen war er makellos und sah aus wie ein junger Prinz und wäre der Star auf jedem Abschlussball geworden. Er hatte also das Geheimnis gelüftet. Wie groß aber war meine Enttäuschung, als nach dem Ablauf einer Woche die alten Blüten auf dem Gesicht des großen Bruders zurückkehrten. Als er einige Zeit danach eine obskure Theorie beim Mittagstisch verbreitete, wonach die Anzahl der männlichen Spermien bezogen auf das Gesamtlebensalter eines Mannes endlich und daher sparsam und umsichtig einzusetzen seien, war mir alles klar. Da hatte die Onanieologie einen schon fast initiierten Anhänger verloren.

Tja, von meinem Vater wusste ich, dass er sich wie ich in diesen Dingen vortrefflich auskannte. Auf den Bildern seiner Jugend, auch wenn sie in Schwarz-Weiß waren: keine Pickel, perfekte Oberflächen. Und auf Nachfrage gab es die Bestätigung: keine Akne in der Pubertät. Und auch Joe, die quietschende Wundernudel, hatte seine Eroberungsfeldzüge ohne jegliche Beeinträchtigung durch Hautunreinheiten bewerkstelligen können. Da machte sich zudem noch eine zusätzliche Dimension breit bei dieser Betrachtung: Wer sexuell aktiv war – und wenn auch nur mit sich alleine –, hatte eine reelle Chance auf ein makelloses Antlitz und damit mutmaßlich auch bessere Chancen bei der Damenwelt, was die Voraussetzung dafür sein konnte, dass er seine sexuelle Aktivität auf ein geregeltes Maß einpendeln könnte, womit er immun würde gegen jegliche Entstellungen von innen. Wenn das stimmt, würde Onanie nicht nur Befriedigung verschaffen, sondern in der Folge auch glücklich und schön machen!

Aber wie sollte ich all das jetzt hier im Auto Susan in zusammengefaßter Form erklären? Da kam mir eine Idee. »Schau mich doch an, Susan. Siehst du die Pickel auf meiner Stirn? Du kennst mich doch schon länger; und ich habe meine Regel heute nicht bekommen. Pickel hast du bei mir, glaube ich, noch nicht gesehen.« Das Prinzip von Ejakulation und reiner Haut funktionierte bei mir bis heute, auch lange nach der Pubertät. »Und du meinst, Axel, das hängt mit deiner Trennung zusammen und so?« Ich war mittlerweile soweit stabilisiert, dass ich bei der Erwähnung meiner eigentlich immer noch mißlichen Lage nicht aufjaulen musste.

»Genau, meiner Stirn kann man tatsächlich ansehen, wie es um mein Liebesleben bestellt ist.« – »Und warum holst du dir dann nicht einen runter, wenn das hilft?« Jetzt war es gut, dass ich nicht mehr das Lenkrad in den Händen halten musste; ich hätte es sicherlich mordsmäßig verrissen. Und ich Dussel hatte vorhin noch ernsthaft überlegt, ob dieses Thema nicht ein bisschen zu gewagt sein würde für meine zarte Gesellschaft. Mein neues Leben war wirklich voll von völlig neuen Erfahrungen.

»Weißt du, es gibt Situationen im Leben eines Mannes, da sind andere Dinge wichtiger als eine makellose Haut. Aber ich werde gelegentlich über deinen Ratschlag nachdenken, wenn das da auf meiner Stirn zu einem größeren Problem werden sollte.«

16. VARIIEREN SIE IHRE KINDER

»Das verstehe ich jetzt nicht. Du hast doch sowieso nur noch deine Hände zum Sex; willst du etwa zum Mönch werden?« Diese Art von Offenheit, wie Susan sie mir gerade zumutete, war doch etwas zuviel für mich. Und ich hatte wirklich keinen Bedarf, mit einer jungen, attraktiven Frau diese Art von Problemen zu erörtern. Andererseits: Wen hatte ich denn derzeit zum Reden über solche Probleme? Normalerweise habe ich solche Gespräche bisher nur mit meiner Ehefrau geführt. Das war derzeit aber ja nicht möglich, im Gegenteil: Dort lag ja eine wesentliche Quelle meiner fundamentalen Erschütterung, die mir gegenwärtig tatsächlich, wie von Susan mit traumwandlerischer Sicherheit vermutet, mönchsgleich ein Zölibat – hoffentlich nur vorübergehend – abverlangte.

Susans Unbefangenheit ermutigte mich also schließlich, den eingeschlagenen Weg noch ein bisschen weiterzubeschreiten. »Weißt du, in meinem Leben sind derzeit soviele Dinge in Bewegung geraten, dass ich einen unbedingt klaren Kopf brauche, um ein paar fundamentale Entscheidungen möglichst vernünftig – oder eben gerade nicht – zu treffen.« – »Zum Beispiel?« Neugier, dein Name heißt Weib. Und dir antwortet die im Alleinsein geborene Schwatzhaftigkeit mit Namen Mann.

»Nun, ob ich mir mein Wohnzimmer in zartem Gelb anmale, wie einst daheim, oder ob ich ein warmes Rot verwenden sollte. Ob ich meine neuen Klamotten in Naturtönen wähle oder in distanziertem Schwarz. Ob ich meine bisherige Arbeit beenden sollte, um woanders wirklich neu anzufangen. Ob ich alleine erst einmal Urlaub machen sollte, um den von Freunden angeratenen Abstand zu gewinnen, oder mit meinen Eltern einen Trip in meine eigene Vergangenheit wage. Ob ich all diese Veränderungen überhaupt will oder doch noch einen Versuch unternehmen möchte, an meine Frau heranzukommen. Ob ich bereit bin, das, was geschehen ist, zu tragen und mich zu verändern, um die Basis für einen – zugegeben wohl eher unwahrscheinlichen, aber immer noch erhofften – Neuanfang zu finden. Ob ich verzeihen will oder verurteilen. Ob ich weiter verzweifeln will oder gestalten. Und dann irgendwann auch: Ob ich die Pickel selber wegmachen will oder ob ich Hilfe dabei annehmen möchte, wenn du weißt, was ich meine.«

»Was hält dich denn davon ab, mit deiner Frau über all das zu reden? Dass du sie wohl noch liebst, wird ja eigentlich jedem deutlich.« Ich glaube, ich fing an zu weinen. »Es kommt leider nicht mehr darauf an, ob ich irgendjemanden liebe. Das Leben meiner Frau schrie nach Veränderung. Und darum hat sie halt den Mitbewohner in ihrem Zuhause ausgetauscht. Meine Art von Liebe hat in dieser Beziehung offensichtlich ausgedient, so sehr ich dem Verlust auch nachflenne.«

»Und was ist mit euren Kindern? – Die haben doch auch ihre Rechte?« – Was sagte Susan das mir? Ich wäre der erste, der unglaublich gerne meinen Kindern zu ihrem Recht auf Familie verholfen hätte. Aber, wie gesagt, es kam nicht darauf an, was ich wollte, auch wenn alles dann so schön einfach für alle gewesen wäre. Aber manchmal ist es halt nicht der einfache Weg, den man im Leben gehen muss. Und wenn ich, wie ich es ja jetzt schon ein wenig angefangen hatte, schonungslos mit mir war: Die Kinder waren ja auch ein Faktor, der sich wie ein Koloss zwischen mich und meine Frau geschoben hatte.

Auf einem Familienfest, ich weiß nicht mehr zu welchem Anlaß, war es, als mich ein Schwager mehr auf flapsige Art fragte, ob ich mir denn auch ganz sicher sei, ob meine Kinder aus eigener Produktion wären. Die Bemerkung war aus einer wahrscheinlich dummen Unterhaltung heraus in den Raum geschmissen worden, aber sie traf mich dermaßen, dass ich heute nichts weiter weiß von diesem Abend als diese eine Frage. Es ist wohl eine Urangst von uns

Männern, die da bei mir aus ihrem hundertjährigen Schlaf so unsanft wachgeküsst wurde, dass sich da jemand in unser Nest geschlichen haben könnte, von dem wir nicht einmal ahnten, wessen Geschöpf es eigentlich wäre.

Es war ein Stachel, der sein unheilvolles Werk umso nachhaltiger verrichten konnte, als wir Männer im Grunde gar nichts über unsere Frauen wissen, die uns unsere Kinder gebären. Was machen sie, wenn wir uns morgens an der Haustür trennen? Versorgen sie Heim und Kinder, gehen sie ihrer eigenen Arbeit nach, schreiben sie heimlich eine Dissertation und helfen alten Menschen beim Einkaufen; oder öffnen sie dem Nachbarn ihre Tür, mieten heimlich ein Hotelzimmer, wenn sie sich zum Shoppen abmelden und verwandeln sich im Schutze der Nacht zu männerfressenden Sirenen?

Wir Männer wissen es nicht, müssen glauben und vertrauen dort, wo die Stabilität einer Partnerschaft sich beweisen müsste – und wo wir unbedingt und um jeden Preis wissen wollen, was vorgeht, weil daran unser ganzer innerlicher und äußerer Wert als Mann hängt. Wer hintergangen wird, wem Hörner aufgesetzt werden und wer zum ewigen Gatten abgestempelt wird, ist der Dummbatz in dieser Welt, dem man nehmen darf, was ihm eh nie gehört hat. Er hat es ja nicht anders verdient.

Okay, heute weiß ich, dass auch für mich gilt, was ich da einst einem rothaarigen Mädchen im Zug erzählt hatte: »Wir haben es ja im Allgemeinen vollkommen verlernt, zu geben ohne Verlangen. Oma gibt uns 'nen Euro für 'nen Kuss; wenn wir jemandem ein Geburtstagsgeschenk überreichen, dann so, dass es alle mitbekommen und wir uns in der Dankbarkeit des Beschenkten suhlen können; und wir geben jemandem unser Jawort, um dafür ewige Treue zu bekommen. Und da sollen wir auf einmal geben ohne zu fordern, und nehmen ohne zu danken? Das schaffen wir armen Gewohnheitstäter einfach nicht. Es sei denn, wir nehmen es uns einfach vor.«

Auch ich gab einst mein Jawort ganz offensichtlich nicht vorbehaltlos, sondern überladen mit unzähligen Bedingungen, deren Erfüllung ich spätestens nach diesem Familienfest penibel, um nicht zu sagen eifersüchtig, überprüfte. Und nach und nach wurde mir vermeintlich vor Augen geführt, warum schon so ein hergelaufener Verwandter sehen und aussprechen konnte, was ich dummer Mensch all die Jahre in meiner tumben Leichtgläubigkeit nur zu gern bereit war zu übersehen.

Ich habe drei Kinder, drei Söhne. Der erste dunkelblond mit eher grünlichen Augen. Der zweite hellblond mit himmelblauen Augen. Der dritte hatte braunes Haar und noch dunklere braune Augen. Darüber hinaus waren sie auch charakterlich dermaßen unterschiedlich, wie es nur irgend ging. Wieso war mir das nicht eher aufgefallen, dass es für diese unglaubliche Verschiedenheit eine ganz einfache, nahezu augenfällige Erklärung geben musste, die ich nur in meiner naiven Einfalt bisher nicht wahrgenommen hatte: Ich konnte unmöglich, zumindest für ein oder gar zwei dieser Kinder, der leibliche Vater sein.

Und dann rechnete ich in meinen entfesselten Vermutungen und noch sorgsam versteckten Verdächtigungen nach, zumal ich zu der Zeit gerade einen Zeitungsartikel gelesen hatte, wonach in bestimmten Breiten die meisten Kinder im Oktober und November geboren würden, regelmäßig also die bewussten neun Monate nach der Faschingszeit – und genauso ein Kind, den hellblonden, hatte ich auch. Und es band sich nach und nach ein unerhörter Indizienstrang an den anderen, so dass der Abgrund, in den ich zu sehen glaubte, immer tiefer und unergründlicher wurde.

Hatte meine Frau nicht alles von mir bekommen, was ein Mann einer Frau geben kann; habe ich nicht mein ganzes Leben ihr und unserer Familie geopfert? Hatte ich ihr nicht auch meine letzten Untiefen geöffnet, ihr sogar meine heimliche Pornosammlung gestanden? – Okay, sie hatte sie gefunden, aber ich hatte nicht rumgepöbelt,»was hast du in meinen Sachen zu schnüffeln?«, wie es vielleicht ein unsensiblerer Zeitgenosse getan hätte, sondern ihr meine seelischen Nöte, die zum Entfesseln meiner Neugier geführt hatten, gestanden und mit ihr die dann folgenden Geheimnisse ergründet. Zählte das alles nichts, dass sie nun anderen schenkte, was sie mir versprochen hatte?

Tja, und wo sich einmal das Mißtrauen breit macht, da ist ihm kein Kraut gewachsen. Da wuchert das feiste Gewächs an jeder freien Stelle, interpretiert den unbeschwerten Frauenabend, den sie für sich reklamiert, als Persilschein für ein Schäferstündchen. Jeder unschuldige Blumenstrauß, den sie sich für ein schöneres Zuhause kauft, wird zur Gabe für einen Liebesdienst, dem sie einem anderen geleistet haben könnte. Rastlos suchen die Augen jeden Quadratzentimeter der ehelichen Wohnung ab, um einen Hinweis, einen neuen Beweis des ungeheuren Verdachts zu finden.

Und jetzt, wo der Super-GAU für mich als Ehemann da war, wo offenbar tatsächlich ein anderer meinen Platz eingenommen hatte, war es doch bewiesen, dass schon vorher war, was jetzt öffentlich wurde. Wer mag sich den Zorn ausdenken, der einen Mann überfällt, wenn er mit diesem unermesslichen Betrug konfrontiert wird? – Wobei, zornig war ich eigentlich nicht mehr. Jetzt, wo der Verdacht, nicht mehr genug zu sein für die Ehefrau, zur erlebten Realität geworden war, waren die Angst und die Wut wie ein Kartenhaus in sich zusammengefallen. Was als Bedrohung gigantisch übersteigert an einem düsteren Horizont gezeichnet war, war in der zur Gewissheit gewordenen Wirklichkeit nichts weiter als eine Erfahrung. Der Sturm kam, tobte mit entfesselter Wut, und zog vorbei. Die Landschaft war ziemlich zerzaust, aber das Haus meiner Liebe stand noch. Und nachdem ich ein wenig in meinem Leben aufgeräumt hatte, war der Sturm nur noch eine vage Erinnerung.

Nur, es fehlte an wirklichen Menschen in diesem Haus. Keine Frau, keine Kinder, keiner von den Menschen, die ich am meisten lieb hatte, war nach dem Sturm wiederzufinden, sie alle waren auf eine Nachbarinsel verweht worden.

Ich hatte für Susan wohl ein wenig zu lange nachgedacht und geschwiegen, jedenfalls wartete sie nicht länger auf eine Antwort oder nahm mein Schweigen bereits als eine solche an. »Egal was war, denke daran, du bist ihr Vater. Ich habe auch einen leiblichen Vater und einen anderen, der sich um mein Leben gekümmert hat. Wir sollten darüber hinweg sein, so an unseren Genen zu hängen. Hast du schon einmal darüber nachgedacht, was bestimmte Menschen für uns wirklich bedeutsam macht?« – Ich schüttelte den Kopf. »Nicht so richtig; und wenn, habe ich es wohl vergessen.« – »Es ist die Zeit, die wir mit ihnen verbringen. Du kannst ein Kind gezeugt haben, aber du verlierst diese Vaterschaft, wenn du ihm keine Zeit opferst, wenn du nicht mit ihm spielst, mit ihm redest, mit ihm tobst und es tröstest, wenn es sich wehgetan hat. Und ein anderes Kind, für dessen Sein auf der Welt du gar nichts kannst, wird zu deinem Kind, weil es dir im Umgang miteinander, im Gespräch und bei den vielen Dingen des Alltags unendlich vertraut wird.« – »Also ist nichts dran an der generationengeprägten Weisheit: Blut ist stärker als Wasser?«

Susan überlegte. »Oh doch; aber es ist wie bei den Indianern: Am stärksten ist die ehrlich angebotene Blutsbrüderschaft.« Sie lachte mich an, und ergänzte noch: »Mein Vater ist tatsächlich mein Blutsbruder; die Gene habe ich von jemand anderem. Und es funktioniert sehr gut. Es gibt sogar eine Untersuchung, wonach es aus Sicht der Evolution für die Menschheit wesentlich sinnvoller sein soll, wenn das Weibchen eines Säugetiers durch einen Seitensprung für neue genetische Variationen sorgt.«

Na, da aber ein herzliches Dankschön, Herr Darwin, für diese Errettung aus meiner Seelenpein, mit der wohl einer Ihrer Erben seinen eigenen Fehltritt und sein schlechtes Gewissen beruhigen wollte. Aber was sollte ich darauf entgegnen, ohne die junge Frau zu beleidigen, wo sie es doch so gut mir meinte? Ich blieb also beim Zuhören, womit Susan wohl auch kein Problem hatte, denn sie fuhr munter in ihrer Art fort.

»Es ist nur unbedingt wichtig, dass mit den Kindern offen darüber geredet wird, wer sie sind, damit sie auch nicht angreifbar werden; damit sie nicht irgendwann die letzten sind, die es erfahren, und das womöglich noch von fremden Menschen, oder noch schlimmer, von gleichaltrigen Spielkameraden, die den allgegenwärtigen Klatsch über ihre Eltern aufgeschnappt haben und in diesen Dingen weder Scham noch Rücksichtnahme kennen.

Und es ist natürlich wichtig, dass sie nicht glauben können, sie wären verantwortlich für das Desaster zwischen dir und deiner Frau.

Hast du eigentlich schon einmal einen Vaterschaftstest machen lassen, um dir wirklich endgültig darüber Gewissheit zu verschaffen, ob du nicht einfach nur rumspinnst mit deinen Verdächtigungen?« Nein, hatte ich nicht. Oder doch, tausend Mal, aber nicht so richtig, nicht in letzter Konsequenz. Die Ergebnisse hätten ja bestätigen können, was ich bis dahin nur befürchtete.

Nun, jetzt war die Furcht vor Enttäuschung ja zur Gewissheit geworden, da könnte ich es ja wagen. Wobei, wollte ich eigentlich wissen, ob sie nun tatsächlich meine leiblichen Kinder sind oder nicht? Eigentlich nicht; aber es war wohl die einzige Möglichkeit, dem letzten Stachel des Zweifels seine Grundlage zu entziehen, um auch an dieser Stelle die Wucht der Angst künftig ins Leere laufen lassen zu können – so wie bei dem Betrogenwerden: Ich musste keine Angst mehr haben, es war Wirklichkeit, und vorbei. Wer hat denn heute noch ersthaft ein Problem damit, dass seine Frau jemals in ihrem Leben mit einem anderen geschlafen hat? Wohl niemand, der seine sieben Sinne beieinander hat. Und schließlich war ja auch ich nur allzu gern in einem aufschießenden Affekt bereit, für Waffengleichheit zu sorgen.

Ich nahm mir vor, sobald die Gelegenheit dafür günstig war, die gesetzlich notwendige Erlaubnis der Mutter meiner mutmaßlichen Kinder für einen Vaterschaftstest zu erbitten. Einerseits hätte ich natürlich die Möglichkeit, mit Blick auf den uns sicher bevorstehenden Unterhaltsprozess vor dem Hintergrund der besonderen Umstände diese gewissheitgebende Untersuchung zu verlangen, andererseits wäre, wenn sich die Verdächtigungen nun für die Zeit vor der vollzogenen Trennung und damit für die Zeit der Zeugung der drei kleinen Leute als unbegründet erweisen würden, mit diesem dann zusätzlich belastend in den Raum gestellten Affront sicherlich jeder Weg verbaut, doch noch irgendwann einmal aufeinander zuzugehen, wie ich es mir doch so sehnlich wünschte.

Trotzdem traute ich mich bei einer meiner nächsten Begegnungen mit meiner Frau, die gefährliche Frage zu stellen. Es war ihrem Gesicht anzusehen, wie geschockt sie war – was mich irgendwie aber auch freute, bevor der Zweifel gleich wieder hinterher schlich und mir einflüsterte: »Sie hat sicher Angst vor Entdeckung und Veröffentlichung der Schande«; aber unerwartet kurz äußerte sie dann doch nur ihren Unmut über mein unerhörtes Begehren, und fügte sich dann in mein Vorhaben, wohl der Angst gehorchend, was andernfalls eine Verweigerung unweigerlich für alle Zeiten hätte bedeuten können. Die Tests waren alle positiv; ich war definitiv der Vater meiner Kinder.

Natürlich war er das. Was hat Axel denn auch anderes erwartet!? Oder vielleicht auch erhofft? Wollte er diese Tests wirklich nur um sicher gehen zu können, dass ich ihm kein Kuckucksei untergejubelt hatte? Oder hatte er auf ein Ergebnis gewartet, das ihn in seiner momentan nicht sehr positiven Meinung, in seiner bisher, mit dieser einen bedauerlichen Ausnahme, unbegründeten Eifersucht noch bestätigt hätte?

Ich war ehrlich schockiert, als er mein Einverständnis für diese Untersuchung forderte. Natürlich gab ich sie ihm. Was hätte ich denn auch tun sollen? Hätte ich mich geweigert, hätte er bestimmt gerichtlich sein Ersuchen durchsetzen können. Dass er in dieser besonderen Situation auf solch abwegige Gedanken kam, die von den Gesichtszügen her offensichtliche Vaterschaft seiner Kinder anzuzweifeln, zeigte aber auch, dass er nie das nötige Vertrauen zu mir hatte, das eine gut funktionierende Partnerschaft nun einmal voraussetzt. Na ja, so gut war es bei uns denn letztendlich wohl doch nicht gelaufen.

Ich könnte mich jetzt hinstellen und trotz meines Fehltritts selber anklagend meine Finger auf ihn richten und schreien: »Du hast es doch gar nicht anders gewollt, als endlich Bestätigung für deine Verdächtigungen zu bekommen! Du, der über Jahre hinweg mich mit deiner Eifersucht verletzt hat; der versucht hat, mich einzusperren. Du hast jetzt mit deinem weidwunden Selbstmitleid nur den Lohn deines eigenen Handelns erhalten.«

Wer hatte denn heimlich seinen Gelüsten gefrönt, statt offen und ehrlich mit dem Menschen an seiner Seite über die eigenen Bedürf-

nisse zu sprechen? Okay, man schnüffelt auch nicht in den Sachen eines anderen Menschen herum. Aber ein schlechtes Gewissen hatte ich wegen meines Verhaltens damals nicht. Ich behaupte heute sogar, dass Axel insgeheim gehofft hat, dass irgendwann die sprichwörtliche weibliche Neugierde den Weg in seinen Aktenkoffer finden würde. Und ihm so die Bürde, einen Anfang für ein klärendes Gespräch zu finden und zu wagen, abnehmen müsste. Ich mag mich wiederholen, wenn ich sage, Männer sind einfach gestrickt, ich tue es trotzdem.

Ja, sie sind es wirklich. Und sie brauchen das Verständnis von uns Frauen und unsere Kraft, ihre ureigensten Ängste zu überwinden. Nicht nur wegen unserer Fähigkeit Kinder zu kriegen sind wir Frauen das stärkere Geschlecht. Ich wollte deshalb schließlich diese Ängste tragen und den unsäglichen Vaterschaftstest akzeptieren, denn es ging je schließlich auch um unsere gemeinsamen Kinder.

Ich konnte, nachdem meine Emotionen sich etwas gelegt hatten, sogar sehr gut verstehen, warum er eine offizielle Bestätigung seiner Vaterschaft brauchte. Ich denke, dass diese außergewöhnliche Situation, in der wir uns hier befanden, bei ihm Zweifel und Ängste freigesetzt hatte, die jeder Mann mit sich herumträgt. Jeder Mann will sichergehen, dass das hilflose Neugeborene, das ihm da im Kreißsaal in den Arm gelegt wird, tatsächlich das Ergebnis seiner Manneskraft ist. Er will und kann nicht mit dem Verdacht leben, das Produkt eines ihm hörneraufsetzenden Nebenbuhlers aufzuziehen und zu umsorgen. Wir Frauen müssen uns immer wieder vergegenwärtigen, solange sind sie halt noch nicht runter von den Bäumen, unsere Männer ...

Denn werfen wir doch bei dieser Gelegenheit einmal einen kurzen Blick in das Tierreich, so werden wir dort mit allerlei Beispielen männlicher Gewalt gegen hilflose Nachkommen konfrontiert. Mann will auch dort sicher sein, dass sich die eigenen Gene durchsetzen. Da wird denn auch schon mal eine ganze Generation ausgerottet, weil sie vom bisherigen, jetzt in die Pampa geschickten Rudelführer abstammen. Selbst unsere geliebten Stubentiger, ich meine die vierbeinigen, bringen erst mal den Nachwuchs der netten Mieze von nebenan um, um sich dann mit ihr zu paaren und die eigenen Gene am Leben zu erhalten.

Ich mag die verschmusten Vierbeiner trotzdem. Und bei meinem Stubentiger, der nun ja eigentlich nicht mehr meiner war, war es jetzt doch genauso. Zeitlich verzerrt, zugegeben. Und auffressen wollte er unsere drei Söhne bestimmt auch nicht. Er wollte nur sicher sein. Er brauchte wenigstens hierin Gewissheit, wenn er doch an meiner Liebe, die ich ja mal für ihn empfunden hatte, im Nachhinein zweifelte.

Vielleicht, so meine stille Hoffnung, würde die Bestätigung seiner Vaterschaft schwarz auf weiß ihm endlich klar machen, dass ich ihn all die Jahre hinweg geliebt hatte. Dass er nie Grund hatte für seine Eifersucht. Dass ich nie auch nur einen Gedanken an einen anderen Mann, mit dem ich das teilen wollte, was bisher nur uns beiden gehört hatte, verschwendet hatte. Dass meine Treue, die für mich zu unserer Partnerschaft dazugehörte, nicht das eheliche Joch war, das andere vor dem Jawort vor dem Altar zurückschrecken lässt, sondern selbstverständlich und gerne gehalten worden war.

Bis die Zweifel, die seine Zweifel waren, erfolgreich ihren Samen in mir hatten wachsen und mich zur Ehebrecherin hatten werden lassen. Vielleicht würde das Befreitsein von seinen Ängsten und Zweifeln seinen Blick und seine Gedanken wieder klar werden lassen. Vielleicht wäre dann Raum für Verzeihen und Verstehen statt für gegenseitige Beschuldigungen. Ich konnte nur abwarten und ihm zeigen, dass ich bereit war, ihm auch jetzt noch in schwierigen Situationen zur Seite zu stehen und seine Schwächen zu tragen.

Blieb die Frage: Wieso hatte ich so sehr unterschiedliche Kinder? Ich kehrte zurück zu meiner ursprünglichen Interpretation dieses Faszinosums, die ich entwickelt hatte, bevor dieser unsägliche Verwandte mir die Saat gemeiner Zweifel ins Hirn eingepflanzt hatte. Als Kind der Mengenlehre war ich über die ungeheuren Summen an Spermien gestolpert, die allein bei einem einzigen Samenerguss meinen Körper verlassen: Rund 100 Millionen sind es pro Kubikzentimeter; bei meinen regelmäßigen Messungen im Reagenzglas kam ich auf durchschnittlich fünf Kubikzentimeter Samenflüssigkeit, macht also 500 Millionen Spermien pro Ejakulation. Wenn ich davon ausgehe, dass ich regelmäßig in den letzten zwanzig Jahren täglich einmal einen Erguss hatte, summiert sich mein Samenverbrauch auf die unvorstellbare Summe von 3.650.000.000.000 Spermien; in Worten ausgedrückt: Dreibillionensechshundertfünfzigmilliarden. In Relation zur Größe eines durchschnittlichen menschlichen Hirns mit 100 Milliarden Nervenzellen bedeutet das: Ich habe in meinem Leben 36 Mal mein Hirn verjuckt. Auch irgendwie eine Leistung. Und so mich meine Manneskraft nicht verlassen würde, könnte ich gut und gern noch auf weitere 70 Hirne kommen.

Schier erschüttert war ich, als ich mir diese Mengen dazu plastisch vorstellte. Fünf Kubikzentimeter multipliziert mit 7.350 Tagen (gleich Ejakulationen) macht 36,5 Liter Samenflüssigkeit; das sind Dimensionen, wie sie auch eine Melkmaschine nicht anders zutage fördert. Im Laufe seines Lebens würde man also eine ganze Badewanne vollkriegen mit seinen Keimzellen.

Drei Hirne mit allerdings sehr unterschiedlichen Köpfen drumherum waren bei diesem Erguss-Marathon von mir schließlich tatsächlich herausgekommen; man konnte schon sagen, was für eine Verschwendung so ungemein produktiver Ressourcen. Aber nichtsdestotrotz vermutete ich ursprünglich stets diese schwindelerregende Arithmetik als Ursache für die aus meiner Sicht einmalige Variationsbreite in Aussehen und Persönlichkeit meiner Kinder.

Wie hätte es denn anders sein können, als dass der zunehmende Verbrauch und der damit zusammenhängende Verschleiß der alle Spermien produzierenden Stammzellen sich von einem ursprünglich angelegten genetischen Entwurf meiner Kinder aus immer weiter differenzierte Ausgestaltungen an Nachkommen entwickelten? Oder im Umkehrschluss: Wer Kinder gleicher oder zumindest sehr, sehr ähnlicher Bauart sein Eigen nannte, konnte nach meiner These keinen regelmäßigen Sex haben, mit wem auch immer.

Und so weit ich diese Theorie am lebenden Objekt überprüfen konnte: Absolut ähnliche Kinder hatten in meinem Umfeld nur solche Menschen, denen ich lediglich ein sehr geordnetes, um nicht zu sagen, moralisch determiniertes Liebesleben zutraute. Aber natürlich ist mir bewusst, dass das alles sehr unwissenschaftlich und subjektiv beobachtet ist; aber es passt sehr gut in meine allgemeine Betrachtung der Onanie als ein geistig und körperlich ungemein produktives Betätigungsfeld. Und letztlich ist diese Betrachtungsweise der uns Menschen möglichen Produktpalette auch wesentlich »logischer« als die allgemeine, und immerhin schon mehr als hundert Jahre alte dritte Mendelsche Vererbungsregel,

die aufgrund meiner ursprünglichen Ausbildung als Arzthelferin eher in mein Fachgebiet fällt und so auch meine Meinung über die tatsächliche Entstehung der ungewöhnlichen Unterschiede unserer drei Kinder wiedergibt:
Aus dem Biologie-Unterricht in der Schule ist bekannt, dass der Chromosomensatz eines jeden gesunden Menschen aus 22 Chromosomenpaaren besteht; bei Frauen zusätzlich aus zwei gleichgestalteten Geschlechtschromosomen, im Allgemeinen als die X-Chromosomen bezeichnet. Männer tragen statt der X-Chromosomen zusätzlich zwei ungleich gestaltete Chromosomen, nämlich ein Y- und ein X-Chromosom, mit sich herum.
Bei der Befruchtung der weiblichen Eizelle mit einem der 500 Millionen angaloppierenden Spermien, das nun zufällig gerade ein X-Chromosom trägt, entwickelt sich ein weiblicher, bei der Befruchtung mit einem Y-tragenden Spermium ein männlicher Embryo. Bevor es aber überhaupt zu einer Befruchtung kommen kann, muss unser Körper das Wunder vollbringen, den Chromosomensatz in den Ei- und Spermazellen auf die Hälfte des übrigen Chromosomensatzes in unseren übrigen Körperzellen zu bringen, denn sonst würde sich ja bei jeder neuen Generation Menschen die Anzahl der Chromosomen vervielfachen.
Nun zeigt sich aber auch hier wieder der kleine aber feine Unterschied zwischen Männern und Frauen. Während bei Frauen alle Eizellen auf Ureizellen zurückgehen, die schon vor der Geburt vorhanden sind, findet bei Männern nach der Pubertät eben jene ständige Spermienerneuerung statt, die zu der oben beschrieben unglaub-

lichen Verschwendung führt. Wir Frauen arbeiten an dieser Stelle einmal wieder deutlich effizienter: Wir lassen im Prinzip nur soviele Eizellen reifen, wie tatsächlich sinnvoll sind und im Laufe eines Lebens bis zum Eintritt der Wechseljahre gebraucht werden, während die Männer eigentlich bei weitem über Bedarf produzieren.

Das bedeutet, je öfter ein Mann ejakuliert, desto mehr müssen seine Keimdrüsen leisten. Und wenn die nicht schnell genug nachproduzieren, dann entsteht wohl ein Vakuum in den Hoden, das die Männer erfahrungsgemäß aufheulen lässt, wenn Frau nach seiner Entladung nicht einfach aufhört, sondern bis zum nächsten »Schuss« einfach weitermacht ...

Der Mann produziert also eine Vielzahl an verschiedenen genetischen Informationsträgern gleichzeitig, während bei den Frauen meist immer nur eine Eizelle zur Zeit heranreift, die die genetischen Informationen trägt, die von weiblicher Seite an den neuen Menschen weitergegeben werden sollen. Aus diesen beiden verschiedenen Zellen (es gelangt ja immer nur ein Spermium in das Innere der Eizelle) entsteht bei der Befruchtung ein völlig neuer »Informationscocktail«. Vereinfacht kann man sich Folgendes vorstellen:

Man hat zwei verschiedene Gläser (A und B), die mit verschiedenfarbigen kleinen Kugeln gefüllt sind. Glas A: rot, grün, blau, gelb; Glas B: weiß, pink, braun, lila.

Nun füllt man in ein drittes Glas jeweils eine Kugel aus Glas A und B. Jetzt befinden sich in Glas C beispielsweise eine blaue und eine weiße Kugel. Im zweiten Durchgang würden dann beispielsweise in einem Glas D eine blaue und eine braune Kugel landen, in einem dritten Versuch würde man vielleicht zu einem weiteren, anderen Cocktail gelangen. Zugegeben, ganz so einfach funktioniert die Genetik nicht, denn nicht alle Merkmale (z.B. Behinderungen oder Erbkrankheiten) vererben sich nach dem gleichen Prinzip.

Doch bezogen auf die Verschiedenartigkeit unserer drei Söhne könnte man folgendermaßen argumentieren:

1. Der Älteste hat die Haarfarbe seines Vater, die Kopfform seines Uropas mütterlicher-mütterlicherseits, den Mund seiner Oma väterlicherseits und den Körperbau seines Opas mütterlicherseits.

2. Der Mittlere hat die blauen Auge seiner Oma väterlicherseits, die blonden Haare seines Uropas mütterlicherseits, die Nase seines Vaters und den Dickkopf seiner Mutter.
3. Der Kleinste hat die Augenfarbe seiner Mutter, die Augenform wie sein ältester Bruder, die Hände wie sein Opa mütterlicherseits, die Kopfform seines Vaters und den Appetit seiner Mutter.
Unsere Kinder sind also eine Mixtur der verschiedensten Erbinformationen, die sich im Laufe der Evolution bei unseren Vorfahren durchgesetzt haben, und die dann bruchstückhaft an die nächste Generation weitergegeben wurden. Und das ist bei uns schon ein richtiger europäischer Cocktail. Es ist doch eigentlich gar nicht verwunderlich, dass sich zwei Menschen, deren Vorfahren die Erbinformationen von Grönland bis Andorra, von Ostpreußen bis Ungarn, von Norddeutschland bis Jugoslawien in sich tragen, so verschiedene Kinder haben. Oder anders ausgedrückt: Es ist einfach purer Zufall, wie unsere Kinder aussehen.

Zufall oder bewusst herbeionanierte genetische Variation? Das Beste ist, jeder probiert es einfach für sich aus, ob das im Rahmen meiner forensischen Studien entdeckte Phänomen auch bei ihm funktioniert; wer schon weitere Erfahrungswerte über die Variationsbreite seiner eigenen Kinder vorweisen kann, kann uns die Ergebnisse seiner Beobachtung gerne per E-Mail zusenden (E-Mail-Adresse: vererbung@aol.com); die Mail sollte die hochgerechnete Anzahl an Ejakulationen seit Beginn der Zeugungsfähigkeit enthalten, darüber hinaus die Anzahl und das Alter der eigenen Kinder sowie die augenfälligen Ähnlichkeiten oder Unterschiede dieser Kinder. Wir würden dann schauen, ob sich die Theorie nicht auch statistisch überprüfen lässt.

Wer sich als Mann und Vater allerdings an dieser Umfrage beteiligen will, sollte als erstes aber natürlich für sich die Frage beantworten, ob die Kinder in seinem Haushalt tatsächlich auch die eigenen Kinder sind; wenn es bei dieser Gelegenheit zu Schwierigkeiten kommt, einfach noch einmal dieses Kapitel durchlesen. Es gibt keine durch die eigenen Kinder verursachten Schwierigkeiten, die sich nicht beheben oder überwinden lassen. Und wenn sich ein oder mehrere Kinder nicht als die bisher vermuteten eigenen Kinder herausstellen sollten, nicht irritieren lassen und sehr genau schauen, was man selber will.

Denn auch ich hatte mir natürlich vorher sehr genau überlegt, was ich gemacht hätte, wenn der Vaterschaftstest nicht aus meiner Sicht positiv ausgefallen wäre: Ich war mir darüber klar geworden, dass ich – was auch immer passieren würde – der Vater dieser drei Kinder, deren Geburt ich einst hautnah miterlebt hatte, um jeden Preis sein wollte. Es ging für mich also letztlich nicht vor allem um die Identifikation meiner genetischen Nachkommen, sondern um die Unangreifbarkeit meiner Einstellung zu ihnen. Eine fahrlässig in den Raum gestreute Verdächtigung sollte mich künftig nicht mehr aus der Bahn werfen können, auch wenn es nicht meine leiblichen Kinder gewesen wären. Meine Liebe zu ihnen und zu meiner Frau hätte es nicht geschmälert.

Auch ich kann heute alle Frauen nur ermutigen, sich einem Vaterschaftstest für die eigenen Kinder nicht zu verweigern – auch wenn Frau sich ihrer Sache nicht so ganz sicher sein sollte. Ehrlichkeit bringt einen an dieser Stelle wesentlich weiter als das heimlich untergeschobene Kind; die Bedrohung, die vermeintliche Entdeckung könnte ungewolltes Alleinsein, eine Trennung, verursachen, ist kleiner, als man denkt; nur die Angst davor ist überwältigend. Hält eine Liebe diese Belastungsprobe nicht aus, wäre sie früher oder später auch an einem anderen Problem in der Partnerschaft zerschellt. Und schließlich: Als Axel nach Bekanntgabe des Test-Ergebnisses spontan ausrief: »Es gibt also doch auf jede Billion Spermien eine neue Haar- und Augenfarbe«, konnten wir beide das erste Mal seit langem wieder gemeinsam lachen.

17. HANDARBEIT HÄRTET AB

Allerdings konnte ich mir auch die Frage nicht verkneifen, ob er denn in der Zeit unserer Trennung schon die nächste Billion zusammengebracht hatte, denn ich ahnte ja nichts von seinem selbst auferlegten Zölibat, konnte mir aber vorstellen – und hoffte es auch ein wenig –, dass er sich vor Sehnsucht nach mir verzehrte und mittlerweile schon Hornhaut an den Händen haben müsste. Ich hatte es mir auch zwischenzeitlich nicht verkneifen können, mit Hinweis auf unser Erlebnis mit seiner heimlichen Porno-Sammlung ihm eine nicht sehr freundlich kommentierte Ausgabe des »Playboys« zu schicken.

»Nein, Wiebke; ich habe letztlich wohl eher meine Statistik in diesen Dingen ziemlich versaut.« Er schaute mich an; und es war sehr merkwürdig, einander hier gegenüber zu stehen, gerade eben noch so vergnügt wie in besseren Zeiten, nun auf einmal wieder sich der schweren Hypothek der letzten Monate so schmerzlich bewusst.

»Hast du Lust auf 'nen Kaffee?« Auch das war ein unwirkliches Gefühl, den eigenen Mann auf eine Tasse Kaffee in sein eigenes Haus einzuladen. Aber das Neue und Ungewohnte an der Situation trug sicher auch dazu bei, dass wir uns dann tatsächlich an einen Tisch setzten und einfach anfingen miteinander zu reden.

»Wie ich höre, hast du deinen Lover wieder vor die Tür gesetzt?« Und wie früher verlor Axel keine Zeit, sich bei weiterem Smalltalk aufzuhalten. »Ja, es war halt nicht das, was ich erwartet hatte.« – »Was hattest du denn erwartet?« Ich wusste es eigentlich nicht. »Eine Veränderung. Es war schön zu spüren, dass sich wieder jemand um mich bemüht, die Dinge nicht als selbstverständlich hinnimmt. Es war auch schön, endlich auf eigenen Füßen zu stehen. Ich habe wirk-

lich geglaubt, werweißwas zu verpassen; das hat mich so geblendet, dass ich völlig übersah, was ich dafür alles aufgeben musste.«

Axels Blick zeigte all den Schmerz, den er aushalten musste. Ich wünschte mir so sehr, ihn in die Arme nehmen zu dürfen, zu trösten und getröstet zu werden; aber ich wagte auch nicht zu hoffen, für meine Extratouren Verständnis zu finden. Im Nachhinein konnte ich ja selber nicht begreifen, wie ich mich so hatte irren können. Um wieviel weniger hätte ich es von meinem Mann verlangen können, der all das hatte aushalten müssen?

Deshalb traute ich meinen Ohren kaum, als er mich jetzt fragte, ob wir uns nicht mit den Kindern einfach jetzt gleich aus dem Staub machen wollten; keinen fragen, keinem was sagen, unseren Anwälten nicht, den Freunden und der Familie nicht; einfach wir fünf, ins Auto setzen; und dahin fahren, wo wir wussten, einfach glücklich sein zu können. Kein Telefon, keine Umgebung mit schmerzhaften Erinnerungen, keine Ratschläge, und kein Gestern; nur das Hier und Jetzt und schauen, ob es noch wirkt, was all die glücklichen Jahre zuvor gewirkt hatte. Und dann mal sehen, was passiert.

Ich konnte es nicht glauben; und ich mißtraute auch dem Frieden, denn unsere Trennung war voller Emotionen gewesen, keine sachlich kalkulierte Unternehmung, die geschäftsmäßig abzuwickeln gewesen wäre. Es ging hoch her in diesen Tagen des – ja – Hasses, der dunklen anderen Seite der Liebe. Und jetzt sollte ich quasi mit einem gemeinsamen Urlaub in Südfrankreich, in der sinnlichen Provence, auch noch belohnt werden? Wer mag so etwas glauben?

Doch wir wagten dieses Abenteuer, wir kreisten umeinander, unsicher wie die Teenager, aber auch genauso neugierig auf das Neue; ängstlich wie liebende Senioren, aber genauso routiniert beim Entschlüsseln unserer Bedürfnisse. Nach und nach erzählte jeder von uns beiden dem anderen seine Geschichte der Trennung, die ganz anders war, als es dieser jeweils gedacht und für möglich gehalten hätte. Die Phantasie hatte uns immer mehr erwarten und befürchten lassen, als es in der Wirklichkeit zu erleben gab.

Wo kam dieser Effekt nur her? Immer wieder spielt uns die Imagination diesen Streich, dass uns vor unserem inneren Auge die Dinge größer, bedrohlicher, monströser und manchmal auch schöner als in Wirklichkeit erscheinen. Zum Beispiel die hitzige Affäre meiner Frau: Solange sie nur ein Produkt meines eifersüchtigen Geistes war, hat mich die Vorstellung schier verbrannt, was im Verborgenen alles hätte passiert sein können. Dann war es meine erlebte Wirklichkeit, und gar nicht mehr schmerzhaft oder gar vernichtend, nur egal.

Oder der vermutete heilige Zorn meines Mannes genau wegen dieser Affäre. Ich konnte mir nicht vorstellen, dass er mich nicht am liebsten in der Luft zerrissen hätte. Ich fühlte schon immer häufiger die schleichende, immer bedrohlichere Verzweiflung, wegen wenig mehr als einem One-Night-Stand das traute, wenn auch ruhige Heim, gegen eine wahrscheinlich nur gelegentlich unbeschwerte Zwingburg eingetauscht zu haben. Und doch erntete ich von Axel Verständnis, wo ich Haue erwartete, Gespräche, wo ich Vorwürfe mir dachte, und Zärtlichkeit, wo ich abweisende Kälte verstanden hätte.

Aber der seltsame Effekt funktioniert ja bekanntlich auch noch andersherum. Ich erinnere mich sehr gut, wie sich meine feuchte Erwartung auf das erste neue Abenteuer in meinen Phantasien breit machte; wie sich Lust und Verlangen wohlig im Körper ausbreiteten bei dem Gedanken, bald, sehr bald in neue Welten eingeführt zu werden, wenn ich es wollte. Ich steigerte dieses geile Sehnen mit jedem Mal, da ich mir auf meinem Bett ausmalte, wie es werden würde in den fremden Armen; bis ich wahrlich zerbarst in meiner Gier.

Und dann die Realität, die Erfüllung meiner uferlosen erotischen Visionen: Ein kurzer heftiger Sturm dort, wo ich einen Taifun erwartet hatte; ein einzelner Edelstein, wo ich ein ganzes Kaleidoskop von Juwelen vermutet hatte. Ein Schlaumeier nur, wo ich einen Weisen gesucht hatte. Enttäuschung, wo in meinen Gedanken die wahre, umfassende Erfüllung hätte sein müssen.

Wir saßen im Wagen auf dem Rückweg aus Südfrankreich. Wir hatten sehr aufwühlende Tage dort verlebt, die einerseits sehr vertraut erschienen mit den gut geübten Ritualen wie gemeinsame Mahlzeiten, Bummeln am Strand, Baden im Meer, Zubettbringen der Kinder, doch vor dem Hintergrund der vorangegangenen Wochen und Monate gerieten die Dinge gleichzeitig teils sehr surreal, teils absolut unglaubwürdig. Es war denn auch ein ebensolches seltsames Erlebnis, meine Frau nun von ihren einsamen Träumen und deren versuchter Umsetzung in die Tat erzählen zu hören, während im Autoradio die naiven Hörspielcassetten unserer Kinder lustig vor sich hin dudelten.

Aber es scheint nun mal so zu sein, dass uns unser Hirn die Dinge gewaltiger in unser Bewusstsein hineinzeichnet, als sie dann tatsächlich sind, vielleicht, um uns für das, was dann auch wirklich sein wird, die Sinne zu schärfen; um uns gewappnet sein zu lassen, uns vorsichtig zu machen, damit wir den Herausforderungen des Lebens auch mental gewachsen sind.

»Axel, soll ich aufhören, dich mit meinen Berichten zu quälen? Das ist doch Masochismus, was wir hier machen.« Ja es tat weh, was ich gehört hatte. Es kostete Kraft und auch Selbstbeherrschung, diese Worte und die mit ihnen verbundenen Bilder zu akzeptieren, ohne laut aufzuschreien – auch wenn sich sonst keine Wut in mir rührte, kein Zorn als ein Echo zu vernehmen war. Aber es war nichts, was ich nicht hätte tragen können.

»Ein bisschen schon; aber mit einem gerüttelt Maß an Disziplin ist es zu schaffen. Und Disziplin habe ich seit meinem vierten Lebensjahr in steter Praxis erlernt.« – »Das klingt nett. Ist es das aber auch? Disziplin haben Soldaten, die tun, was man ihnen sagt. Oder Ehefrauen, die tun, was von ihnen verlangt wird.« Oh, da höre ich doch Angriffslust heraus; und Selbstbewusstsein. »Vielleicht liegt der Unterschied zwischen der Disziplin, die ich meine, und der Disziplin, die du verstanden hast, bei dem, der die Disziplin fordert. Ist es ein Offizier oder Ehemann, der Gehorsam verlangt, oder bin ich es selber, der etwas tragen und durchstehen will, um auf die andere Seite meiner Träume zu gelangen?«

»Was ist denn das, die andere Seite deiner Träume, Axel?« – »Das ist dort, wo die Träume nicht mehr in meiner Phantasie sind, sondern im richtigen Leben. Ich habe mit Huren geschlafen, meinen Schniedel in meinen Händen wund gescheuert, fremden Menschen mein Herz ausgeschüttet, sinnlos zerstört und mich in absoluter Leere versenkt – am Ende war aber doch nur das Sehnen nach deiner Haut, deiner Stimme, deiner Wärme, deinem Geruch, deinen Händen und deinem Mund; als Traum, erst schemenhaft, dann, als ich den Kopf klarer hatte und sowohl Betäubung als auch Rausch sich verzogen hatten, immer deutlicher.

Wenn ich es jetzt aushalte, deinen Worten zu lauschen, die Botschaft zu hören, die vielen kleinen Teufel in mir beherrsche, die mir von Moral, von Zucht und Ordnung, von Ehre und Treue wispern, kann aus dem Traum meine Wirklichkeit werden, in der ich nicht nur in Gedanken mit dir vereint bin, sondern wahr und wahrhaftig.« – »Und, hast du die Disziplin, diesen nächsten Spiegel zu durchschreiten, mein Mann?« – »Ich glaube schon, ich hatte ja einen guten Drill-Sergeanten: meinen Schniedel. Und einen tollen Exerzierplatz: unser gemeinsames Bett, wo ich alleine lernte und trainierte, meine Lust und meine Gier, eben mich ganz und gar, zu beherrschen, um es dann im Gefecht mir dir alles bis zum Gipfel auszutoben.«

Meine Frau lachte: »Dann wird dein kleiner Freund also nicht nur hart, wenn er gefordert wird, sondern er härtet auch noch ab gegen solche Kälteperioden, wir wir sie gerade durchleben?« Auch ich musste lachen. »Ja, genau. Ihn zu beherrschen, wird damit zur eigentlichen Moral an sich, weil es uns lehrt auszuhalten, auszukosten, zu ertragen und auszuloten. Und zu vergeben, nicht aus selbstgefälligem Großmut, sondern weil wir es wollen, weil es uns weiterbringt, weil es gut für uns ist. Ohne Ballast der Pflicht, ohne zwanghaften Gehorsam. Wir tun es, weil wir es uns vornehmen, und ziehen es durch, wie wir es für richtig halten und es können. Ich glaube daran: Onanie macht stark, weil wir lernen, uns auf uns selber zurückzunehmen, um dann von hier aus zu erkennen, was wir geben müssen – und damit selber auch geben wollen –, um zu erhalten, was wir uns wünschen.«

»Als nächstes forderst du noch, dass Onanie in der Sonntagsschule gelehrt werden müsste ...« – »Warum nicht? Ich bin ein durchschnittlicher Mensch. Ich hatte die Möglichkeit, ein Lotterleben zu beginnen, meine Frauen zu wechseln wie die Hemden; es ist wirklich erstaunlich, was durch einen Chat-Room ratzfatz alles möglich werden kann. Und meiner Frau hätte ich für alles die Schuld geben können, weil sie ja die Ehe zuerst gebrochen hat. Ich wäre doch fein raus gewesen. Und du doch auch: Ist der Ruf erst ruiniert, lebt es sich völlig ungeniert. Das ist doch wohl auch eine Lehre, die du gezogen hast? Und doch sind wir jetzt wieder hier, in einem Auto vereint mit unseren Kindern, mit ein paar tollen Tagen in der Provence im Gepäck, wieder monogam, mit der unglaublich entfesselten Leidenschaft in der vorletzten Nacht; und das nach 15 meist gemeinsam verbrachten Jahren. Wenn das keine gute Moral ist.«

»Glaubt du nicht, dass man das alles nicht auch ganz anders sehen kann? Dass wir beide nur eine ungeheure Angst vor dem Alleinsein haben und deshalb schlicht verdrängen, was zu schlimm für unsere Seele ist?« – »Ich denke, du hast Recht, hast auch Recht. Es stimmt beides. Wir wollen es aushalten, und wir haben diese panische, zwingende Angst. Es hat beides nebeneinander Platz in unserem Fühlen und Denken. Sicher würde das Leben auch weitergehen, wenn wir es nicht noch einmal zumindest wagen würden, unser Leben gemeinsam fortzusetzen, wenn wir die Angst vor dem Alleinsein überwinden würden und die Anwälte unsere Probleme lösen ließen. Aber ich glaube, wir haben die Chance, unsere Beziehung auf eine nächste Stufe zu hieven, wenn es uns gelingt, unsere Probleme gemeinsam zu überleben.«

»Und was erwartet uns da?« – »Ultimativer, ausgehungerter, schrankenloser Sex; und die Gewissheit, schon ziemlich viele jener Schrecken weitgehend unbeschadet überstanden zu haben, vor denen andere Partnerschaften noch ängstlich zittern. Was sollte, was könnte uns künftig noch überraschen und ängstlich machen in Bezug auf den Menschen neben uns? – Nicht mehr sehr viel.

Wenn wir beide wirklich wollen, was wir hier tun, weil es der Kern unserer holdesten Phantasien ist, werden wir beide unangreifbar, unverwundbar sein.« – »Oder einfach charakterlose Schwächlinge.«

Yin und Yang, Für und Wieder, Rede und Gegenrede. Es machte wieder Spaß, eine andere Hälfte zu haben. »Es mag für manche Menschen als Schwäche gelten, sich nicht einfach in den Regen zu stellen und seine Prinzipien von Wahrheit und Redlichkeit durchzuziehen. Und wenn ich nicht wüsste, dass sich die vehementen Singles nicht in ihrem Innersten nach genau so einer Partnerschaft sehnen, die auch im schwierigsten Fahrwasser nicht untergeht, die unbedingte, umfassende Vertrautheit bedeutet, es wäre sicherlich noch ein wenig schwerer, der Versuchung zu widerstehen, andere Menschen zu suchen, um mich in ihnen zu verlieren. Aber ich bin davon überzeugt, wir würden nirgendwo einen anderen finden, der uns mehr böte, als wir nicht schon haben würden. Und das deutlichste Indiz dafür ist, dass wir beide bereits jetzt schon vermissten, was wir so leichtfertig aufgegeben hatten.«

»Weißt du, Axel, es wird so sein, dass wir diesen Schlamassel einfach durchleben mussten, um aus fetten, langweilen Raupen neue Schmetterlinge zu werden. Unser altes Leben hat sich einfach verbraucht und musste vernichtet werden wie der Leib der Raupe; und bei all dem netten Zeug, das du mir da erzählst: Du musst auch akzeptieren, dass ich keine Lust mehr habe auf dieses scheintote Dasein, das ich als deine Haushaltshilfe führen musste. Ich habe jetzt gelernt, mir zu nehmen, was ich haben will, um ein Schmetterling zu sein. Und mein Hunger nach Nektar ist größer geworden. Ich habe entdeckt, dass die Welt mehr zu bieten hat als nur den Raum, der neben dir für mich übrig blieb. Ich will mein eigenes Leben, nicht nur deins.«

Es mochte ja so sein, dass Axel in der Beschäftigung mit sich selbst und seinen sexuellen Funktionen Disziplin und letztendliche Moral erlernt hatte; mir hatte diese einsame Schule ohne den doppelten Boden eines allseits bereiten Partners jedoch beigebracht, meine diesbezüglichen Bedürfnisse nicht nur zu identifizieren und selbst zu befriedigen, sondern sie auch für die nächste multiple Gelegenheit aufzubereiten. Ich wusste jetzt, dass ich fordern und mir nehmen konnte, was mir aus meiner Sicht zustand. Diesen Maßstab wollte ich einer mittlerweile wohl möglichen Versöhnung zumindest mit auf den Weg geben.

Es sollte auch für mich nicht umsonst gewesen sein, dieses Chaos zu durchschreiten. Meine Enttäuschung über mein selbstgewähltes neues Leben ging nicht soweit, dass ich es gegen ein Abziehbild meines alten Lebens als eher langweiliges Hausmütterchen hätte eintauschen wollen. Ich hatte den sicher auch etwas brutalen Ausbruch aus meinem bisherigen Dasein gewagt, weil ich partout etwas verändern wollte in meinem täglichen Einerlei zwischen Küche, Waschmaschine, Bügelbrett, Kindergarten, Supermarkt und Ehebett. Ich wollte, um es vielleicht in Bio-Chemie auszudrücken, ein bisschen weniger Oxytocin, dieses artige Treuehormon, dafür aber wieder ein Mehr an Dopamin und Noradrenalin sowie wohldosiertes Serotonin, um das alte Glücksgefühl in meiner Ehe mit Axel eben nicht nur simulieren zu müssen, wenn er auf Geschäftsreise war oder zu erschöpft für meine Wünsche neben mit schnarchte.

Axel schaute mich ungläubig an, was mich zusammenschrecken ließ. Sollte unsere gerade wieder neu entwickelte Vertrautheit gleich wieder kippen, weil ich das Geschehene für mich nicht als Niederlage sah, weil ich keine Lust hatte, mich reuevoll in seine Arme zu werfen und auf Knien ihn anflehen wollte: »Bitte, Axel, verzeihe mir«? Ich war schon fast geneigt, mir nachträglich auf die Zunge zu beißen, als Axel sagte: »Das war ja gerade das Härteste an unserer Trennung: dass die neue Wiebke, die zu diesem Befreiungsschlag ausholte, genau die Wiebke war, die ich immer gesucht hatte; ich wollte nie das unzufriedene Hausmütterchen, auch wenn ich die Annehmlichkeiten einer solchen Hauswirtschafterin natürlich nicht ausschlagen mochte. Aber es war toll in den letzten beiden Nächten, deine neu entfesselte Leidenschaft auskosten zu dürfen; dein Fordern tat mir unendlich gut.«

Na, wenn das nicht zum Erstaunen ist. Da verharrt man als Frau jahrelang in der Bewegungslosigkeit, der schrittweisen emotionalen

Vereisung, weil man sich nicht traut, die womöglich dunklen Seiten der eigenen Seele zuzulassen; und dann stellt sich plötzlich heraus, dass der rudelführende Silbernacken so eine kleine Portion Domina ganz gerne hätte, um nicht immer selber entscheiden zu müssen, wo es beim Ringen um Zärtlichkeit und Zuneigung langgehen sollte. Auch dort möchte das starke Geschlecht ab und an einmal Schwäche zeigen dürfen. Da musste ich mich wohl an den Gedanken gewöhnen, dass ich zwar meinen kundigen Liebhaber wieder hatte; aber auch die Lehrerin, die ich in mir mit einem eher unkundigen Sammler entdeckt hatte, würde künftig nun ab und an gebraucht werden. Ich musste schmunzeln hier auf dem Beifahrersitz unseres Autos neben meinem Mann und schlug schließlich die Beine übereinander.

18. ONANISTEN SIND DIE BESSEREN LIEBHABER/INNEN

Und ich dachte mir meinen Teil dazu. Zum Beispiel, wie die erste gegenseitige Berührung nach solch langer Zeit mir fast den Atem nahm, wie dieses Hin-und-her-gerissen-Sein zwischen vorsichtsgebietender Angst und der doch letztlich stärkeren verwegenen Abenteuerlust mich in die neu-bekannten Körperschluchten meiner Frau führte. Wie wir das vertraute Spiel um den gegenseitigen Lustgewinn wieder aufnahmen und zusehends die alte Sicherheit beim Erkunden des Partners in unsere Hände und sonstigen Werkzeuge zurückkehrte.

Im Rückspiegel des Autos sah ich, dass unsere Kinder beim Klang ihrer Kinderlieder eingeschlafen waren. Nicht zuletzt sie genossen es ganz offensichtlich, wieder ihre beiden Eltern zu haben, sich ihrer sicher zu sein. Trauten sie anfangs offenbar unserem Frieden nicht, mahnten uns gar, beispielsweise eine zur Diskussion gewordene Frage des einen nicht zum neuerlichen Streit mit dem anderen werden zu lassen, wurde ihr Schlaf, je länger dieser unwahrscheinliche Urlaub dauerte, immer ruhiger, so wie ihr Spiel wieder unbefangener und ihre kindlich gemalten Bilder weniger düster gerieten.

War das mein ganz persönliches Wunder? War das unser Happy End, in dem sich die düsteren Wolken der Vergangenheit auflösten in einem strahlend blauen Sommerhimmel? Hatte sich unsere Magie doch noch nicht verschlissen? Ich war ganz offensichtlich mitten in der Provence nach Hause zurückgekehrt; aber es war ja nun mal so, dass ich im falschen Moment immer wieder einmal die falschen

Fragen mir und anderen stellte. Und es interessierte mich gerade ungemein, was denn nun konkret die Veränderung bewirkt hatte, dass ich auf einmal wieder erste Wahl war? Oder war ich doch nur zweite, dritte oder wer weiß wievielte Wahl?

Wie hatte Wiebke das ausgedrückt? »Ein kurzer heftiger Sturm dort, wo ich einen Taifun erwartet hatte; ein einzelner Edelstein, wo ich ein ganzes Kaleidoskop von Juwelen vermutet hatte. Ein Schlaumeier nur, wo ich einen Weisen gesucht hatte. Enttäuschung, wo in meinen Gedanken die wahre, umfassende Erfüllung hätte sein müssen.« Demnach wäre ich der erfüllende Weise, der in riesigen Wirbelstürmen reichlich Diamanten verschüttet. Wenn das nicht ein Kompliment ist!?

Ich hatte da wohl einen netten kleinen Sieg errungen, soviel war klar. Und dieser kleine Siegestaumel war es auch, der mich wohl ein Gutteil meiner Schmerzen ertragen ließ. Viele Jahre hatte ich die Joes dieser Welt gefürchtet, die mit einem genetisch getriebenen Instinkt erschnüffelten, was sich unsere Weibchen von einem geilen Männchen erhofften; die sich einen Sport daraus machten, unsereins ins Hintertreffen zu bringen; die wie Heuschrecken über fremde Schlafzimmer herfielen und alles abfraßen, was dort an Vertrauen und Vertrautheit in Jahren gewachsen war und für uns andere, gewöhnliche Liebhaber nur öde Wüsten hinterließen. Ich hatte sie beneidet, sie, die sich mit ihrer unerträglichen Leichtigkeit des Seins absolut nicht darum scherten, was mehr zwischen ihnen und einer Frau stehen könnte als nur ihre Körper.

Und nun waren diese Ladykiller entzaubert worden; von einem kleinen Wichser, der es seiner Frau letztlich doch besser besorgen konnte als einer von ihnen. Weil es eben in diesen Dingen nicht darauf ankommt, wieviele Mädchen man in welcher Zeit flachlegt, sondern wie groß und intensiv dabei der Genuß- und Spaßfaktor ist, und natürlich die letztendliche Befriedigung. Diese schwanzgesteuerten Pfingstochsen merken wahrscheinlich gar nicht, wen sie sich da jeweils gerade vornehmen, was für Köstlichkeiten in solch einem weichen Körper stecken können, und wie man diese an die Oberfläche kitzelt.

Oh ja, ich genoss meinen kleinen Triumph. In all den Jahren habe ich einsam auf meinem Lager die Vorfreude genährt auf den Moment, wenn ich mich auf der Haut meines Mädchens verlieren durfte. Ich habe Gelegenheiten verschmachtet, habe Tina alleine auf ihr Zimmer gehen, habe Stephania mit offenem Mund stehen lassen, und habe mich, wenn die kleinen Teufel wieder Oberwasser hatten, kasteit für diese Dummheit, Gelegenheiten nicht auszunutzen. Immer war da etwas, was mich hat zögern lassen, weil für die schnelle Nummer ohne Namen und Gefühl mir die letzte Kaltblütigkeit fehlte.

Und nun saß hier ein lebender Beweis dafür neben mir, dass den Kaltblütigen die Hitze der Leidenschaft fehlte, das Wollen und Können, jede Sekunde dieses außergewöhnlichen Augenblicks im Schoße einer Frau auszukosten, bis es schmerzt; wieder und wieder die Ekstase zu entfesseln, weil es die letzte echte Gelegenheit für uns Wichser sein könnte, unsere Träume zu leben. Wir sind Verdurstende in jener Wüste, die die nebenbuhlenden Schrecken der Nacht hinterlassen, wenn sie weiterziehen; wir kosten jeden Tropfen Wasser, den sie uns lassen, als wäre es purer Nektar, während jene mit dem Nass, unserem Nass, prassen, es um sich spritzen und vergeuden, als würde diese Quelle für sie niemals versiegen. Und ich Esel habe sie beneidet, weil sie in dieser Feuchte wahrlich baden können, während wir jeden Tropfen mit Gold aufwiegen.

Aber siehe da, auf einmal stellt sich für mich heraus, dass ich wirklich Nektar auf den Lippen gespürt habe, wo sie nie und nimmer etwas anderes schmeckten als eben Wasser; nüchternes, vielleicht kaltes und erfrischendes, aber immer nur Wasser, wie es absolut egal schmeckt hier, in Wanne-Eickel, am Amazonas, in Hong Kong oder auf dem Mars, wenn es da tatsächlich Wasser geben sollte. Sie haben sich nie nach einer Frau verzehren müssen, haben nie gelernt, was es heißt, unter brennender Sehnsucht nach diesem süßen Saft leiden zu müssen, weil sie dachten, der flotte Ritt sei schon der ganze Kosmos, den man mit Kopf, Verstand und Schwanz erschließen kann.

Ja, das ist es. Diese Provinz-Prinzen wissen nicht, dass man um diese Dinge leiden kann; und dass dieses Leiden die ultimative

Befriedigung schafft – eben echte und wahre Leidenschaft. Wenn es nicht so grotesk wäre, ich hätte wohl schallend loslachen können. Da schweige ich wie alle anderen Männer und Frauen zumindest die meiste Zeit über die Dinge, die ich unter meiner Bettdecke alleine so alles bewege, und da ist es letztlich genau diese Onanie, die mich irgendwie über diesen Alptraum aller Ehemänner, diese schwitzenden Bauarbeiter, schlüpfrigen Eintänzer, smarten Gigolos, triumphieren lässt.

Weil die Onanie mich lehrte, geduldig zu sein, die Ungeduld auszuhalten und dann, wenn es soweit war, alles mitzunehmen, was meine Haut kriegen konnte. Es war ein tolles Gefühl zu wissen, dass dieses Mal die Runde an uns Ehemänner ging, an uns Wölfe im alltäglichen Schafspelz. Und diese hochglanzpolierten, räudigen Kater dürfen sich zumindest einmal in ihrem Leben als die Verlierer fühlen, denen ein alter Stubentiger zünftig gezeigt hat, wie man die köstliche Milch wirklich schlürft.

Wiebkes Handy klingelte. Sie schaute auf das Display und zögerte. Dann drückte sie doch den grünen Knopf und sagte, ohne sich erst mit dem Namen zu melden: »Weißt du, lass mich in Ruhe. Ich habe keine Verwendung mehr für dich.« Und drückte den roten Knopf. Hoppla, hat da mein Nebenbuhler seine Pirsch doch noch nicht aufgegeben? War der Kampf um diese Frau doch noch nicht zuende? – Nun, darum hatte ich keine Angst. Ich hatte zum ersten Mal einen Vorteil gegen diese allzeitbereiten Gegner herausgespielt, herausgekitzelt, ich wusste jetzt, dass dies möglich war. Und es war möglich, weil ich diesen Vorteil in jahrelanger Übung herausgearbeitet hatte; das holte so ein dummer Junge nicht in ein paar Wochen auf.

Im Prinzip gestand dieser bei all seiner Erfahrung so unerfahrene Lustknabe mit seinem Anruf sogar erst so richtig seine Niederlage ein. Er gehörte doch zu denen, die alle haben können, die sie wollen; aber er hatte jetzt einmal einen ganz kleinen Tropfen aus dem Kelch schmecken dürfen, aus dem wir Silbernacken uns trunken machen. Ja, meine Schadenfreude regte sich immer mehr. Was musste dieser Kerl leiden, wenn er sich schon wegen dieses einen Tropfens zu einem tapferen Ritter von tragischer Gestalt machte?

Warum zog er nicht ohne ein weiteres Wort weiter in seinem dumpfen Treiben und tröstete andere Frauen? Warum kehrte er zurück an den Ort, wo er wohl sein größtes Waterloo erlebt hatte – und gab sich damit nur noch mehr der Lächerlichkeit preis? – Ich wusste es genau: Er hatte für einen Moment nur das unendliche Paradies gesehen, das wir sturmerprobten ewigen Gatten uns mit unserer eigenen Hände Arbeit aufgebaut haben; und er hat begriffen, dass hier tausendmal größere Schätze liegen, als er sich in seinen feuchtesten Träumen ausmalen konnte.

Und der Splitter sitzt und verbreitet seine Schmerzen – der tapfere Vorstadt-Casanova spürt wahrscheinlich das erste Mal in seinem Leben die unaussprechliche Sehnsucht; der Knabe leidet. Soll er leiden, soll er sich auf seinem Bett verzehren vor Gier nach dieser brennenden Befriedigung; soll sein Schniedel doch verschrumpeln in seiner durch diesen Anruf sichtbaren Unzufriedenheit mit seinem kleinen, kläglichen Leben. Nie wieder wird er eine Frau bespringen dürfen, ohne dass er sein Treiben mit ihr an diesem für ihn unerreichbaren Maß messen muss, neben dem er einfach nicht bestehen kann.

Vielleicht wird sein Schmerz soweit gehen, dass seine alte unerträgliche Leichtigkeit einer grenzenlosen Schwermut weicht, weil er mit keiner aus Fleisch und Blut erreicht, was er einmal nur schemenhaft in einem fremden Bett erkennen durfte. Und, wenn ihm das Glück hold ist, lernt er dann unter seiner Bettdecke, im Feuer seiner alleingelassenen Leidenschaft, seinen Trieb zu läutern, um einer richtig hungrigen Liebhaberin reines Gold einzuflößen anstatt der klebrigen Säfte, zu denen er bisher nur fähig war.

Oh ja, Rache ist süß. Ich glaube nämlich nicht, dass ihm und seinen unausrottbaren Kollegen dieser Trost gelingen wird. Sie werden einfach immer weiter suchen mit immer neuen Partnerinnen und Partnern, um das zu finden, was nur uns weisen Silbernacken gehört. Rastlos hüpfen sie von einem Bett zum nächsten, urteilen abfällig über jene, die sie da erleben, und merken gar nicht, dass sie es sind, die dort stets versagen, die auf halber Strecke stehen bleiben mit stotterndem Motor.

Vielleicht geraten sie einmal an eine erfahrene Frau, deren Künste sie dann in ihren Jungenszirkeln rezitieren und rühmen. Aber nie werden sie es sein, die einer Frau diese Künste beibringen; und sie werden nie erleben, wie unglaublich dieser Weg der Befriedigung sein kann; sie wissen nicht, wie Mann eine Frau zum Jammern und Miauen bringt, wie Mann sie über immer neue Gipfel glücklich quält. Sie sind einfach dumme Jungen, die nur abspritzen, wo wir eine geile Meisterschaft zelebrieren, gestählt und streng beherrscht durch unsere glorreiche Masturbation. Wir Onanisten sind ganz offensichtlich die besseren Liebhaber.

Ja, das ist wohl tatsächlich so. Ich habe zwar nicht gleich mit tausend Männern geschlafen, doch glaube ich, diese Meinung an dieser Stelle kompetent kundtun zu dürfen. Ich behaupte sogar, dass Frau gar nicht all die zahlreichen Gigolos dieser Welt erst kennen lernen muss, um sie alle zu durchschauen. Sie folgen doch stets nur dem gleichen Prinzip, diesem simplen primitiven Trieb. Sie wollen ihren Saft möglichst weiträumig verspritzen, wollen sich rühmen mit den zahlreichen Eroberungen, die das Feuer ihrer Eitelkeiten schüren, nicht aber das der wirklichen, tiefen Leidenschaft.

Sie finden wohl immer nur kurzweilige Befriedigung. Dafür nehmen sie es auch auf sich, die Auserwählte des Augenblicks eine kurze Zeit auf Händen zu tragen, sie zu umschmeicheln und einem Don Juan gleich zu umwerben. Doch wenn schließlich ihr anfänglicher Enthusiasmus in ihren Lenden verebbt, verschwindet auch ihr Interesse an dem Menschen, mit dem sie diesen Kampf zwischen den Laken gefochten haben, sofern diese Neugier auf den anderen überhaupt vorhanden war. Es zieht sie weiter, die nächste Festung zu erobern, ohne Rücksicht auf Verluste, geschweige denn auf Gefühle, die von der anderen Seite vielleicht da waren.

»Er durchstreift einem Raubtier gleich seine Welt, hat aber kein eigenes Revier. Er macht hier und da Beute, kann aber nie wirklich seinen Hunger stillen. Nascht von den süßen Früchten, schmeckt aber nichts. Er ist ein Getriebener, der irgendwann nur noch vor sich

selbst wegläuft; immer öfter, immer schneller wird er Zuflucht suchen in fremden Armen. Doch der Genuss wird immer nur einen schalen Nachgeschmack hinterlassen. Es ist wie Perlen vor die Säue werfen. Die Frauen in seinem armseligen Leben sind die Perlen, mit denen er sich schmücken will.« Diese Gedanken gingen mir eines Abends durch den Kopf, als mein Schmalspur-Gigolo wieder einmal versuchte, seinen Charme bei mir zur Wirkung zu bringen.

Es war, als hätte mir plötzlich jemand die Augen geöffnet. Ich durchschaute plötzlich diese sorgsam gepflegte Fassade und was ich dahinter sah, ließ mich erschrecken. Es war ein Abgrund, ein Kabinett der Eroberungen, die seinen bisherigen Lebensweg säumten. Wie Wachsfiguren standen dort die zahlreichen Frauen – ohne Gesicht – ohne Namen. Und ich war eine von ihnen. So leicht sollte er mir aber nicht davonkommen wie wahrscheinlich all den anderen. Wenn er mich auch zu einer von ihnen gemacht hatte. Meinen Namen wollte ich ihm in seine Seele brennen, sofern er eine hatte. Seine ganze Eitelkeit zog er aus seinen zahlreichen, schnell wechselnden sexuellen Beziehungen, das wusste ich. Und dieses Wissen wollte ich nun einsetzen.

Ich ließ meine gesamten weiblichen Verführungskünste spielen. Ich war noch einmal seine Lehrerin, ließ ihn noch einmal von dem süßesten Nektar der Lust kosten. Und er lechzte nach ihm. Ich spielte mit seiner kärglichen Leidenschaft, gab ihm mehr, als er mir gab. Ließ ihn ungeahnte Grenzen überschreiten und hinter seinen Horizont schauen. Ich ließ ihn sich aufschwingen in für ihn bisher nie gekannte Höhen, damit der Fall für ihn um so schmerzhafter werden würde. Er sollte sich daran erinnern. Ich wollte mich im Namen all der namen- und gesichtslosen Frauen in seinem Leben rächen, damit er vielleicht mal nicht mit dem Schwanz denken würde, wenn er der nächsten Frau gegenüber stünde. (Okay, war 'n bisschen naiv gedacht. Manche ändern sich nie.)

Nichtsdestotrotz war es damals ein unbeschreibliches Machtgefühl, ihm, nach diesem nächtlichen Tête-à-Tête, am Morgen danach, einen Tritt in seinen knackigen Hintern zu geben, mit der Erklärung, dass ich ihn nicht länger brauchen würde. Natürlich hab' ich ihn *nicht tatsächlich getreten. So was machen wir Frauen nicht. Unsere Art Rache zu nehmen ist subtiler. Nein, ich spielte meine Rolle, die er mir in unserem Spiel zugedacht hatte, weiter. Für mich, nicht für ihn. Ich bat ihn, ganz das sanfte Kätzchen, Brötchen zu holen; wir frühstückten noch gemeinsam. Ich in dem Bewusstsein, dass es das letzte Mal war, dass ich gemeinsam mit so einem dahergelaufenen Wünschelrutenläufer so zusammen sein würde. Er wiegte sich als stolz befriedigter Kater sicher in der Hoffnung, dass er im Falle eines Falles und bei Bedarf nach dieser Nummer jederzeit auf mich (mir) zurückkommen dürfte.*

Als denn auch endlich das letzte Brötchen vernascht war, sagte ich ihm – schon mehr die kratzbürstige Tigerin –, dass er jetzt bitte seine Sachen packen und gehen könne. Erst war er erstaunt, schaute ungläubig; dann, als ihm klar wurde, dass dies jetzt kein neckender Scherz nach einer amüsanten Nacht war, sondern das Fauchen einer Wildkatze, die jetzt alles hatte, was sie brauchte und in Ruhe gelassen werden wollte, wurde er wütend, denn so hatte er sich das vermeintliche Ende unserer Liaison sicherlich nicht vorgestellt. Er hatte ja bisher in solchen Situationen stets den Ton angegeben, hatte bestimmt Wer, Was, Wann und Wie lange. Stets hatte er, wenn er meinte, dass es soweit sei, verlassen; stets im Bewusstsein, Beherrscher dieses Schlachtfeldes zu sein.

Dass nun einmal eine Frau es wagte, so mit ihm umzuspringen, wie er es sich doch eigentlich für seinen Umgang mit Frauen in Anspruch nahm, war ganz offensichtlich schon schwer verdaulich für ihn. Das konnte er nicht leugnen. An eine Frau zu geraten, die ihm einen Honigtopf reicht, ihn kosten lässt und ihm dann zu verstehen gibt, dass er dieses Geschenkes nicht würdig sei, war eine neue Erfahrung für ihn. Er konnte sich aber in seiner naiven Verwunderung die überflüssige Frage, ob wir denn Freunde sein und uns wenigstens ab und an mal sehen könnten, nicht verkneifen.

Doch auch hier hielt ich es für angebracht, einen klaren Schlussstrich zu ziehen. Nichts sollte er von mir sein Eigen nennen dürfen, nicht einmal meine Freundschaft wollte ich ihm schenken. Doch anscheinend hatte ich mich damals nicht klar genug ausgedrückt, war doch noch nicht brutal genug gewesen. Denn jetzt rief er mich tatsächlich noch einmal an. Was er wollte, das zu sagen gab ich ihm nicht die Möglichkeit. Es interessierte mich auch nicht. Er interessierte mich nicht. Er spielte keine Rolle mehr in meinem Leben und sollte es auch nie wieder tun. Ich hoffte, dass er diese Abfuhr nun endlich begriffen hatte.

Aber ich bin mir sicher, er wird seinen Weg fortsetzen durch die Betten, die seine Welt bedeuten, wie es seinesgleichen von jeher getan hat. Sie sind Süchtige, Sex-Junkies, von denen einer nun weiß, was er wohl nie mehr haben wird. Sie versuchen sich zu berauschen an dieser Droge, aber sie müssen die Dosis stetig erhöhen, um auch nur auf dem alten Genusslevel zu bleiben. Der zunehmende Frust ist mit jeder neuen Partnerin oder Partner vorprogrammiert. Sie vereinsamen, je mehr Menschen sie verbrauchen.

Ja, sie sind die wahren Lonely Hearts, die auf all den Matratzen nie eine verwandte Seele treffen, sondern nur irgendwelche Leiber finden. Weil sie dieses besondere Geheimnis der Liebe, diesen magischen Magnetismus des Menschseins, nicht kennen: Mehr geben, weniger erwarten. Sie wollen alles und geben nichts. Sie sind deshalb stets einsamer als wir anderen, die wir zusammen mit uns selbst auf unseren wieder verwaisten Lagern uns unserer besseren Zeiten erinnern; wir tragen das Echo wirklicher Zuneigung, erlebter Zärtlichkeit oder gar einst selbstlos geschenkter Ekstase in uns, und sind deshalb niemals wirklich allein. – Weil wir wissen, wie es ist, geliebt zu werden.

Groll oder Zorn sind aber aus dieser Episode meines Lebens nicht wirklich übrig geblieben. Ich blicke auf diese Erlebnisse fast ohne Emotionen zurück, als auf eine Zeit, die mich lehrte, dass zwar Sex und Liebe zwei unterschiedliche Dinge sind, die aber – so sie wohlsortiert zusammenfallen – sich ins Unermeßliche potenzieren können. »Axel, ich habe meinen Lover letztlich nur benutzt, so wie er wohl seinerseits meinen Körper nur benutzen wollte. Ich wollte ihn lieben können, meine Sehnsucht ihm schenken. Aber es ist so, dass diese Art damit nichts anzufangen weiß. Dieses Erlebnis hat mich, denke ich, erwachsen genug gemacht, um meinen Weg zu gehen, wie ich es will. Und ich bin mir jetzt sicher: Ich will dich wieder. Ob als Nummer eins oder ... nun, das finde selber heraus.« Es ist schön zu wissen, dass Axel und ich wieder neugierig genug aufeinander sind, um solche kleinen Geheimnisse als Herausforderung und Ansporn nehmen zu können, und nicht als Beleidigung.

Das Spiel hatte wieder begonnen. Und ich war trunken, jetzt ein gleichberechtigter Spieler zu sein. Ich war mir meiner neu entdeckten Macht und meiner Stärke voll bewusst. Ich wusste jetzt, woher sie kommen konnte und woher sie kam. Ich hatte sie schon all die Jahre seit meinen ersten schüchternen Gehversuchen auf meinem Körper in meinen Händen gehalten, es nur nicht gewusst. Jetzt war ich wirklich frei, das zu tun, mir das zu nehmen, was ich mir aus tiefstem Herzen wünschte.

Es war wohl so, dass wir in der Beschäftigung mit uns selber uns einen Vorsprung gegenüber jenen erarbeitet hatten, die sich nur gelegentlich an ihre Sexualität herantrauen und dann auch nur in streng reglementiertem Rahmen, wie frei sie sich auch selbst betrachten. Durch die Onanie haben Axel und ich offensichtlich gelernt, uns und unsere Triebe zu kontrollieren, zu beherrschen; eine Praxis, die uns übrigens schon die altindische Liebeskunst Tantra überliefert. Aber während bei ihr vor allem der Schwerpunkt auf das direkte Muskeltraining gelegt wird – der Beckenbodenmuskel wird hier auch Liebesmuskel oder in modernen Bearbeitungen »Pubococcygealmuskel«, oder PC-Muskel genannt –, bringt das Muskeltraining via der Masturbation zwei zusätzliche, und wie sich für Axel und mich jetzt gezeigt hatte, sehr nützliche Effekte mit sich:

1. sorgt die mechanische Bearbeitung der »Lustzentren« nicht nur für die gewollte Stärkung der entscheidenden Muskelpartien, sondern es sorgt auch mit zunehmender Frequenz für ein Abhärten der entscheidenden Nervenzellen. Die anfangs sehr hohe Empfindlichkeit und Reizbarkeit der Klitoris bei der Frau und der Eichel beim Mann lässt mit zunehmender Praxis (mit einem Sexualpartner oder eben mit sich selber) in feinen Nuancen ab; man braucht keine Angst zu haben, hier völlig abzustumpfen, aber die zunehmende Gewöhnung dieser Zonen an die Berührung verlangt eine in gleichem Maße

wachsende Aktivität, um den so ersehnten Effekt der Luststeigerung zu erleben. Ein unvermitteltes, unerwünschtes Ejakulieren beim Mann wird damit immer unwahrscheinlicher, weil er von seiner Lust nicht mehr überrannt werden kann. Aus dem gleichen Grund gelten wohl unter uns Frauen beschnittene Männer als besonders gute Lustpartner, weil sie ohne Vorhaut mit ihren empfindlichsten Nervenzellen immer direkt dabei sind und dieses Abhärten ganz von selbst erleben und dadurch mehr gefordert werden.

Wichtig ist aber wohl das Gleichgewicht zwischen Mann und Frau. Eine »trainierte« Frau, die schon ein bisschen mehr Einsatz von ihrem Liebhaber braucht, um einen Orgasmus zu erleben, sollte nicht an einen unerfahrenen, hochempfindlichen Liebhaber geraten. Der würde seine Säfte nur vor der Zeit verspritzen und jammernd um Gnade winseln, wenn sie mit den typischen Bewegungen ihren schwerer zu erarbeitenden Orgasmus einfordert und so die Grenze zwischen Lust und Schmerz für ihn zu schnell überschritten wird.

2. macht uns die Onanie ja mit unseren eigenen sexuellen Phantasien vertraut; in dieser selbst bestimmten Simulation werden wir selbstverständlich stets nur die Dinge im Kopf und mit der Hand (oder was auch immer) nachahmen, die wir uns aus tiefstem Herzen für unseren Körper wünschen. Wenn wir dann den Mut und die Vertrautheit mit einem Partner haben, diese Dinge im Bett, im Auto oder in der Küche einzufordern, werden wir wieder den maximalen Genuss für uns erreichen.

Und das Tolle dabei: Wenn zwei Partner aufeinander eingespielt sind und sich ihr Quäntchen Verliebtheit mit allen bio-chemischen Begleiterscheinungen erhalten haben, passieren diese Dinge alle ganz automatisch, ohne dass Mann und Frau darüber nachdenken müssten. Sie geschehen einfach, weil man das Bedürfnis danach hat und das Vertrauen und die Gewissheit genießt, diese Wünsche ganz selbstverständlich ausleben zu können.

»Und falls du, Axel, dich wunderst, woher ich all diese netten Dinge auf einmal weiß: Wenn man Ehemann und Liebhaber nacheinander aus dem Haus geschmissen hat, hat man viel Zeit und Muße, sich mit diesen Themen in aller Ruhe zu beschäftigen. Und du kennst

mich ja, schon als Heranwachsende war die Sexualität für mich etwas, was ich mit niemand anderem teilen wollte und wo auch die Erfahrungen anderer keine Rolle spielen sollten. Es war schon damals meine ganz persönliche Angelegenheit. Daran konnte ich mich ohne euch Neandertaler gut und gerne wieder erinnern. Wenn du aber vorsichtig genug bist, werde ich sie künftig wieder mit dir teilen.«

Wir waren jetzt fast zuhause angekommen. Es war spät geworden. Was für ein ungewöhnliches Erlebnis das alles. Der Super-GAU in meinem Leben als Ehegatte war letztlich genau das, was meine Ehe vor dem Mief der Langeweile erretten konnte. Was zu einer überwältigenden Bedrohung meiner Männlichkeit gewachsen war, war jetzt mein gar nicht mehr so heimlicher Triumph über alle professionellen Nebenbuhler dieser Welt. Und meine einzige Waffe, die all das möglich gemacht hatte, war meine Hand. Ich konnte meinen Eltern wahrlich dankbar sein, dass sie mir schon früh die Angst vor der eigenen Sexualität nahmen, dass sie mich ermutigt hatten, diese spannende Welt unter der Gürtellinie mit kindlichem Übermut zu entdecken.

Ich hatte das, was ich schon verloren geglaubt hatte, wieder gewonnen, weil das Leben mich kleinen Wichser besser auf diese Situation vorbereitet hatte als die anderen. Das war zwar so nie bewusst geplant gewesen, aber es erfüllte seinen Zweck mit unglaublicher Präzision. Wie früher fuhr ich jetzt in die Auffahrt unseres Zuhauses; die Kinder schliefen noch, und Wiebke und ich trugen sie wieder gemeinsam in ihre Betten. Sorgfältig deckten wir sie mit ihren eigenen Bettdecken zu und sahen uns an. Wir mussten unwillkürlich lachen; es tat gut, diese zeitweise vermissten Rituale wieder ausführen zu können.

Wir ließen das Gepäck einfach noch im Auto liegen und gingen ohne ein weiteres Wort zusammen ins Schlafzimmer. Mal sehen, ob sich hier nicht noch mehr Neues entdecken ließ, das wir uns in unserer Einsamkeit für den Partner erarbeitet hatten.

19. EPILOG

Auch wenn uns die Medien und die Statistik machmal etwas anderes vorgaukeln wollen: Die monogame Beziehung ist in unser westlichen Gesellschaft nach wie vor die vorherrschende Beziehungs-Konstruktion. In einer im Frühjahr 2001 veröffentlichten Untersuchung von amerikanischen und französischen Wissenschaftlern, bei der beiderseits des Atlantiks rund 8.000 Personen zwischen 18 und 59 Jahren zu ihren Sexualpraktiken befragt wurden, gaben über 90 Prozent der Befragten an, dass das Zusammenleben mit nur einem Geschlechtspartner die beste Lebensform sei. Dabei überrascht, dass die als so liebesfest geltenden Franzosen in ihrem Leben vergleichsweise wenige Sexualpartner haben (Frauen vier, Männer sechs), während beispielsweise die Amerikaner mir 13 Partnern (Frauen), beziehungsweise 16 Partnerinnen (Männer) hier eine größere Abwechslung erleben.

Jedoch: Die auf mehr Konstanz Wert legenden Franzosen haben durchschnittlich drei- bis viermal die Woche Sex, während bei den Amerikanern nur ein Drittel der dort Befragten diese Frequenz erreichte. Damit gelten die monogameren Franzosen als »befriedigter«. Und noch ein interessantes Ergebnis förderte diese Studie zutage: Gerade einmal 40 Prozent der Befragten erlebten außer dem »normalen« Vaginalverkehr andere sexuelle Spielarten, wie zum Beispiel Oralsex.

Aus diesen Zahlen lassen sich zwei Dinge ablesen: 1. Ein ausgefülltes Sexualleben lässt sich für den sogenannten Durchschnittsmenschen bei aller sexuellen Befreiung und möglichen Partnerschaftskonstruktionen vor allem mit einem festen Partner erleben. 2. Die Vertrautheit mit nur einem Partner im Bett führt nicht zwangsläufig dazu, dass der Fantasie Tür und Tor geöffnet werden für ein Mehr an Spaß in der Ehe oder sonstigen Lebensgemeinschaft.

Auch für meine Frau und mich galt lange Zeit, dass die Angst vor dem Verlust des Partners, die Angst vor dem Alleinsein das vollständige Entfalten der eigenen sexuellen Bedürfnisse verhinderte. Immer erst durch Krisen, die die Fantasien des einen dem anderen meist auf anfangs schmerzliche Art und Weise vor Augen führten, kamen diese immer unter der schönen Fassade der Partnerschaft schlummernden Dinge an die Oberfläche: die heimliche Onanie, die heimliche Porno-Sammlung, der Geliebte, der Vaterschaftstest. Hinter all dem stecken intime Phantasien und Ängste, die sich nie blockieren oder ausmerzen lassen – sie würden dann nur noch heftiger zum Ausbruch kommen.

Bei uns war es so, dass wir immer stets den Ausbruch solcher Bedürfnisse aushalten mussten, um uns bewusst zu werden, was wir beim Aufbauen des Vertrauens wieder einmal vergessen hatten, an- und auszusprechen. Wir arbeiten heute an der Utopie, wirklich alle Facetten unserer Persönlichkeit im Alltag zu benennen, um nicht wieder Opfer irgendwelcher bizarren Missverständnisse zu werden, die sich aus falschverstandener Rücksichtnahme sehr schnell aufbauen. Unsere Lehre aus unserem turbulenten Leben: Eine echte Partnerschaft hält weitaus größere Belastungen aus, als man auf den ersten Blick vermuten würde. Nur unser Mut ist zu klein, auch die unaussprechlichen Dinge anzusprechen.

Die Auseinandersetzung mit der Onanie hat uns dabei geholfen, diesen Mut mit der Zeit doch noch zu entwickeln. Es war so, dass wir freudig überrascht entdeckten, dass das, was wir dachten nur allein zu tun, auch beim Partner von ihm erlebte Lust war. Dort, wo wir Erschrecken und Peinlichkeit als Reaktion auf unser Treiben erwartet hatten, waren Verständnis und Akzeptanz – und sogar das lüsternde Verlangen, in dieses Spiel des anderen mit den eigenen Fingern einbezogen zu sein.

Onanie ist für uns heute eine ganz normale sexuelle Spielart, die zu unserer Partnerschaft als belebendes Element dazugehört. Wir können nur jeden ermutigen, sich auf dieses Spiel – falls nicht schon geschehen – einzulassen und auch mit denen, die es angeht, darüber zu reden: Mit dem eigenen Partner, der eigenen Partnerin – und mit den eigenen Kindern. Und wer meint, über irgendeinen Wichser die Nase rümpfen zu müssen, sollte bedenken, welchen Vorteil sich dieser Onanist mit seinem Tun ihm gegenüber erarbeitet haben könnte; falscher Hochmut kann auch hier vor dem Fall kommen.

Aber es sei auch noch einmal daran erinnert, dass Onanie ein wohl zu dosierendes Genussmittel ist. Ähnlich wie Alkohol, Nikotin oder Drogen wirkt Onanie – wie Sex – auf das zentrale Nervensystem und kann wie die chemischen Ersatzstoffe süchtig machen, wenn wir uns mit der eigenen Hand mehr betäuben, als dass wir uns stimulieren und zum Genuss verhelfen. Wer merkt, dass etwas nicht stimmt mit seiner Onanie, weil er zwanghaft jede sich bietende Gelegenheit für sie benutzt, sollte sich auch trauen, fremde Hilfe anzunehmen und sich gegebenenfalls einem robusten Freund oder einem Arzt oder Therapeuten anvertrauen.

Und dann soll auch nicht unerwähnt bleiben, dass nach Jahrzehnten der Aufklärung über die hahnebüchenen gesundheitlichen Schäden, die der Onanie über Generationen hinweg angedichtet wurden, und der damit verbundenen Entkrampfung im Umgang mit der Masturbation nun britische Wissenschaftler doch eine echte gesundheitliche Gefährdung gefunden haben, die direkt auf den manuell herbeigeführten Orgasmus zurückzuführen ist.

Gesucht wurde in einer großangelegten Studie, die im sogenannten »Seepaper« (Sehpapier) der Londoner Universität veröffentlicht wurde, nach den möglichen Ursachen für Sehstörungen. Befragt wurden jeweils eintausend Testpersonen eines jeden Jahrganges von sechs bis achtzig Jahren. Alle Befragten hatten mindestens eine Sehstörung. Gefragt wurde nach allgemeinen Lebensumständen, eventuellen Krankheiten, Gewohnheiten bei der Nahrungsaufnahme und der beruflichen Situation. Ein Aspekt, der ursprünglich allerdings nur zufällig im Fragebogen aufgenommen wurde, war das jeweilige Sexualverhalten.

Bei einer ersten Auswertung ergaben die Antworten, dass jeweils nur einige Prozent der Testteilnehmer durch berufliche Einflüsse, falsche Ernährung oder Krankheiten aller Art in ihren Sehfähigkeiten hätten beeinflusst werden können. Es ließ sich außerdem aus den Ergebnissen der Befragung ablesen, dass vor rund zwanzig Jahren das Durchschnittsalter für den Beginn von Sehstörungen wesentlich höher lag als bei späteren Jahrgängen. Die Suche nach möglichen ursächlichen Zusammenhängen förderte schließlich ein seltsames Phänomen zutage: Fast alle Personen, die erst spät sexuell aktiv wurden, hatten auch erst entsprechend später mit Sehstörungen zu kämpfen. Bei den über Fünfzigjährigen lag das Durchschnittsalter für den Beginn der Probleme bei etwa fünfundzwanzig. Und sie alle hatten eben auch erst spät sexuelle Erfahrungen. Bei den jüngeren Befragten traten die Sehprobleme schon in einem viel früheren Lebensalter auf, was auf den ersten Blick wie eine offensichtliche Begleiterscheinung der modernen sexuellen Freizügigkeit aussah.

Nach Aussagen der britischen Forscher sei nach ihren Erkenntnissen vor allem auch die seit einigen Jahren stärker verbreitete Onanie für die Zunahme dieser Sehstörungen verantwortlich, da sie nach der statistischen Auswertung heute wesentlich früher von den Jugendlichen praktiziert werde als noch vor zwanzig Jahren. Allerdings gelte dieses Phänomen nur bei Jungen; bei weiblichen Testpersonen ließ sich kein Zusammenhang zwischen sexueller Betätigung und Störungen der Augenfunktionen ziehen.

Durch eine auf die ersten Ergebnisse aufbauende weitere breitangelegte Testreihe kamen die Forscher schließlich dem Phänomen der schwachwerdenden männlichen Augen auf die Spur: (Zitat: Bild der Wissenschaft; 1.8.1997) »Im Moment des männlichen Orgasmus kommt es beim Ausstoßen des Ejakulats zu einer enormen Belastung der Nervenstränge im Rückgrat, die direkt mit dem Gehirn verbunden sind. Durch ein zeitlich kaum messbares Aussetzen bestimmter Gehirnfunktionen werden auch die Sehnervenstränge belastet. Dies ist in etwa mit einer alten Lichtmaschine zu vergleichen, die hin und wieder aussetzt und dadurch die belasteten Scheinwerferlampen schließlich schneller dazu bringt durchzubrennen. Die an der Studie beteiligten Wissenschaftler raten daher dringend davon ab, sich in jungen Jahren selbst zu befriedigen oder trotz eines sexuellen Verhältnisses noch zur Onanie zu greifen.«

Es sei angemerkt, dass ich seit meinem dreizehnten Lebensjahr eine Brille trage und ich diese wegen stetig zunehmender Sehschwäche laufend erneuern muss; das würde also die britischen Untersuchungsergebnisse stützen. Allerdings nehme ich dieses Handicap für mich gerne in Kauf, wenn es tatsächlich der Preis sein sollte für ein bewusst erlebtes und erfülltes Leben. Spannend ist aus meiner Sicht auch die versteckte stille Annahme der Forscher und ihrer Berichterstatter, dass Onanie tatsächlich etwas sei, was nur in »jungen Jahren« betrieben werde. Das ist für mich wieder ein Indiz dafür, dass der Selbstbefriedigung immer noch nur ein gerade eben geduldetes Nischendasein zugestanden wird.

Und dabei käme heutzutage keiner auf die Idee, andere »Genussmittel« wie Alkohol, Zigaretten oder Schokolade in diesem Rahmen zu reglementieren, wenngleich deren Genuss in zu hohem Maße zu bekannten Schädigungen führt. Man sollte sich also auch von solchen effektheischenden Forschungsergebnissen nicht ins Bockshorn jagen und sich von ihnen die Selbstbestimmung nehmen lassen. Es reicht wohl, wenn man weiß, wo die möglichen Risiken dessen, was ich tue, lauern, um sie zu beherrschen und mit ihnen angstfrei zu leben.

WEITERE TITEL AUS DEM VERLAGSPROGRAMM

Noch mehr Bücher und Informationen:
www.schwarzkopf-schwarzkopf.de

IMPRESSUM

Wiebke und Axel H. Kunert
DAS HANDBUCH DER ONANIE
Dieses Buch macht glücklich und schön
© bei Schwarzkopf & Schwarzkopf Verlag GmbH, Berlin
4. Auflage, Berlin 2006

ISBN-13: 978-3-89602-402-2
ISBN-10: 3-89602-402-7

Dieses Werk ist urheberrechtlich geschützt. Jede Verwendung, die über
den Rahmen des Zitatrechtes bei vollständiger Quellenangabe hinausgeht,
ist honorarpflichtig und bedarf der schriftlichen Genehmigung des Verlages.

TITELBILD
Georg Guillemin

KATALOG
Wir senden Ihnen gern kostenlos unseren Katalog.
Schwarzkopf & Schwarzkopf Verlag GmbH / Abt. Service
Kastanienallee 32, 10435 Berlin
Tel: 030 – 44 33 63 00
Fax: 030 – 44 33 63 044

INTERNET / EMAIL
www.schwarzkopf-schwarzkopf.de
info@schwarzkopf-schwarzkopf.de